色 大きさ 開花順 で引ける
季節の花図鑑

監修／鈴木路子

picture book of flowers

日本文芸社

は●じ●め●に

　園芸店で多く出回っている花、公園や一般家庭の花壇でよく見る花、コンテナに植えられる花、ガーデニングの素材によく使われる花のほか花木・庭木、ラン類から観葉植物の代表的なものまで取り上げ、別名や漢字名、識別のポイントや名前の由来、花ことば、特徴や植物データ、栽培のワンポイントアドバイスなどを記しました。花は開花からどんどん変化していきますが、ここではできるだけ最も美しい状態の写真を掲載することを心掛けました。少しでも花を愛する方々のお役にたてば、監修者として望外の喜びです。

CONTENTS

本書の使い方	3
花の構造・葉の構造	4
花色で引くもくじ	5
葉・実で引くもくじ	33
花の大きさくいん	34
草丈（茎長）さくいん	36
早春から陽春に咲く花	39
初夏から盛夏に咲く花	201
秋から冬に咲く花	293
周年咲く花	345
植物名さくいん	360

本書の使い方

本書では、開花を季節順にまとめ、さらに50音順に配列しました（ページどりの関係で一部順番が入れ替わっている箇所があります）。

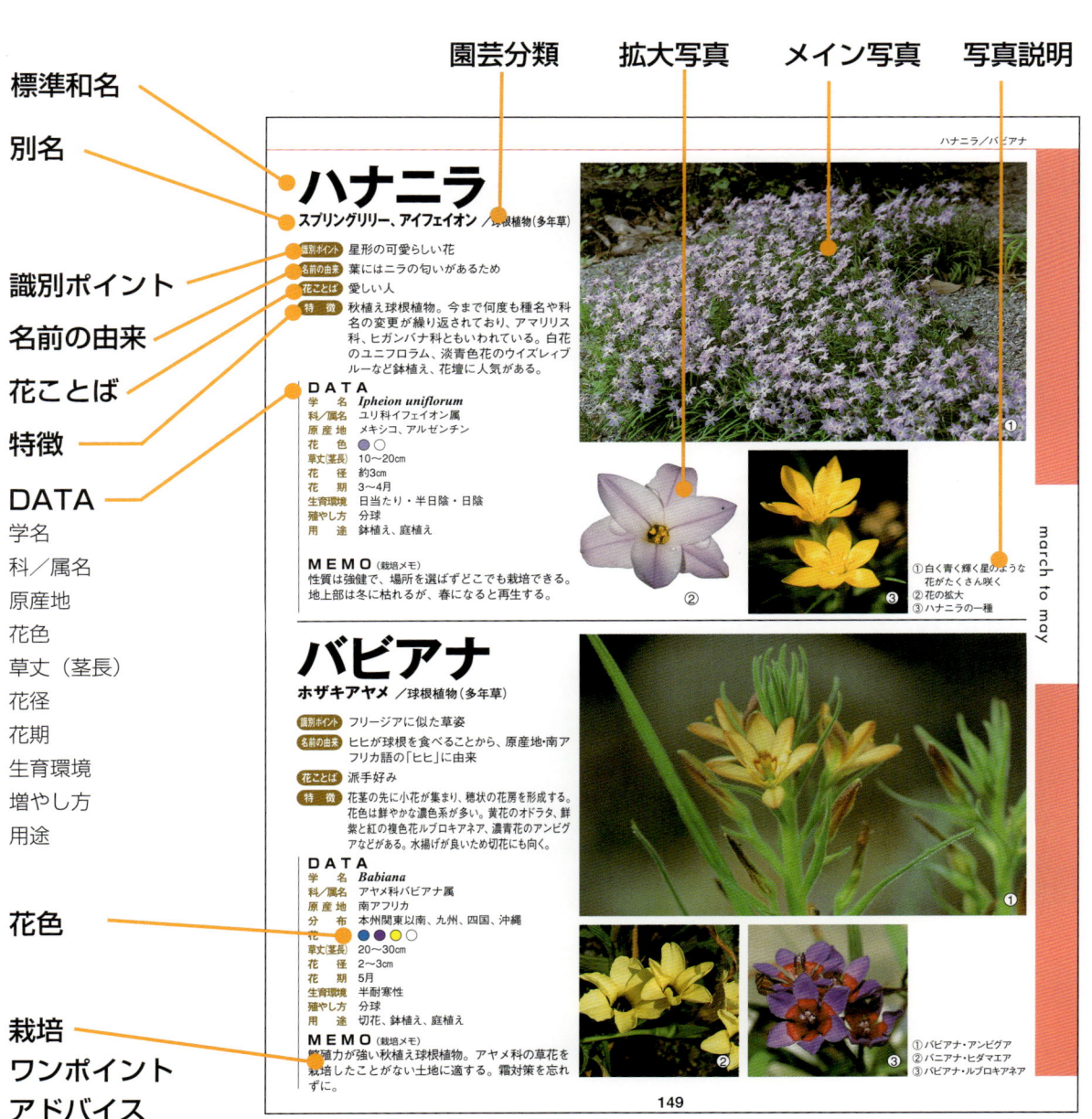

- 標準和名
- 別名
- 識別ポイント
- 名前の由来
- 花ことば
- 特徴
- DATA
  - 学名
  - 科／属名
  - 原産地
  - 花色
  - 草丈（茎長）
  - 花径
  - 花期
  - 生育環境
  - 増やし方
  - 用途
- 花色
- 栽培ワンポイントアドバイス

園芸分類　拡大写真　メイン写真　写真説明

花色で引く季節の花図鑑

花色もくじ

赤・紅色系 RED

▲ アカリファ　P203

▲ アグロステンマ　P41

▲ アゲラタム　P42

▲ アサガオ　P204

▲ アザミ　P43

▲ アザレア　P42

▲ アジサイの仲間　P206

▲ アスクレピアス　P44

▲ アスター　P208

▲ アスチルベ　P45

▲ アストランティア・マヨール　P208

▲ アッツザクラ　P45

▲ アナナス類　P46

▲ アニゴザントス　P294

花色もくじ

▲ カーネーション P67	▲ ガーベラ P68	▲ カイドウ P69	▲ ガイラルディア P220
▲ カゲツ P301	▲ ガザニア P69	▲ カスミソウ P70	▲ カタクリ P71
▲ カトレア P349	▲ カラー P72	▲ カライトソウ P223	▲ カランコエ P302
▲ カルーナ P73	▲ カルセオラリア P74	▲ カルミア P74	▲ カンパニュラ P75
▲ ギョリュウバイ P77	▲ キンギョソウ P78	▲ クジャクサボテン P79	▲ クモマグサ P82

7

花色もくじ

▲ サボテン類 P242	▲ サルビア P93	▲ サワギキョウ P241	▲ ジギタリス P97
▲ シクラメン P308	▲ ジゴペタルム P309	▲ シザンサス P99	▲ シバザクラ P102
▲ ジャーマンアイリス P100	▲ シャクナゲ P103	▲ シャクヤク P104	▲ シャコバサボテン P309
▲ シュウカイドウ P245	▲ シュウメイギク P245	▲ 宿根アスター類 P246	▲ シレネ P108
▲ ジンチョウゲ P310	▲ シンビジウム P311	▲ スイートピー P109	▲ スイレン P111

花色もくじ

▲ ストレプトカーパス P113
▲ ストロベリーキャンドル P114
▲ セアノサス P117
▲ セイヨウシャクナゲ P119
▲ セダム P354
▲ ゼラニウム P120
▲ センニチコウ P249
▲ ダイアンサス P121
▲ タイム P123
▲ ダイモンジソウ P250
▲ タチアオイ P250
▲ ダツラ P124
▲ ダリア P251
▲ ダンギク P252
▲ チューリップ P126
▲ チランドシア P354
▲ ツキヌキニンドウ P253
▲ ツツジの仲間 P128
▲ ツバキの仲間 P316
▲ ツボサンゴ P130

▲ ディプラデニア P131	▲ ディモルフォセカ P132	▲ デージー P133	▲ デルフィニウム P134
▲ ドウダンツツジの仲間 P135	▲ トケイソウ P256	▲ トリトマ P257	▲ トレニア P258
▲ ナスタチウム P136	▲ ニチニチソウ P140	▲ ニンニクカズラ P321	▲ ネリネ P322
▲ ノウゼンカズラ P260	▲ バーベナ P142	▲ ハイビスカス P143	▲ ハギ P262
▲ ハナショウブ P146	▲ ハナズオウ P147	▲ ハナミズキ P148	▲ パフィオペディラム P358

花色もくじ

▲ バラの仲間 P150
▲ バンクシア P356
▲ バンダ P357
▲ ヒアシンス P153
▲ ヒガンバナ P265
▲ ビスカリア P152
▲ ヒメツルソバ P154
▲ フクシア P157
▲ フヨウ P272
▲ ブラキカム P330
▲ ブラシノキ P160
▲ フリージア P161
▲ フロックス P165
▲ プロテア P166
▲ ベゴニア類 P167
▲ ペチュニア類 P168
▲ ヘメロカリス P169
▲ ペラルゴニウム P170
▲ ベロペロネ P172
▲ ベンケイソウ P274

花色もくじ

▲ モモイロタンポポ　P185
▲ ユウゼンギク　P288
▲ ラケナリア　P341
▲ ラナンキュラス　P190
▲ ラミューム　P191
▲ リナリア　P193
▲ リビングストーンデージー　P193
▲ リンドウ　P342
▲ ルクリア　P341
▲ ルコウソウ　P290
▲ レウイシア　P196
▲ レオノチス　P344
▲ ローダンセ　P197
▲ ロケア　P198
▲ ロニセラ　P198
▲ ワックスフラワー　P200
▲ ワトソニア　P200

花色もくじ

▲ オンシジュウム　P348
▲ ガイラルディア　P220
▲ カラー　P72
▲ カルセオラリア　P74
▲ カレープラント　P225
▲ カロライナジャスミン　P76
▲ カンナ　P225
▲ キク　P350
▲ ギヌラ　P301
▲ キバナコスモス　P226
▲ キルタンサス　P228
▲ キンギョソウ　P78
▲ キングサリ　P79
▲ キンケイギク　P228
▲ キンセンカ　P303
▲ キンモクセイ　P229
▲ グラスペディア　P230
▲ クリサンセマム　P83
▲ クロッカス　P304

花色もくじ

▲ チューリップ　P126
▲ ツキミソウ　P254
▲ ツワブキ　P318
▲ ツンベルギア　P255
▲ ディモルフォセカ　P132
▲ デージー　P133
▲ ナスタチウム　P136
▲ ナノハナ　P321
▲ ハイビスカス　P143
▲ パキスタキス　P144
▲ ハツコイソウ　P323
▲ バビアナ　P149
▲ パフィオペディラム　P358
▲ バラの仲間　P150
▲ パンジー　P326
▲ ビデンス　P266
▲ ヒペリクム　P266
▲ ヒマワリ　P267
▲ フェニックス　P270
▲ フクジュソウ　P329

花色もくじ

▲ モッコウバラ　P184
▲ ヤツデ　P339
▲ ヤマブキ　P186
▲ ユーコミス　P287
▲ ユーフォルビア　P288
▲ ユリの仲間　P188
▲ ラナンキュラス　P190
▲ ランタナ　P192
▲ リコリス　P290
▲ リシマキア　P192
▲ リューカデンドロン　P194
▲ ルドベキア　P291
▲ ルピナス　P195
▲ レンギョウ　P197

青・紫色系
BLUE&PURPLE

▲ アーティチョーク　P202
▲ アイリス　P40
▲ アガパンサス　P202
▲ アカンサス　P203
▲ アサガオ　P204
▲ アジサイの仲間　P206
▲ アジュガ　P44
▲ アネモネ　P47
▲ アリウム　P50
▲ アンチューサ　P54
▲ イキシア　P54
▲ イワタバコ　P57
▲ ヴェロニカ　P58
▲ エキザカム　P214
▲ エキノプス　P215
▲ エボルブルス　P62
▲ エリゲロン　P62
▲ エリンジウム　P216

花色もくじ

▲ エレモフィラ　P299
▲ オキシペタルム　P64
▲ オキナグサ　P65
▲ キキョウ　P226
▲ ギボウシ　P227
▲ ギリア　P77
▲ クフェア　P230
▲ クレマチス　P84
▲ グロキシニア　P232
▲ クロッカス　P304
▲ クロユリ　P86
▲ コリウス　P240
▲ コンボルブルス　P240
▲ サイネリア　P305
▲ サフラン　P307
▲ サラセニア　P92
▲ シコンノボタン　P98
▲ シノグロッサム　P99
▲ ジャーマンアイリス　P100
▲ シャガ　P105

▲ 宿根バーベナ P106	▲ シラー P107	▲ シラン P107	▲ スイートアリッサム P108
▲ ストケシア P247	▲ ストック P315	▲ スミレ P116	▲ セージ類 P248
▲ セントポーリア P355	▲ ソラナム P122	▲ チドリソウ P125	▲ チャイブ P125
▲ ツルニチニチソウ P130	▲ デュランタ P255	▲ デルフィニウム P134	▲ トリカブト P320
▲ トルコギキョウ P257	▲ ニオイバンマツリ P138	▲ ニゲラ P139	▲ ネメシア P141

花色もくじ

▲ ネモフィラ P141	▲ ハーデンベルギア P323	▲ バーベナ P142
▲ バジル P263	▲ ハナショウブ P146	▲ ハナニラ P149	▲ パンジー P326
▲ ヒアシンス P153	▲ ビオラ P327	▲ ヒメノボタン P154	▲ ファセリア P156
▲ フジの仲間 P158	▲ フジバカマ P271	▲ ブッドレア P159	▲ ブルーキャッツアイ P332
▲ ブルーデージー P162	▲ ブルーファンフラワー P163	▲ ブローディア P165	▲ ブロワリア P273

花色もくじ

▲ スノードロップ　P314
▲ スノーフレーク　P114
▲ スパティフィルム　P115
▲ スモモ　P117
▲ セイヨウイワナンテン　P118
▲ ゼフィランサス　P249
▲ セラスチウム　P119
▲ セロジネ　P121
▲ チャービル　P252
▲ チューベローズ　P253
▲ ツツジの仲間　P128
▲ ツルマサキ　P254
▲ テイカカズラ　P131
▲ デージー　P133
▲ テラスライム　P134
▲ デンドロビウム　P319
▲ ドウダンツツジの仲間　P135
▲ トケイソウ　P256
▲ ナツツバキ　P258
▲ ナナカマド　P137

花色もくじ

花色もくじ

▲ マンリョウ　P280
▲ ミルトニア　P182
▲ ミント類　P282
▲ モクレン　P184

▲ ヤグルマギク　P185
▲ ユキヤナギ　P187
▲ ユキワリソウ　P340
▲ ユリの仲間　P188

▲ ラナンキュラス　P190
▲ リビングストーンデージー　P193
▲ レースフラワー　P196
▲ ローズマリー　P344

その他の色 FREE

▲ コバンソウ　P91
▲ ラグラス　P190

▲ ガマ　P222
▲ モルセラ　P285
▲ ワレモコウ　P292
▲ パンパスグラス　P328

葉・実で引く季節の花図鑑
葉・実もくじ

▲ イレシネ　P213

▲ カラジウム　P223

▲ グリーンネックレス　P82

▲ ゲッキツ　P236

▲ コキア　P237

▲ ゴシキトウガラシ　P90

▲ サンスベリア　P243

▲ シペルス　P244

▲ シンフォリカルフォス　P247

▲ ニューサイラン　P356

▲ ネペンテス　P259

▲ ハボタン　P324

▲ フウセンカズラ　P268

▲ フェスッカ　P269

▲ ポインセチア　P334

▲ ボタンウキクサ　P276

▲ ミューレンベッキア　P181

花の大きさ（花径）さくいん
（花房・花長・花穂は別記）

花の大きさは、その植物の生育環境によって多少違ってきます。ここでは、目安として花径が①1cm前後の花、②5cm前後の花、③10cm前後の花、④20cm以上の花の4段階に大別し、その植物名を50音順に並べました。花・木の名前を知るための一つの手段になれば幸いです。

①1cm前後の花

植物名	掲載ページ
アカシア	40
アカンサス	203
アキノキリンソウ	294
アゲラタム	42
アジュガ	44
アスクレピアス	44
アストランティア・マヨール	208
アッツザクラ	45
アベリア	209
アリッサム	49
アルケミラ	52
アルメリア	52
アンチューサ	54
イキシア	54
イチゴ（ワイルドストロベリー）	55
イベリス	56
イレシネ	213
イワタバコ	57
ウォールフラワー	58
ウメ	296
エキザカム	214
エニシダ	60
エビネ	61
エボルブルス	62
エリカ	298
エリゲロン	62
エレモフィラ（花長）	299
オカトラノオ	217
オキザリス	300
オキシペタラム	64
オジギソウ	217
オミナエシ	218
オリーブ	218
オリヅルラン	65
オレガノ	219
オンシジュウム	348
ガウラ	221
カスミソウ	70
カモミール	71
カラマツソウ	224
カラミンサ	73
カランコエ	302
カルーナ	73
カルセオラリア	74
カルミア	74
カンパニュラ	75
キイチゴ	76
キキョウ	226
ギョリュウバイ	77
ギリア	77
キングサリ	79
キンモクセイ	229
クフェア	230
クモマグサ	82
グラスペディア	230
グリーンネックレス	82
クリサンセマム	231
クルクマ	231
クレオメ	231
グレビレア	86
ゲッキツ	236
ゲッケイジュ	87
コキア	237
ゴシキトウガラシ	90
コデマリ	90
コバンソウ	91
コムラサキ	239
コリアンダー	239
コリウス	240
サギソウ	241
サクラソウ	306
サザンクロス	307
サンスベリア	243
サンダーソニア	243
サンビタリア	96
シキミ	98
シノグロッサム	99
シバザクラ	102
シペルス	244
シャリンバイ	106
シュウカイドウ	245
宿根アスター類	246
宿根バーベナ	106
シラー	107
シレネ	108
ジンチョウゲ	310
シンフォリカルフォス	247
スグリ	112
スズラン	112
スターチス	113
ストック	315
スノードロップ	314
スノーフレーク	114
スミレ	116
スモモ	116
セージ類	248
セダム	354
ゼフィランサス（花房）	249
セラスチウム	119
センニチコウ（花房）	249
ダイアンサス	121
タイム	123
ダイモンジソウ	250
ダンギク	252
チャービル	252
チャイブ	125
チューベローズ	253
チランドシア	354
ツキヌキニンドウ（花長）	253
ツボサンゴ	130
ツルマサキ	254
ツンベルギア	255
デュランタ	255
ドウダンツツジの仲間	135
トリトマ	257
ナナカマド	137
ナノハナ	321
ナンテン	137
ニシキギ	138
ネペンテス	259
ネメシア	141
ネモフィラ	141
ネリネ	322
ハーデンベルギア	323
バーバスカム	261
バーベナ	142
バイカウツギ	144
ハギ	262
パキスタキス	144
バコパ	145
ハゴロモジャスミン	145
バジル	263
ハツコイソウ	323
ハツユキソウ	147
ハナキリン	264
ハナズオウ	147
ハボタン	324
バンクシア	356
ビオラ	327
ビスカリア	152
ビデンス	266
ヒメツルソバ	154
ピラカンサ	155
ピレア	156
フウセンカズラ	268
フウラン	268
フクジュソウ	329
フジバカマ	271
ブバルディア	330
ブラキカム	330
ブルーキャッツアイ	332
ブルーファンフラワー	163
ブルビネラ	164
ブローディア	165
フロックス	165
ブロワリア	273
ヘーベ	166
ベニバナ	273
ヘリオトロープ	170
ベロペロネ	172
ベンケイソウ	274
ペンタス	173
ポインセチア	334
ホウセンカ	275
ボタンウキクサ	276
ホトトギス	336
ホヤカルノーサ	276
ボリジ	175
ボロニア	175
マーマレードノキ	176
マッソニア	338

マツバボタン……277	カーネーション……67	ニゲラ……139
マユミ……178	カイドウ……69	ニチニチソウ……140
マロー……279	カゲツ……301	ニューサイラン（花長）……356
マンサク……180	カタクリ……71	ノウゼンカズラ……260
マンリョウ……280	カレープラント……225	ハナニラ……149
ミズヒキ……280	カロライナジャスミン……76	バビアナ……149
ミソハギ……281	ギヌラ……301	ハマギク……325
ミヤコワスレ……181	キバナコスモス……226	ハンカチノキ……152
ミューレンベッキア……181	ギボウシ……227	バンダ……357
ミントブッシュ……281	キンギョソウ……78	ヒガンバナ……265
ミント類……282	キンケイギク……228	ヒペリクム……266
モッコウバラ……184	キンセンカ……303	ヒメノボタン……154
モルセラ……285	グロキシニア……232	ファセリア……156
ヤツシロソウ……186	クロコスミア……232	フェイジョア……269
ヤツデ……339	クロサンドラ……233	フクシア……157
ユウギリソウ……287	クロッカス……304	フジの仲間……158
ユーコミス……287	クロユリ……86	フリージア……161
ユーフォルビア……288	クンシラン……87	フリチラリア……162
ユキヤナギ……187	ゲットウ……236	プリムラ類……331
ライラック……187	ケマンソウ……89	ブルーデージー……162
ラケナリア……341	ゲラニウム……89	ブルーベリー……163
ラミューム……191	コスモス……238	ベゴニア類……167
ラムズイヤー……289	コルチカム……303	ペチュニア類……168
リシマキア……192	コレオプシス……92	ベニジウム……169
リナリア……193	コンボルブルス……240	ヘメロカリス……169
リンドウ……342	サイネリア……305	ベラドンナリリー……332
ルクリア……341	サクラの仲間……94	ペラルゴニウム……170
ルコウソウ……290	サルビア（花長）……93	ヘリアンサス……274
ルピナス……195	サワギキョウ……241	ヘリクリサム……171
レースフラワー……196	サンユウカ……96	ヘレボルス……333
レオノチス……344	ジギタリス（花長）……97	ペンステモン……172
レンギョウ……197	シクラメン……308	ポーチュラカ……173
ローズマリー……344	ジゴペタルム……309	ボケ……335
ローダンセ……197	シャガ……105	マーガレット……176
ワスレナグサ……199	シャクナゲ……103	マダガスカルジャスミン……177
ワックスフラワー……200	シャコバサボテン……309	マツバギク……177
ワレモコウ（花房）……292	シャスターデージー……105	マツムシソウ……279
	シュウメイギク……245	マトリカリア……178
②5cm前後の花	シラン……107	マルメロ……179
アグロステンマ……41	スイートアリッサム……108	ミムラス……179
アサガオ……204	スイートピー……109	ミルトニア……182
アザミ……43	スイカズラ……110	ムラサキツユクサ……183
アザレア……42	スイセン……312	メコノプシス……284
アジサイの仲間……206	ストレプトカーパス……113	メランポジウム……183
アネモネ……47	ストロベリーキャンドル……114	モナルダ……286
アブチロン……295	スパラキシス……115	モモイロタンポポ……185
アラマンダ……210	セアノサス……117	ヤグルマギク……185
アルストロメリア……51	セイヨウシャクナゲ……119	ヤマブキ……186
アンズ……53	セネシオ……318	ユウゼンギク……288
イソトマ……212	ゼラニウム……120	ラグラス（花序）……190
イトラン……55	セロジネ……121	ラベンダー……191
インカルビレア……56	ソラナム……122	ランタナ……192
インパチェンス……213	チドリソウ……125	リコリス……290
ウォーターポピー……214	ツキミソウ……254	リビングストーンデージー……193
エーデルワイス……59	ツツジの仲間……128	リューココリネ……194
エキナセア……215	ツルニチニチソウ……130	ルリマツリ……195
エキノプス……215	テイカカズラ……131	レウイシア……196
エスキナンサス……216	ディモルフォセカ……132	ロケア……198
エピデンドラム……346	デージー……133	ロニセラ……198
エラチオールベゴニア……347	テラスライム……134	ワトソニア……200
オーニソガラム……64	デルフィニウム……134	
オガタマノキ……299	トルコギキョウ……257	**③10cm前後の花**
オキナグサ……65	トレニア（花長）……258	アーティチョーク……202
オダマキ・セイヨウオダマキ……66	ナスタチウム……136	アガパンサス……202
オドントグロッサム……300	ナツツバキ……258	
ガーデニア……219	ニーレンベルギア……259	
	ニオイバンマツリ……138	

アカリファ（花穂）……203	ボタン……174	ガザニア……69
アキレア……41	マリーゴールド……278	カサブランカ……70
アスター……208	ムクゲ……284	カラー……72
アニゴザントス（花長）……294	モクレン……184	カラジューム……223
アマゾンリリー……346	ユキワリソウ……340	キク……350
アマリリス……48	ユリの仲間……188	クルクマ（花房）……231
アメリカデイコ……49	ラナンキュラス……190	ケイトウ（花序）……235
アリウム……50	リュウカデンドロン……194	ゲッカビジン……234
アンスリューム……212	ルドベキア……291	サラセニア……92
ヴェロニカ……58		トリカブト（花房）……320
エリンジウム……216	## ④20cm以上の花	パンパスグラス……328
オオデマリ……63	アイリス……40	ヒマワリ……267
ガーベラ……68	アスクレピアス……45	フェニックス……270
ガイラルディア……220	アナナス……46	プロテア……166
カトレア……349	アメリカフヨウ……209	ミセバヤ（花房）……338
ガマ（雄花穂）……222	アロエ（花房）……211	ムスカリ（花房）……182
カライトソウ（花穂）……223	エレムルス（花長）……63	メディニラ（花房）……285
カンナ……225		リアトリス（花穂）……289
キルタンサス……228		
クジャクサボテン……79	# 草丈（茎長）さくいん
グラジオラス……80	
クレオメ（花房）……231	草丈（茎長）は、その植物の生育環境によって多少違ってきます。ここでは目安として①50cm前後、②1m前後、③2m前後、④3m以上の4段階に大別し、その植物名を50音順に並べました。花・木の名前を知るための一つの手段になれば幸いです。
クレマチス……84	
グロッバ（花序）……233	
グロリオーサ……234	
ケナフ……237	
ケムリノキ……88	

コチョウラン……352	## ①50cm前後	ウォールフラワー……58
コブシ……91		エーデルワイス……59
サフラン……307	植物名　　　掲載ページ	エキザカム……214
サボテン類……242	アガパンサス……202	エキノプス……215
シコンノボタン……98	アカリファ……203	エスキナンサス……216
シザンサス……99	アキノキリンソウ……294	エニシダ……60
ジニア……244	アキレア……41	エピデンドラム……346
ジャーマンアイリス……100	アグロステンマ……41	エビネ……61
シャクヤク……104	アゲラタム……42	エボルブルス……62
ジンジャー……246	アサガオ……204	エラチオールベゴニア……347
シンビジューム……311	アザミ……43	エリゲロン……62
スイレン……111	アジュガ……44	オーニソガラム……64
スカビオーサ……110	アスター……208	オキザリス……300
ステルンベルギア……314	アストランティア・マヨール……208	オキナグサ……65
ストケシア……247	アッツザクラ……45	オダマキ・セイヨウオダマキ……66
ストレリチア……353	アナナス類……46	オリヅルラン……65
スパティフィラム……115	アネモネ……47	オレガノ……219
セイヨウイワナンテン（花房）……118	アマゾンリリー……346	オンシジューム……348
セントポーリア……355	アマリリス……48	ガーデニア……219
タチアオイ……250	アリッサム……49	カーネーション……67
ダツラ……124	アルケミラ……52	ガーベラ……68
ダリア……251	アルテルナンテラ……210	ガイラルディア……220
チューリップ……126	アルメリア……52	ガウラ……221
ツバキの仲間……316	アンスリューム……212	カゲツ……301
ツワブキ（花房）……318	イキシア……54	ガザニア……69
ディプラデニア……131	イソトマ……212	カスミソウ……70
デンドロビウム……319	イチゴ（ワイルドストロベリー）……55	カタクリ……71
トケイソウ……256	イベリス……56	カトレア……349
ニセアカシア（花房）……140	イレシネ……213	カモミール……71
ハイビスカス……143	イワタバコ……57	カライトソウ……223
ハエマンサス……261	インカルビレア……56	カラジューム……223
ハナショウブ……146	インパチェンス……213	カラミンサ……73
ハナミズキ……148	ヴェロニカ……58	カルーナ……73
パフィオペディラム……358	ウォーターポピー……214	カルセオラリア……74
バラの仲間……150		カレープラント……225
パンジー……326		
ヒアシンス……153		
ブッドレア（花穂）……159		
フヨウ……272		
ブラシノキ（花房）……160		

36

カロライナジャスミン……76	スイカズラ……110	
カンパニュラ……75	スイセン……312	
キキョウ……226	スイレン……111	
ギボウシ……227	スカビオーサ……110	ハボタン……324
ギリア……77	スズラン……112	パンジー……326
キルタンサス……228	スターチス……113	パンダ……357
キンギョソウ……78	ステルンベルギア……314	ヒアシンス……153
キンケイギク……228	ストケシア……247	ビオラ……327
キンセンカ……303	ストック……315	ヒガンバナ……265
クフェア……230	ストレプトカーパス……113	ビスカリア……152
クモマグサ……82	ストロベリーキャンドル……114	ビデンス……266
グラジオラス……80	スノードロップ……314	ヒペリクム……266
グラスペディア……230	スノーフレーク……114	ヒメツルソバ……154
グリーンネックレス……82	スパティフィルム……115	ヒメノボタン……154
クリサンセマム……83	スパラキシス……115	ピレア……156
クルクマ……231	スミレ……116	ファセリア……156
グロキシニア……232	セアノサス……117	フウラン……268
クロサンドラ……233	セージ類……248	フェスカ……269
クロッカス……304	セダム……354	フクジュソウ……329
グロッバ……233	ゼフィランサス……249	ブバルディア……330
クロユリ……86	セラスチウム……119	ブラキカム……330
グロリオーサ……234	ゼラニウム……120	フリージア……161
クンシラン……87	セロジネ……121	フリチラリア……162
ケイトウ……235	セントポーリア……355	プリムラ類……331
ケマンソウ……89	センニチコウ……249	ブルーキャッツアイ……332
ゲラニウム……89	タイム……123	ブルーデージー……162
ゴシキトウガラシ……90	ダイモンジソウ……250	ブルーファンフラワー……163
コスモス……238	ダンギク……252	ブルビネラ……164
コチョウラン……352	チドリソウ……125	ブロディア……165
コバンソウ……91	チャービル……252	プロテア……166
コリアンダー……239	チャイブ……125	ブロワリア……273
コリウス……240	チューリップ……126	ヘーベ……166
コルチカム……303	チランドシア……354	ベゴニア類……167
コレオプシス……92	ツキミソウ……254	ペチュニア類……168
コンボルブルス……240	ツボサンゴ……130	ベニジウム……169
サイネリア……305	ツルニチニチソウ……130	ベラドンナリリー……332
サギソウ……241	ツワブキ……318	ペラルゴニウム……170
サクラソウ……306	デージー……133	ヘリオトロープ……170
サフラン……307	ディプラデニア……131	ヘリクリサム……171
サボテン類……242	ディモルフォセカ……132	ヘレボルス……333
サラセニア……92	デュランタ……255	ベンケイソウ……274
サルビア……93	デルフィニウム……134	ペンステモン……172
サワギキョウ……241	デンドロビウム……319	ペンタス……173
サンスベリア……243	トケイソウ……256	ホウセンカ……275
サンダーソニア……243	トリカブト……320	ポーチュラカ……173
サンビタリア……96	トリトマ……257	ボタンウキクサ……276
ジギタリス……97	トルコギキョウ……257	ホトトギス……336
シクラメン……308	トレニア……258	ボリジ……175
ジゴペタルム……309	ナノハナ……321	マッソニア……338
ジニア……244	ニーレンベルギア……259	マツバギク……177
シノグロッサス……99	ニゲラ……139	マツバボタン……277
シバザクラ……102	ニチニチソウ……140	マツムシソウ……279
ジャーマンアイリス……100	ネペンテス……259	マトリカリア……178
シャガ……105	ネメシア……141	マリーゴールド……278
シャクヤク……104	ネモフィラ……141	マンリョウ……280
シャコバサボテン……309	ネリネ……322	ミズヒキ……280
シャスターデージー……105	ハーデンベルギア……323	ミセバヤ……338
シュウカイドウ……245	バーベナ……142	ミムラス……179
シュウメイギク……245	パキスタキス……144	ミヤコワスレ……181
宿根バーベナ……106	バコパ……145	ミューレンベッキア……181
シラー……107	バジル……263	ミルトニア……182
シラン……107	ハツコイソウ……323	ミントブッシュ……281
シレネ……108	ハナキリン……264	ミント類……282
シンビジウム……311	ハナショウブ……146	ムスカリ……182
シンフォリカルフォス……247	ハナニラ……149	メコノプシス……284
スイートアリッサム……108	バビアナ……149	メランポジウム……183
スイートピー……109	パフィオペディラム……358	モナルダ……286

モモイロタンポポ……185	コムラサキ……239	ブッドレア……159
モルセラ……285	シザンサス……99	ブルーベリー……163
ヤグルマギク……185	シペルス……244	ボタン……174
ヤツシロソウ……186	宿根アスター類……246	ホヤカルノーサ……276
ユウギリソウ……287	ジンジャー……246	マーマレードノキ……176
ユーコミス……287	ジンチョウゲ……310	マダガスカルジャスミン……177
ユキワリソウ……340	スグリ……112	メディニラ……285
ラグラス……190	ストレリチア……353	ヤツデ……339
ラケナリア……341	セイヨウイワナンテン……118	ヤマブキ……186
ラナンキュラス……190	ソラナム……122	ユキヤナギ……187
ラミューム……191	タチアオイ……250	
ラムズイヤー……289	ダリア……251	④ 3m以上
リコリス……290	チューベローズ……253	アカシア……40
リシマキア……192	ツンベルギア……255	アメリカデイゴ……49
リナリア……193	バーバスカム……261	アラマンダ……210
リビングストーンデージー……193	バイカウツギ……144	アンズ……53
リューココネリ……194	ハイビスカス……143	ウメ……296
リンドウ……342	ハエマンサス……261	オオデマリ……63
ルクリア……341	ハツユキソウ……147	オガタマノキ……299
ルドベキア……291	ハマギク……325	オリーブ……218
ルピナス……195	パンパスグラス……328	カイドウ……69
ルリマツリ……195	フジの仲間……158	ギョリュウバイ……77
レウイシア……196	フジバカマ……271	キングサリ……79
レオノチス……344	フロックス……165	キンモクセイ……229
ローダンセ……197	ベニバナ……273	グレビレア……86
ワスレナグサ……199	ヘメロカリス……169	ゲッケイジュ……87
ワックスフラワー……200	ヘリアンサス……274	ケムリノキ……88
ワトソニア……200	ベロベロネ……172	コブシ……91
	ポインセチア……334	サクラの仲間……94
② 1m前後	ボケ……335	サンユウカ……96
アイリス……40	ボロニア……175	シキミ……98
アカンサス……203	マーガレット……176	シャクナゲ……103
アザレア……42	マロー……279	シャリンバイ……106
アジサイの仲間……206	マンリョウ……280	スモモ……117
アスクレピアス……44	ミソハギ……281	セイヨウシャクナゲ……119
アスチルベ……45	ムラサキツユクサ……183	セネシオ……318
アニゴザントス……294	ユウゼンギク……288	ダツラ……124
アブチロン……295	ユーフォルビア……288	ツキヌキニンドウ……253
アベリア……209	ユリの仲間……188	ツツジの仲間……128
アメリカフヨウ……209	ライラック……187	ツバキ……316
アリウム……50	ラベンダー……191	ツルマサキ……254
アルストロメリア……51	ランタナ……192	テイカカズラ……131
アロエ……211	リアトリス……289	テラスライム……134
アンチューサ……54	レースフラワー……196	ナツツバキ……258
イトラン……55	ローズマリー……344	ナナカマド……137
エキナセア……215	ロニセラ……198	ナンテン……137
エリカ……298	ワレモコウ……292	ニセアカシア……140
エリンジウム……216		ニューサイラン……356
エレムルス……63	③ 2m前後	ノウゼンカズラ……260
オカトラノオ……217	アーティチョーク……202	ハナズオウ……147
オキシペタルム……64	エレモフィラ……299	ハナミズキ……148
オミナエシ……218	オジギソウ……217	バラの仲間……150
カサブランカ……70	カランコエ……302	ハンカチノキ……152
ガマ……222	ゲッカビジン……234	バンクシア……356
カラー……72	ゲッキツ……236	フェイジョア……269
カラマツソウ……224	ケナフ……237	フェニックス……270
カルミア……74	コデマリ……90	フクシア……157
カンナ……225	サザンクロス……307	フヨウ……272
キイチゴ……76	シコンノボタン……98	ブラシノキ……160
キク……350	ドウダンツツジの仲間……135	マユミ……178
ギヌラ……301	ナスタチウム……136	マルメロ……179
キバナコスモス……226	ニオイバンマツリ……138	マンサク……180
クジャクサボテン……79	ニシキギ……138	ムクゲ……284
クレオメ……231	ハギ……262	モクレン……184
クレマチス……84	ハゴロモジャスミン……145	モッコウバラ……184
クロコスミア……232	ヒマワリ……267	リューカデンドロン……194
ゲットウ……236	ピラカンサ……155	ルコウソウ……290
コキア……237	フウセンカズラ……268	レンギョウ……197

早春から陽春に咲く花

3月〜5月ごろ咲く花

▲ガーベラ

▶カーネーション

PART 1 早春から陽春に咲く花　　アイリス／アカシア

アイリス
ダッチアイリス、オランダアヤメ、イリス／球根植物(多年草)

識別ポイント	日本人に馴染み深い花
名前の由来	花色が豊富で変化に富むことから、ギリシャ語「虹」に由来
花ことば	恋のメロディ
特徴	アイリス属は非常に多くの品種があり、アヤメ、ハナショウブ、カキツバタも含まれる。東洋で改良されたものと西洋で改良されたものがあり、性質も種類によって異なるため用途に合わせて栽培する。(ジャーマンアイリスP.100、ハナショウブP.146参照)

DATA
学　名	*Iris*
科／属名	アヤメ科アイリス属
原産地	地中海沿岸、中央アジア
分　布	北海道～九州
花　色	●●○●● その他
草丈(茎長)	70～90cm
花　径	3～20cm
花　期	5～6月
殖やし方	分球
用　途	切花、花壇

MEMO (栽培メモ)
排水が良い肥沃地を好む。球根アイリスの主流であるダッチアイリスは耐寒性が強く霜除けは不要。10～11月に根付けする。

① ダッチアイリス
② ダッチアイリス
③ アヤメ

アカシア
ミモザアカシア、ギンヨウアカシア／常緑小高木

識別ポイント	黄花が枝先にまとまってつく
名前の由来	ギリシャ語で「刺がある」の意味から
花ことば	気まぐれな恋
特徴	明治時代に渡来した暖地向けの常緑樹。房状に花を咲かせるフサアカシア、葉が銀白色のギンヨウアカシア、葉が三角形のサンカクバアカシア、羽状複葉のミモザアカシアのほか、ソウシジュ、ヤナギバアカシア、スギバアカシアなどがある。果実は豆果で長さ5～12cm。

DATA
学　名	*Acacia* spp.
科／属名	マメ科アカシア属
原産地	南半球の熱帯・亜熱帯
分　布	関東地方以南
花　色	●●○
草丈(茎長)	5～15m
花　径	1cm (頭状花序)
花　期	3～5月
生育環境	非耐寒性
殖やし方	さし木
用　途	庭植え、切花、鉢植え

MEMO (栽培メモ)
日なたを好み、生長が早く枝が横に広がるため、ある程度広い場所を確保する。繁殖はさし木による。

① ギンヨウアカシア
② フサアカシア
③ サンカクバアカシア

アキレア
ノコギリソウ、ヤロウ／多年草

- 識別ポイント：3〜15mmの頭状花が多数集まり、散房花序を形成する
- 名前の由来：ギリシャ神話、トロイ戦争の英雄「アキレウス」の名にちなむ
- 花ことば：恋の痛み
- 特徴：改良品種が多く、矮性種〜高性種まであり、花色、草姿も多種多様。葉は楕円形〜披針形で長さ5〜30cm、シダ類に似た香りを持つものもある。花壇やロックガーデンに適し、夏〜秋に多彩な花々が楽しめる。

DATA
学名	*Achillea* spp.
科／属名	キク科アキレア属
原産地	北半球・温帯〜寒帯
花色	●●●●●○複色
草丈(茎長)	30〜60cm
花径	3〜15cm（花房）
花期	5〜9月
生育環境	耐寒性　日当たり良　水はけ良
殖やし方	株分け、種子まき
用途	切花、花壇、鉢植え

MEMO（栽培メモ）
性質は強健で、やや痩せた土地でも栽培可能。花後、地上部を刈り取って掘り上げ、1株に4〜5芽ずつつけて分ける。

① キバナノコギリソウ
② セイヨウノコギリソウ（赤花種）

march to may

アグロステンマ
ムギセンノウ、ムギナデシコ／1年草

- 識別ポイント：茎は細長く、分枝が多い
- 名前の由来：ラテン語「畑に咲く美しい花」に由来
- 花ことば：小国の王
- 特徴：3〜4月に可愛らしい花を咲かせる1年草。葉は線形〜披針形で長さ約8cm。細い茎の先につく花は、紅紫色で広いラッパ状、花びらは5枚。

DATA
学名	*Agrostemma githago*
科／属名	ナデシコ科アグロステンマ属
原産地	ヨーロッパ、西アジア
花色	●●●
草丈(茎長)	30〜60cm
花径	2〜5cm
花期	3〜4月
生育環境	耐寒性　日当たり、水はけが良い肥沃地
殖やし方	種子まき
用途	切花、鉢植え、花壇

MEMO（栽培メモ）
秋に種子まきし、1年草として庭植え・鉢植えに利用される。繁殖力が強いため、こぼれ種で毎年殖え続ける。

① ムギナデシコの群生
② 花の拡大

PART 1 早春から陽春に咲く花

アゲラタム
カッコウアザミ、オオカッコウアザミ ／1年草、多年草

識別ポイント	高性種は切花・花壇に、矮性種は鉢植えに利用される
名前の由来	花の色が褪せることなく咲き続けることからギリシャ語「古くならない」に由来
花ことば	永久の美
特　徴	園芸用に改良された品種が多く、白花のスノーカーペット、青紫花のブルーブレザー、ピンク花のコニソイデス、花つきが良いブルーミンクなどがある。花はアザミに似た円錐花序をつくる。

DATA
学　名	*Ageratum houstonianum*
科／属名	キク科アゲラタム属
原産地	熱帯アメリカ、メキシコ、グアテマラ、ベリーズ
花　色	●●●○
草丈(茎長)	20〜50cm
花　径	1〜1.5cm
花　期	5〜10月
生育環境	非耐寒性　日当たり良
殖やし方	種子まき、さし芽
用　途	切花　鉢植え　花壇

MEMO (栽培メモ)
日当たりが良く、風が当たらない場所を好む。乾きに強いが過湿になると花つきが悪くなるため、水やりは控えめに。越冬は10℃以上必要。

①③ すがすがしい赤紫色の花
② 白花種

アザレア
セイヨウツツジ、オランダツツジ ／常緑低木

識別ポイント	ツツジの中でも開花が早く、大輪咲き
名前の由来	乾燥地に生育することからギリシャ語「乾く」の意味
花ことば	恋のはじまり
特　徴	アザレアはツツジ全般をさす英名。日本でも品種改良がなされ、極早咲き、四季咲き。花色、花形も多様な種類が出回っている。（ツツジの仲間P.128参照）

DATA
学　名	*Rhododendron* cv.
科／属名	ツツジ科ツツジ属
原産地	中国、ヨーロッパ、日本
花　色	●●●○複色
草丈(茎長)	20cm〜2m
花　径	4〜8cm
花　期	3〜5月
生育環境	半耐寒性　日当たり良　水はけ・水もち良
殖やし方	さし木
用　途	花木、鉢植え、切花

MEMO (栽培メモ)
水はけ・水持ちがよい土壌に植え、春から秋にかけて風通しが良い日なたで管理する。生育期の4〜5月は、1日2回水やりが必要。

①②③ 色彩豊かで、観賞期間も長い

アザミ

薊　ノアザミ／多年草

識別ポイント	アザミの仲間は種類が多く、分類は複雑
名前の由来	花形が「もとどり」に似ているため
花ことば	一匹狼、反抗期
特　徴	江戸時代から園芸化され、ノアザミ、ハマアザミ、フジアザミ、マアザミなど多くの種類が自生している。葉は刺があり、タンポポに似た形状。花は筒形〜丸形で2〜5cm、花茎の先に針さしのような頭状花をつける。

DATA

学　名	*Cirsium* spp.
科／属名	キク科アザミ属
原産地	北半球に250種
分　布	本州、四国、九州
花　色	🟠🌸🟣⚫
草丈(茎長)	30〜50cm
花　径	2〜5cm
花　期	5〜9月
生育環境	耐寒性
殖やし方	種子まき、株分け
用　途	切花、花壇、鉢植え

MEMO (栽培メモ)

日当たりが良く有機質に富んだ土壌を好む、丈夫で育てやすい草花。うどんこ病に注意する。

march to may

① ノハラアザミ
② ノアザミ
③ フジアザミ
④ ハマアザミ
⑤ ニッコウアザミ
⑥ タチアザミ
⑦ イガアザミ
⑧ オゼヌマアザミ
⑨ チャボアザミ
⑩ チョウセンアザミ

PART 1 早春から陽春に咲く花　　　　　　　　　　　　　　　　　アジュガ／アスクレピアス

アジュガ
セイヨウキランソウ　／多年草

識別ポイント　花穂が長く立ち上がる

名前の由来　花冠は2唇形だが萼は筒状で境目がないことから、ギリシャ語「結び付けるものが無い」に由来

花ことば　絆

特　徴　温帯地方原産。20cm以下の矮性種から50cmの高性種まであり、花形、花色も多種多様。カバープラントには匍匐性種、花壇には高性種が好適。

DATA
学　名	*Ajuga* spp.
科／属名	シソ科アジュガ属
原産地	温帯〜熱帯に約50種
分　布	本州、四国、九州
花　色	● ● ○ その他
草丈(茎長)	20〜50cm
花　径	2cm前後
花　期	4〜5月
生育環境	耐寒性〜半耐寒性
殖やし方	茎挿し
用　途	花壇、鉢植え、グランドカバー

MEMO (栽培メモ)
株は匍匐性でグランドカバーに向く。半日陰〜日陰に強く、痩せた土でも栽培可能。

花穂が長く立ち上がる

march to may

アスクレピアス
トウワタ、シュッコンパンヤ　／多年草

識別ポイント　葉茎を切ると白い汁が出る

名前の由来　ギリシャ神話の医術の神「アスクレピオス」に由来

花ことば　健康体

特　徴　本来は常緑低木だが、日本では主に多年草として扱われている。小さな花が茎先に多数集まり、径5〜10cmの散形集散花序をつくる。果実は長さ約8cm、裂けると白毛に覆われた種子が顔を出す。

DATA
学　名	*Asclepias* spp.
科／属名	ガガイモ科アスクレピアス属
原産地	南北アメリカ、アフリカに約100種
花　色	● ● ● ● ○
草丈(茎長)	30cm〜2m
花　径	0.5cm
花　期	4〜9月
生育環境	耐寒性〜半耐寒性 日当たり良 水はけ良
殖やし方	株分け、実生
用　途	切花、花壇、鉢植え

MEMO (栽培メモ)
花が濃紅色のトウワタは、寒さにやや弱いが、オオトウワタ、ヤナギトウワタは暖地なら戸外で越冬できる。ダニ類・アブラムシがつきやすいため、防除が必要。

茎先に小さな花が集まる

アスチルベ

アワモリソウ、アワモリショウマ、ショウマ ／多年草

識別ポイント	ひとつひとつの花はきわめて小さい
名前の由来	個々の花が小さく目立たないため、ギリシャ語で「輝きに欠ける」の意味
花ことば	消極的なアプローチ
特徴	アジア原産で日本には17種が自生している。花は紅色または白色で、長さ30～60cmの円錐状に集まってつく。切花は、切り口を焼いてから水あげすると良い。

DATA

学名	*Astilbe*
科／属名	ユキノシタ科アスチルベ属
原産地	東アジア、北アジア
花色	● ○
草丈(茎長)	50cm～1m
花径	30～60cm(花穂)
花期	5～9月
生育環境	耐寒性 日なた～半日陰でもよく育つ
殖やし方	株分け、根伏せ
用途	切り花、花壇、鉢植え

MEMO (栽培メモ)
耐寒性があり、丈夫で栽培しやすい草花。過乾をきらうため、乾燥、水ぎれに注意する。

①②③花は円錐状に集まってつく

march to may

アッツザクラ

ロードヒポキシス、キンバイザサ ／球根植物(多年草)

識別ポイント	花色は赤系と白系がある
名前の由来	ギリシャ語「バラ色」に由来
花ことば	可憐
特徴	本属は1属1種。昭和初期にイギリスから導入され、品種改良が繰り返されている。花は1.5～2cmの6弁花。雄しべ・雌しべが隠れていて見えない。

DATA

学名	*Rhodohypoxis*
科／属名	コキンバイザサ科ロドヒポクシス属
原産地	南アフリカ
花色	● ● ○ 複色
草丈(茎長)	10～15cm
花径	1.5～2cm
花期	4～6月
生育環境	半耐寒性
殖やし方	分球
用途	鉢植え、花壇、ロックガーデン

MEMO (栽培メモ)
植え替えは早春に行い、真夏の暑さに弱いため、半日陰で栽培する。過乾・過湿に注意する。

庭園を彩る

PART 1 早春から陽春に咲く花　　　　　　　　　　　　　　　　　　　　　　　　　　　　アナナス類

アナナス類

多年草

識別ポイント	パイナップルを小さくしたような形
名前の由来	属名からつけられた
花ことば	完全無欠
特徴	常緑の地生宿根草。葉は披針形でロゼット状になり、多数の刺がある。花は黄赤または淡紫色、密に集まって円錐状の花房をつくる。花後にできる果実は多肉質で食べられる。

DATA

学名	*Ananas*
科/属名	パイナップル科アナナス属
原産地	熱帯～亜熱帯
花色	🟠 🟣
草丈(茎長)	45cm～1m
花径	10～20cm
花期	5～7月
生育環境	非耐寒性
殖やし方	株分け、さし木
用途	鉢植え

MEMO（栽培メモ）

屋外では日当たり、水はけが良い腐植質に富んだ肥沃土壌で、温室内では無遮光、低～中湿度下で育てる。生育期にはたっぷりと水を与える。

march to may

① アナナス類は50属1500種あるといわれる
② 'エクメア・チルランドシオイデス'
③ 'エクメア・フルゲンス'（サンゴアナナス）
④ 'エクメア・ファスキアタ'

アネモネ

アネモネ
ボタンイチゲ、ハナイチゲ、
ベニバナオキナグサ（紅花翁草）／球根植物（多年草）

- 識別ポイント 一重咲き〜八重咲きまで種類が豊富
- 名前の由来 花の女神フローリスに仕えた美しい妖精「アネモネ」の化身とのいわれがある
- 花ことば 真実
- 特　徴 花色、花形は変化が多い。湿気に弱いため、切花は水位を低くする。秋植え球根として春に花を咲かせるのが一般的だが、近年導入されたモナリザは春に種子をまき、秋に開花する。

DATA
学　名	*Anemone coronaria* cvs.
科／属名	キンポウゲ科アネモネ属
原産地	地中海沿岸
花色	○ ● ● ● ● 複色
草丈(茎長)	25〜40cm
花径	3〜5cm
花期	4〜5月
生育環境	耐寒性　湿気に弱い
殖やし方	分球
用途	花壇、鉢植え、切花

MEMO（栽培メモ）
球根は湿った砂の上で3時間ほど吸水させ、冷涼な地にて発根、発芽させてから植え付ける。

①②③④ 花色は豊富

① ② ③ ④

march to may

PART 1 早春から陽春に咲く花

アマリリス
ヒペアストラム、ナイトスターリリー

／球根植物（多年草）

識別ポイント	様ざまな花色、花弁模様がある
名前の由来	馬のように大きな星形の花をつけることから、属名はギリシャ語で「馬・星」の意味
花ことば	賛美
特 徴	春植え球根植物。直立した太い茎の先に、華やかな漏斗形の花を咲かせる。フランス民謡にも歌われる人気がある美花。

DATA
学 名	*Hippeastrum*
科／属名	ヒガンバナ科ヒペアストルム属
原産地	メキシコ〜アルゼンチン
花 色	● ● ○ 複色
草丈(茎長)	30〜60cm
花 径	8〜15cm
花 期	4〜5月
生育環境	半耐寒性　日当たり良　排水良
殖やし方	分球
用 途	鉢植え、花壇、切花

MEMO (栽培メモ)
球根は水はけが良い用土に浅植えにする。寒風をきらうので花壇は防寒が必要。鉢植えにして晩秋には室内へ入れる。

march to may

①②③ 豪華な花が咲き競う

アメリカデイコ
カイコウズ／落葉低木〜落葉高木

- **識別ポイント** 葉を丸めたような珍しい花形
- **名前の由来** 属名はギリシャ語で「赤」の意味
- **花ことば** 個性的
- **特徴** ブラジル原産の暖地性の花木。枝や葉柄には刺がある。果実はマメ形で長さ15cm以上になる。

DATA
- 学名 *Erythrina crista-galli*
- 科／属名 マメ科デイコ属
- 原産地 ブラジル
- 分布 本州、四国、九州
- 花色 ●
- 草丈(茎長) 5〜6m
- 花径 7〜8cm
- 花期 3〜10月
- 生育環境 暖地
- 殖やし方 さし木
- 用途 庭木、鉢植え

MEMO (栽培メモ)
寒さに弱いため冬は温室内で管理する。暖地では秋までに2、3回花がつく。肥料は少ないほうが良い。

① 真っ赤な蝶形の花
② デイコの近縁種

アリッサム
スイートアリッサム、ニワナズナ／多年草、1年草

- **識別ポイント** 甘い芳香がある丁字花が密集して咲く
- **名前の由来** 分岐する毛から、属名はラテン語「小裂片」の意味
- **花ことば** 飛躍
- **特徴** 矮性の改良品種にはカーペット状に広がって自生する品種もあり、グランドカバーにも利用される。花は小さく甘い香りを放つので別名スイートアリッサムとも呼ばれる。（スイートアリッサムP.108参照）

DATA
- 学名 *Lobularia*
- 科／属名 アブラナ科ロブラリア属
- 原産地 地中海沿岸
- 花色 ○●●
- 草丈(茎長) 10〜20cm
- 花径 5〜8mm
- 花期 3〜5月
- 生育環境 半耐寒性
- 殖やし方 種子まき
- 用途 花壇、鉢植え

MEMO (栽培メモ)
ふつうは秋まきし、越冬して3月に定植するが、寒冷地では3月に種子まき、5月に定植。発芽したら早めに移植して細根をつくる。

①③ アリッサム
② スイートアリッサム

march to may

PART 1 早春から陽春に咲く花

アリウム
ハナネギ／球根植物（多年草）

識別ポイント	直立する花茎の先に多数の花が球形に集まる
名前の由来	ラテン語の「匂い」に由来するなど諸説がある
花ことば	夫婦円満
特徴	アリウム属は約400種類あり、大球形、小球形、花色も多種多様。タマネギ、ニンニク、ラッキョウなどの野菜類も仲間になる。

DATA

学　名	*Allium spp.*
科／属名	ユリ科アリウム属
原産地	北半球
花　色	🔴🟣🟣🟡⚪
草丈(茎長)	20cm〜1.5m
花　径	10〜20cm
花　期	5〜6月
生育環境	非耐寒性〜耐寒性
殖やし方	種子まき、分球
用　途	切花、花壇、鉢植え

MEMO (栽培メモ)
秋植え球根植物。大球性の品種は15cm四方に1球、小球性の品種は7cm四方に1球を植えつける。覆土は大球性で6cm、小球性で3cmくらいが標準。

①② アリウム・ギガンチウム
③ アリウム・シクルム
④ アリウム・コワニー

アルストロメリア
ユリズイセン、インカノユリ、インカリリー

／球根植物（多年草）

- **識別ポイント** 花弁には斑点やライン模様がある
- **名前の由来** リンネの友人であったスウェーデンの植物学者「アルストレーメル」にちなむ
- **花ことば** 穏やかな生活
- **特徴** オランダで品種改良されたものが多く栽培されている。早咲き種の大輪花'ペレグリナ'、橙色の小輪花'ハエマンサ'、淡桃色花の上部に黄斑が入る'パリダ'などがある。

DATA
学 名	*Alstroemeria* cvs.
科／属名	アルストロメリア科アルストロメリア属
原産地	南アメリカ
花 色	●●●●○● 複色
草丈(茎長)	50cm〜1m
花 径	4〜7cm
花 期	4〜6月
生育環境	半耐寒性　日当たり良
殖やし方	株分け、分球
用 途	切花、鉢植え、花壇

MEMO（栽培メモ）
暑さ寒さに弱いので温度管理には気をつける。地中に太い塊根を形成するため、花壇は深く耕し、鉢植えは高さのある鉢に植える。

① 'エレノア'
② 園芸種
③ 'アマンダ'
④ 'カーニバル'
⑤ 'アトランタ'

march to may

PART 1 早春から陽春に咲く花

アルケミラ
ハゴロモグサ、レディスマントル／多年草

識別ポイント	黄色い小花が茎先にまとまって咲く
名前の由来	アラビア名「alkemelych」に由来
花ことば	初恋
特　徴	草丈が低く、グランドカバーとして多用されるアルケミラ・モリス、アルピナ、高性のアルケミラ・ロブスタ、大形のクサントクロラなどいくつかの品種がある。切花に利用する際は、湯あげをしてから水あげする。

DATA
学　名	*Alchemilla*
科／属名	バラ科アルケミラ属
原産地	ヨーロッパ東部〜小アジア
分　布	ユーラシア、アメリカの山岳地帯
花　色	〇(黄)
草丈(茎長)	10〜30cm
花　径	2cm
花　期	5〜6月
生育環境	耐寒性　水はけが良い半日陰
殖やし方	株分け、実生
用　途	切花、花壇、鉢植え、グランドカバー

MEMO (栽培メモ)
寒さに強く、東北地方でも条件が合えば生育可能。

① アルケミラ・モリス
② アルケミラ・モリス'レディスマントル'

アルメリア
ハマカンザシ、マツバカンザシ、シーピンク／多年草

識別ポイント	葉は松葉に似る
名前の由来	ナデシコに似ていることから、ナデシコ属のラテン名「flos armeriae」に由来
花ことば	情深い
特　徴	丈夫で栽培しやすく、花壇やロックガーデンなどに利用される。最も多く出回っている品種はアルメリア・マリティマ(ハマカンザシ)、切花に向くアルメリア・ラティフォーリア、小形種のアルメリア・ケスピトーサ(ヒメカンザシ)などがある。

DATA
学　名	*Armeria*
科／属名	イソマツ科アルメリア属
原産地	ヨーロッパ、北アフリカ、西アジア
花　色	●　○
草丈(茎長)	10〜15cm
花　径	1〜2cm
花　期	3〜4月
生育環境	耐寒性　酸性土をきらう
殖やし方	株分け
用　途	切花、鉢植え、花壇

MEMO (栽培メモ)
高温多湿に弱いため、夏は半日陰で育てるが、寒さには強い種である。

① 群生
② 花の拡大

アンズ
杏・杏子　カラモモ／落葉高木

- **識別ポイント**　桃色の花と甘い果実を楽しむ
- **名前の由来**　中国名「杏子」を日本語読みにした
- **花ことば**　早すぎた恋
- **特　徴**　中国原産の東亜系と、地中海沿岸で改良された欧州系がある。果実は球形で径約3cm。生食、ジャム、干果など食用にされる。

DATA
学　名	*Prunus*
科/属名	バラ科サクラ属
原産地	中国
分　布	長野県、中国北部
花　色	🌸
草丈(茎長)	5～15m
花　径	2.5～3cm
花　期	3～4月
生育環境	環境
殖やし方	さし木
用　途	切花、花木、鉢植え、果樹

MEMO (栽培メモ)
日当たり、水はけが良い肥沃地に栽培する。

① 山間にいち早く春を告げる(更埴市)
② 白花種
③ 花の拡大
④ 果実

march to may

PART 1 早春から陽春に咲く花

アンチューサ
アンクサ、ウシノシタグサ、アルカネット ／2年草、多年草

- 識別ポイント：青紫色の小花が横向きにつく
- 名前の由来：本属の一部が化粧原料に用いられていたことから、ギリシャ語で「化粧料・紅」の意味
- 花ことば：淡い記憶
- 特徴：花は管状や漏斗状で5〜6mm、横向きに咲く。エディブルフラワーとしても利用される。

DATA
- 学名：*Anchusa*
- 科／属名：ムラサキ科アンチューサ属
- 原産地：ヨーロッパ、アフリカ、アジア
- 花色：●●○
- 草丈(茎長)：20cm〜1.5m
- 花径：5〜6mm
- 花期：5〜6月
- 生育環境：耐寒性 日当たりと水はけが良い肥沃地
- 殖やし方：種子まき、実生
- 用途：花壇、鉢植え

MEMO（栽培メモ）
光が当たると発芽しない嫌光性種子なので、まいた後は必ず覆土する。高温多湿をきらうが、寒さに強い強健な草花。

① 青紫色の花
② 白花種

march to may

イキシア
アフリカンコーンリリー、ヤリズイセン ／球根植物（多年草）

- 識別ポイント：茎や葉は細長くまっすぐ立ち上がる
- 名前の由来：切り口から粘り気のある液が出るため、ギリシャ語「トリモチ」の意味
- 花ことば：粘り勝ち
- 特徴：南アフリカ原産の球根植物。原種には、早生の'カピラリス'、中生の'モナデルファ'、晩生の'オドラタ''ポリスタキア'などがある。

DATA
- 学名：*Ixia x hybrida cv.hort.*
- 科／属名：アヤメ科イキシア属
- 原産地：南アフリカ、熱帯アフリカ
- 花色：●●●○●●
- 草丈(茎長)：20cm〜1m
- 花径：1cm
- 花期：4〜5月
- 生育環境：非耐寒性〜半耐寒性 日なた 通風良
- 殖やし方：分球
- 用途：切花、花壇、鉢花

MEMO（栽培メモ）
秋植え球根植物。日当たり、風通しが良い場所に球根を植えつける。

①② 夜間閉じているつぼみは日光を受けてパッと開く

イチゴ(ワイルドストロベリー)

苺、莓 エゾヘビイチゴ、オランダイチゴ、クサイチゴ ／多年草

- 識別ポイント 可愛らしい白色の5弁花
- 名前の由来 野性的な苺の意味から
- 花ことば 甘い乙女心
- 特徴 園芸分類上では野菜に入れられる。果実はそのまま生で食べたり、ジャムなどに加工して利用する。乾燥葉は肝機能を整える効果があるとされる。

DATA
学名	*Fragaria*
科／属名	バラ科オランダイチゴ属
原産地	南北アメリカ大陸
分布	本州東北～中部、屋久島
花色	○
草丈(茎長)	10～30cm
花径	1.2～1.5cm
花期	3～5月
生育環境	日当たりが良い林縁、草地
殖やし方	株分け
用途	食用、家庭菜園、鉢植え

MEMO(栽培メモ)
苗は9～10月に植えつけ、病虫害の防除が必要。暑さ寒さに弱いので温度管理に気をつける。

① ワイルドストロベリー(ヨーロッパクサイチゴ)
② 鉢植えで育てた果実

march to may

イトラン

糸蘭 アダムスニードル、ユッカラン ／常緑低木

- 識別ポイント 葉は肉厚でかたく、直立する
- 名前の由来 ランに似た細長い葉をつけるため
- 花ことば とまどい
- 特徴 株立ち状になりほとんど無茎。葉は倒披針形で長さ最大70cm、地際にロゼットを形成し、葉縁にはカールした白い糸がある。花は釣鐘形、大きな円錐花序をつくり、下向きに咲く。

DATA
学名	*Yucca filamentosa*
科／属名	リュウゼツラン科イトラン属
原産地	台湾
花色	○
草丈(茎長)	1～1.5m
花径	5cm
花期	5～6月
生育環境	耐寒性
殖やし方	株分け
用途	鉢植え、庭植え

MEMO(栽培メモ)
温室栽培では大きめの鉢に植え、日当たりで管理する。生育期には適度に水を与え、月に1度液肥を施す。花にはアブラムシがつきやすいので注意する。

白色の花を多数つける

PART 1 早春から陽春に咲く花　　イベリス／インカルビレア

イベリス
キャンディタフト、トキワナズナ ／1・2年草、多年草

- 識別ポイント：白色系、紅色系の花が茎先にまとまってつき、咲き溢れる
- 名前の由来：スペインの古名「イベリア」に由来
- 花ことば：心変わり
- 特徴：イベリス属は西部アジア、北アフリカに30～40種あり、花色、形態も様々。無限花序で花期が長く、花壇やロックガーデンで楽しむ。

DATA
学名	*Iberis*
科／属名	アブラナ科イベリス属
原産地	西部アジア、北アメリカ、ヨーロッパ
花色	●●○
草丈(茎長)	20～30cm
花径	2～3cm
花期	4～6月
生育環境	日当たり、水はけが良い場所
殖やし方	種子まき
用途	花壇、ロックガーデン、鉢植え、切花

MEMO (栽培メモ)
1・2年草のイベリスは秋まきで5月に開花。多年草のイベリスは春にまき、乾燥に強くロックガーデンにも好適。

① イベリス・オドラタ
② イベリス・センペルウィレンス'ブミラ'

インカルビレア
多年草

- 識別ポイント：紫、赤、白色の花はラッパ状の花形が美しい
- 名前の由来：中国に渡ったフランス人宣教師、ダンカルヴィルの名にちなむ
- 花ことば：運命的な出会い
- 特徴：明治末頃日本に渡来したが、日本の高温多湿に適さず、北海道や寒冷地に多く植えられる。羽状の葉を根から四方に出し、その中心から伸ばした花茎の先端にラッパ状の花が4～5輪突き出すように咲く。晩春に咲く宿根草の中で最も美しい花のひとつ。

DATA
学名	*Incarvillea*
科／属名	ノウゼンカズラ科インカルビレア属
原産地	中央アジア～ヒマラヤ
花色	●●○
草丈(茎長)	20～90cm
花径	5～8cm
花期	5～9月
生育環境	耐寒性　半日陰　風通しが良い場所
殖やし方	種子まき、株分け
用途	花壇、庭園、鉢植え

MEMO (栽培メモ)
水はけが良い肥沃地を好み、根が太く長いため粘質土を嫌う。種子は3～4月にまくが、開花するまで満2年かかるので、1～2年育てた苗を入手すると良い。

① インカルビレア・ドラヴェーイー
② 白花種

イワタバコ

岩煙草 イワヂシャ／多年草

- **識別ポイント** 紫、白、桃色の花は、径1.5〜2cmで星状に5裂する
- **名前の由来** タバコの葉に似た大葉が、岩場に生える様子から
- **花ことば** 早熟
- **特　徴** 岩場に群生する山野草の一種。根元から数枚出る大葉は、苦味を含むが、若葉はおひたし、あえものにして食べられる。

DATA
学　名	*Conandron*
科／属名	イワタバコ科イワタバコ属
原産地	日本、台湾、中国
分　布	関東以南の本州、四国、九州
花　色	● ○ ●
草丈(茎長)	10〜20cm
花　径	1.5〜2cm
花　期	5〜9月
生育環境	水はけが良く、涼しい日陰
殖やし方	さし芽、株分け
用　途	鉢植え、庭植え、石付け、ウオールガーデン

MEMO (栽培メモ)
半日陰から日陰の涼しい場所を好む。生育期間中は多めの水を吸収するが、冬はほとんど水を必要としない。

① 渓流沿いの岸に咲く(栃木県・小百川)
② 鉢植え(白花種)
③ 鉢植え(紫花種)
④ 冬芽(枯れているのではない)
⑤ 芽出しが美しい

march to may

57

PART **1** 早春から陽春に咲く花　　　　　　　　　　　　　　　ヴェロニカ／ウォールフラワー

① 'ライラックファンタジー'
② 'ブルージョン'
③ ヴェロニカ・ロンギフォリア 'アルバ'

ヴェロニカ
ベロニカ、ルリトラノオ ／1年草　多年草

識別ポイント	花色は白、青系色が多い
名前の由来	「セイント・ヴェロニカ」の名にちなむ
花ことば	家庭円満
特徴	ベロニカの仲間は約300種あり、花色、花形、性質など変化に富んでいる。5〜8月、直立した茎の先端に小花が集まり穂状に咲く。

DATA
学　名	*Veronica* spp.
科／属名	ゴマノハグサ科ヴェロニカ属
原産地	ヨーロッパ、北アジア
分布	北半球温帯
花色	○ ● ● ●
草丈(茎長)	50〜80cm
花径	5〜30cm（花穂）
花期	5〜8月
生育環境	耐寒性　日なた　水はけ良
殖やし方	株分け、さし木、種子まき
用途	花壇、切花、鉢植え

MEMO (栽培メモ)
日当たり、風通しが良い場所で育てる。高地、平地、湿地など自生地の環境に合わせて栽培が可能。性質が丈夫でまっすぐに伸びるので、場所を取らず寄せ植えに最適。

ウォールフラワー
ニオイアラセイトウ ／2年草

識別ポイント	花には甘い芳香がある
名前の由来	「城壁の花」を意味する
花ことば	好奇心
特徴	小山状に生長する短命な常緑宿根草。葉は披針形で長さ最大23cm、濃緑色。輝くような黄橙色の花が、短い総状花序につく。園芸品種は多彩な花色をもち、美しいヨーロピアン風景を織りなす。

DATA
学　名	*Erysimum cheiri*
科／属名	アブラナ科エゾスズシロ属
原産地	南ヨーロッパ
花色	○ ○ ○
草丈(茎長)	20〜40cm
花径	2cm
花期	3〜5月
生育環境	耐寒性　耐霜性
殖やし方	実生
用途	花壇、ロックガーデン、ウォールガーデン、切り花

MEMO (栽培メモ)
日当たり、排水が良いアルカリ性用土を好む。カビによる斑点病、根腐れに気をつける。

黄のほかにクリーム、オレンジ色など多彩

march to may

エーデルワイス

ウスユキソウ／多年草

識別ポイント	真っ白な美花
名前の由来	ドイツ名からつけられた
花ことば	清らかな愛
特　徴	叢生する宿根草のひとつ。葉は線形で長さ約4cm、白い軟毛があり根生する。花は頭状花で径3〜10cm、星形の苞に囲まれている。

DATA

学　名	*Leontopodium alpinum* Cass.
科／属名	キク科ウスユキソウ属
原産地	アルプス、シベリア、ヒマラヤ
分　布	山地
花　色	○
草丈(茎長)	10〜20cm
花　径	3〜10cm
花　期	3〜5月
生育環境	耐寒性
殖やし方	株分け
用　途	鉢植え、ロックガーデン

MEMO (栽培メモ)

早春に株分けする。山地原産なので耐寒性は強いが、乾燥すると枯死するので注意が必要。夏は日当たりが良い冷涼地で育てる。

① 群生
② 山道で登山者に人気の花
③ 花の拡大
④ 鉢植えの冬越

march to may

PART 1 早春から陽春に咲く花

エニシダ
金雀枝　エニスダ、スコッチブルーム
／常緑・落葉低木

識別ポイント	蝶形の花が枝いっぱいに群開する
名前の由来	近縁属「ゲニスタ」の転訛
花ことば	儚い恋
特　徴	高性種～矮性種、匍匐性種もあるため、庭木、切花、グランドカバーなど多用される。高性種のシロバナエニシダ、矮性種のヒメエニシダ、花弁の一部が赤くなるホホベニエニシダなどがある。花後にできる果実は、マメ形で黒熟する。

DATA
学　名	*Cytisus*
科／属名	マメ科エニシダ属
原産地	ヨーロッパ
花　色	🟡 🔴 ⚪
草丈(茎長)	20cm～1m
花　径	2cm
花　期	4～6月
生育環境	耐寒性　日当たり、水はけが良い場所
殖やし方	さし木、種子まき
用　途	切花、花木、鉢植え、花壇

MEMO （栽培メモ）
春か秋に水はけが良い日なたへ植えつける。過湿をきらうため、冬の水やりは控えめに。

march to may

① 枝いっぱいに咲く
② 花の拡大
③ ホホベニエニシダ
④ 紅色系

エビネ
海老根・蝦根／ラン類（多年草）

- **識別ポイント** 春咲き種と夏咲き種がある
- **名前の由来** 根の形をエビに見立てて
- **花ことば** にぎやかな人柄
- **特　徴** 日本に広く分布するランの一種で、変種も多い。褐色花のジエビネ、山地に多く自生するサルメンエビネ、黄花のキエビネ、芳香があるニオイエビネ、ジエビネとキエビネの交配種タカネエビネなどがある。

DATA
学　名	*Calanthe*
科／属名	ラン科エビネ属
原産地	日本
分　布	日本全国
花　色	● ● ● ○ ● 白との複色
草丈(茎長)	20〜60cm
花　径	1〜2cm
花　期	4〜5月、7〜9月
生育環境	耐寒性　半日陰　水はけ良
殖やし方	株分け
用　途	鉢植え、庭植え、切花

MEMO（栽培メモ）
耐寒性は強いが風や直射日光をきらうため、植えつける場所に気をつける。アブラムシがつきやすいため防虫対策が必要。

①③④ 山地の林内に生える
② キエビネ

march to may

PART 1 早春から陽春に咲く花　　　　　　　　　　　　　　　　　　　　　　エボルブルス／エリゲロン

エボルブルス
アメリカンブルー／多年草

識別ポイント	冷涼感をかもし出す青紫色の小花
名前の由来	属名からつけられた
花ことば	清潔感
特徴	草姿は株立ちまたは匍匐性でつるを伸ばし、つり鉢でも楽しめる。花は青紫色、アサガオを小さくしたような花形。15℃以上で開花し、夏中咲き続ける。

DATA
学　名	*Evolvulus pilosus*
科／属	ヒルガオ科エボルブルス属
原産地	中央アメリカ
花　色	●
草丈(茎長)	10〜20cm
花　径	1〜2cm
花　期	5〜10月
生育環境	非耐寒性　日当たり良、水はけ良
殖やし方	さし木
用　途	花壇、鉢植え

MEMO (栽培メモ)
暑さに強く、生育期は日が当たる場所でたっぷり水を与えると夏の間次つぎと花を咲かせる。冬は茎を刈り込み、室内で管理する。

① 鉢植えで楽しむ
② 花の拡大

エリゲロン
イングリッシュデージー／多年草

識別ポイント	キクに似た花形
名前の由来	ギリシャ語で「早い・老人」の意味
花ことば	勇者
特徴	花色は紅、桃、紫、黄、白と幅広く、草丈10cmの矮性種〜高性種まで多種多様。切花向きのピンクジュエル、帰化植物のハルジオン、高地性のアズマギクなどがある。

DATA
学　名	*Erigeron* cv.
科／属	キク科エリゲロン属
原産地	北アメリカ
花　色	● ● ● ○
草丈(茎長)	10cm〜30cm
花　径	1cm
花　期	4〜5月
生育環境	耐寒性　水はけ良
殖やし方	株分け
用　途	切花、花壇、鉢植え

MEMO (栽培メモ)
過湿に弱く、根づまりすると枯死するため、毎年植え替えを行う。こぼれ種で増殖し、雑草化するほど強い草花。

① エリゲロン・プロヒュージョン
② エリゲロン・ジョーンブロー
③ 'シリニティ'

エレムルス

球根植物（多年草）

- **識別ポイント** 直立した花茎に小さな花を多数つける
- **名前の由来** 自生地と花の形状から、ギリシャ語で「砂漠・尾」の意味
- **花ことば** 孤高を保つ
- **特　徴** 葉の間から花茎を長く伸ばし、穂状の花房を形成する。花は下から順に咲き上がる。最近は切花用にも栽培されている。

DATA
- 学　名　*Eremurus* spp.
- 科／属名　ユリ科エレムルス属
- 原産地　中央アジア西部
- 花　色　◯ ◯ ◯ ◯
- 草丈(茎長)　30cm〜1.8m
- 花　径　1cm　花長：40〜100cm
- 花　期　5〜7月
- 生育環境　耐寒性　排水良
- 殖やし方　株分け、実生
- 用　途　花壇、切花、鉢植え

MEMO（栽培メモ）
秋に水はけが良い有機土壌に植えつける。耐乾、耐寒は極めて強く−15℃でも生育するが、耐暑性は弱い。

①② 穂状の花房をつくる

オオデマリ

大手毬　テマリバナ、ビバーナム／落葉低木

- **識別ポイント** 手まりのような白い花が枝先に群開する
- **名前の由来** 花序がマリのように球状になることから
- **花ことば** 明眸皓歯
- **特　徴** ヤブデマリの改良品種で、園芸植物として古くから栽培される。葉はタマゴ形で縁にはギザギザがある。花は白色ですべて装飾花。アジサイのように毬状に咲く。

DATA
- 学　名　*Plicatum*
- 科／属名　スイカズラ科ガマズミ属
- 原産地　日本
- 分　布　関東以南
- 花　色　◯ ◯
- 草丈(茎長)　3〜4m
- 花　径　5〜10cm
- 花　期　5〜6月
- 生育環境　耐寒性
- 殖やし方　さし木
- 用　途　切花、庭木

MEMO（栽培メモ）
2〜4月、やや湿度がある場所に植えつける。せん定は、花後に古い枝を間引いて更新させる。

① 手まり状の花
② 花の拡大

PART 1 早春から陽春に咲く花

オーニソガラム
オオアマナ、クロボシオオアマナ、レディバグフラワー、
オルニトガルム ／球根植物(多年草)

識別ポイント	小さな花が多数重なって咲き溢れる
名前の由来	開いた花弁が飛んでいる鳥に似ていることから、ギリシャ語で「鳥・乳」の意味
花ことば	動揺
特徴	ヨーロッパ、西アジア、アフリカに約150種の原種がある球根植物。切花向きのシルソイデス、アラビカム、白花のナーボネンセ、庭植え向きのウンベラツム、ヌタンスなどがある。

DATA
学　名	*Ornithogalum*
科／属名	ユリ科オルニトガルム属
原産地	ヨーロッパ、西アジア、アフリカ
花　色	○ ○ ● ● ○
草丈(茎長)	30〜80cm
花　径	2〜5cm
花　期	3〜6月
生育環境	耐寒性〜半耐寒性
殖やし方	分球
用　途	切花、花壇

MEMO (栽培メモ)
10〜11月に球根を植えつけ、翌年の春に開花する。寒さに強く庭植えできる品種と、寒さに弱く室内で管理する品種があるため、球根を入手する際に確認する。

① オーニソガラム・ウンベラツム
② オーニソガラム・シルソイデス
③ 'ダビウム'

オキシペタルム
ルリトウワタ、ブルースター ／つる性1年草

識別ポイント	花は5弁花、淡青色で車形に開く
名前の由来	花の形から、ギリシャ語で「鋭い・花弁」の意味
花ことば	早すぎた恋
特徴	熱帯原産の草花。花は光沢があり、淡青色〜桃色に変化する。園芸品種はカエルレウム種のみ。果実は円錐形で長さ4〜5cm、熟すと黒い種子が飛散する。

DATA
学　名	*Oxypetalum*
科／属名	ガガイモ科オキシペタルム属
原産地	ブラジル、ウルグアイ
分　布	関東以南
花　色	○ ● ●
草丈(茎長)	100〜120cm(つる)
花　径	2cm
花　期	3〜4月(温室)、7〜8月(屋外)
生育環境	半耐寒性　日当たり良　水はけ良
殖やし方	さし木、種子まき
用　途	切花、鉢植え、庭植え

MEMO (栽培メモ)
寒さに弱いため、寒地の庭植えでは越冬できず、花後に枯死する。さし木は7〜8月、種子まきは2〜3月に行う。

① オキシペタルム・カエルレウム'ブルースター'
② 花の拡大

オキナグサ

翁草　シラガグサ、ツクミグサ／多年草

- 識別ポイント：抱え咲きの花が下向きに咲く
- 名前の由来：花後の花柱から白い長毛が伸びた姿を老人の白髪に見立て
- 花ことば：奉仕
- 特徴：花は鐘形で5～10cm、長い白毛に覆われる。花弁はなく、花びら状のガクが6枚ある。珍しい草姿で独特の風情が楽しめる。

DATA
- 学名：*Pulsatilla cernua*
- 科／属名：キンポウゲ科オキナグサ属
- 原産地：日本、朝鮮半島、中国
- 分布：本州～九州
- 花色：●●●●○
- 草丈(茎長)：30～40cm
- 花径：3～5cm
- 花期：4～5月
- 生育環境：耐寒性、日当たりが良い草原
- 殖やし方：株分け、実生
- 用途：切花、鉢植え、花壇

MEMO（栽培メモ）
10～11月に日当たりが良い場所へ苗を植えつける。種子まきの場合は発芽後2～3年で開花する。

① 花は下向きか横向き
② 花柱が白頭の翁（おきな）のよう
③ アカバナオキナグサ
④ ヨウシュオキナグサ'パスクフラワー'

オリヅルラン

折鶴蘭　チョウラン、フウチョウラン／多年草

- 識別ポイント：ランナーを伸ばして子株を形成する
- 名前の由来：重なってつく子株の形が折鶴に似ているため
- 花ことば：浮気癖
- 特徴：ランと名がつくが、ランの仲間ではなく、シダ類の観葉植物。緑色の葉に白い斑が入るフイリオリヅルラン、葉の中央部に斑が入るナカフオリヅルラン、子株がつかないシャムオリヅルランもある。

DATA
- 学名：*Chlorophytum*
- 科／属名：ユリ科オリヅルラン属
- 原産地：南アフリカ
- 花色：○
- 草丈(茎長)：10～40cm
- 花径：1cm
- 花期：3～4月
- 生育環境：耐寒性　半日陰
- 殖やし方：小株、株分け、ランナー
- 用途：鉢植え、吊り鉢

MEMO（栽培メモ）
夏は葉焼けするため、遮光する。寒さには強く、5℃以上で越冬できる。

① 斑入り葉も美しい
② シャムオリヅルラン

march to may

PART 1 早春から陽春に咲く花

オダマキ・セイヨウオダマキ
苧環、西洋苧環 イトクリソウ、コランバイン
／1年草、多年草

識別ポイント	花は下向きに咲く
名前の由来	曲がった距が鷲の爪に似ていることから、ラテン語「鷲」に由来
花ことば	勝利の女神
特徴	丈夫でよく育つ宿根草。葉は3出複葉で長さ1～4cmの小葉をもつ。様々な園芸品種が栽培され、花色が多く、一重咲き～八重咲きまである。

DATA
学名	*Aquilegia vulgaris*
科／属名	キンポウゲ科オダマキ属
原産地	イギリス、北ヨーロッパ、シベリア
分布	日本全国
花色	●●●●○○
草丈(茎長)	30～50cm
花径	1～8cm
花期	4～8月
生育環境	耐寒性 水はけの良い土壌
殖やし方	実生、株分け
用途	花壇、鉢植え、切花

MEMO (栽培メモ)
寒さに強いが暑さに弱いため、西日を避けて水はけの良い土で育てる。

march to may

①
②
③
④
⑤

①②③④ 和洋の庭園に映える優雅な草姿
⑤ セイヨウオダマキ

カーネーション
オランダセキチク、ジャコウナデシコ
／1・2年草、多年草

- **識別ポイント** 母の日に贈る定番の花
- **名前の由来** ラテン語「肉色」に由来
- **花ことば** 母の愛情
- **特　徴** 江戸時代にオランダ人によって渡来した草花。長い歴史の中で多種多様に改良され、多くの品種がつくり出された。切花用のスプレーカーネーション、キャンドル、鉢植え用のフィーリングピンクなどがある。

DATA
学　名	*Dianthus*
科／属名	ナデシコ科ナデシコ属
原産地	南ヨーロッパ、西アジア
花　色	●○●●●●●● 複色
草丈(茎長)	20cm〜1m
花　径	3〜5cm
花　期	4〜6月　9〜11月
生育環境	耐寒性
殖やし方	種子まき、さし芽
用　途	切花、鉢植え、花壇

MEMO (栽培メモ)
切花はつぼみが多いものを選び、鉢植えはつぼみが多いと開花しないので1枝2個程度が良い。

① 贈り花の女王とも言われる
② 複色
③ 'バラスオレンジ'
④ 'クイブラックローシア'
⑤ 白花種
⑥ 'フラッシュ'

march to may

PART 1 早春から陽春に咲く花

ガーベラ

センボンヤリ、オオセンボンヤリ、ハナグルマ、アフリカセンボンヤリ、アフリカンデージー／多年草

- **識別ポイント** 真っすぐに伸びた花茎の先に花を1輪咲かせる
- **名前の由来** ドイツの自然科学者「ゲルバー」の名にちなむ
- **花ことば** 神秘
- **特徴** 約100年前に南アフリカで発見された植物。切花用品種のジェルミニ、ピコリニ、鉢物用品種（ポットガーベラ）のスモールワールド、パンドラなどがあり、花色、花形、ともに多種多様。

DATA

学名	Gerbera
科／属名	キク科ガーベラ属
原産地	南アフリカ
花色	● ● ● ● ○ ●
草丈(茎長)	20〜50cm
花径	径3〜5cm(小輪) 径12cm(大輪)
花期	4〜10月
生育環境	耐寒性〜半耐寒性 日当たり良
殖やし方	種子まき、株分け、実生
用途	切花、花壇、鉢植え

MEMO（栽培メモ）
最低10℃あれば周年花が見られるため、室内で管理して長期間花を楽しむ。花後、花茎は根元から切り取り、適度に間引きする。

march to may

① 鉢植え
② 'アパッチ'
③ 'クライマックス'
④ 'アリス'
⑤ 'アピール'
⑥ 'アンソフィー'
⑦ 'アンビション'

カイドウ

海棠 ハナカイドウ、スイシカイドウ／落葉中木または低木

- **識別ポイント** 淡紅色の花を枝いっぱいに咲かせる
- **名前の由来** 中国名「海棠」を和音読みにした
- **花ことば** 美徳
- **特徴** 中国原産の落葉樹。園芸品種には八重咲きのヤエカイドウ、大八重咲きのオオヤエカイドウ、枝が垂れるシダレカイドウ、白い斑が入るフイリカイドウなどがある。

DATA
学 名	*Malus halliana*
科／属名	バラ科マルス属
原産地	中国
分 布	日本全国
花 色	○ ●
草丈(茎長)	3〜8m
花 径	3〜4cm
花 期	3〜5月
生育環境	耐寒性　日当たり良　水はけ良
殖やし方	つぎ木
用 途	庭木、鉢植え、盆栽

MEMO (栽培メモ)
10月〜11月、日当たり、風通しが良い肥沃地へ苗木を植えつける。12〜2月の落葉期にせん定し、短枝をつくっていく。

① 八重咲き種
② 花の拡大
③ ミカイドウ（未熟果）

march to may

ガザニア

クンショウギク　／1・2年草、多年草

- **識別ポイント** 群植すると花壇をにぎやかに彩る
- **名前の由来** 「テオドール・ガザ」の名にちなむ
- **花ことば** 博学多才
- **特徴** 半耐寒性の多年草だが、日本では1・2年草扱いで、秋に種子をまき、翌年の春に花を咲かせる。

DATA
学 名	*Gazania*
科／属名	キク科ガザニア属
原産地	南アフリカ
花 色	● ● ● ○
草丈(茎長)	15〜40cm
花 径	6〜8cm
花 期	4〜7月
生育環境	半耐寒性　日当たり、水はけが良い乾燥地
殖やし方	種子まき、さし芽
用 途	花壇、鉢植え、ロックガーデン

MEMO (栽培メモ)
暑さ・寒さをきらうので、日よけ、霜よけをして冬は室内で管理する。生育が早いため古葉、花がらはこまめに摘み取り、新芽に更新させる。

①② 色鮮やかな模様の花
③ 花の拡大

PART 1 早春から陽春に咲く花

カサブランカ
オリエンタル・ハイブリッド・リリー／球根植物(多年草)

識別ポイント	赤色または橙色の葯が基部から突き出す
名前の由来	花色からスペイン語「白い家」の意味
花ことば	高貴
特徴	数え切れないほどの園芸品種があるユリの東洋系ハイブリッド。葉は槍形で互生する。盛夏〜晩夏に咲く花は、甘い香りを持つ純白色。わん形で広く展開して反り返り、散形花序を形成する。

DATA
学 名	*Lilium* cv. Casa Blanca
科／属名	ユリ科ユリ属
原産地	東部アジア
花 色	○
草丈(茎長)	1〜1.5m
花 径	20〜25cm
花 期	5〜8月
生育環境	耐寒性
殖やし方	分球、種子まき
用 途	鉢植え

MEMO (栽培メモ)
水はけが良い日なたの熟成した腐植土に栽培する。生育期には適度の水分、液肥を与える。球根が暑がらないように大きめの鉢に植えつける。

ユリの仲間の人気品種

カスミソウ
霞草 コゴメナデシコ、ムレナデシコ、ハナイトナデシコ、ベビーブレス、ジプソフィラ／1年草、多年草

識別ポイント	花束には欠かせない花
名前の由来	小花が群開する様子を霞に見立てて
花ことば	淡い恋心
特徴	英名はベビーズブレス(赤ちゃんの吐息)という可愛いらしい名前がつけられている。茎は直立してよく分枝し、各枝先に霞をかけたように無数の小花が咲く。花色は白のほかピンク色の品種もある。

DATA
学 名	*Gypsophila elegans*
科／属名	ナデシコ科ジプソフィラ属
原産地	ヨーロッパ、アジア
花 色	○ ●
草丈(茎長)	30〜80cm
花 径	3mm〜1cm
花 期	5〜6月
生育環境	耐寒性
殖やし方	種子まき
用 途	切花、鉢植え

① 春霞のような花
② 'ガーデンライト'
③ カーペットカスミソウ

MEMO (栽培メモ)
日当たり、排水が良い乾燥地を好む。栽培初期にはたっぷりと水を与え、つぼみが出たら水やりは控える。

カタクリ

片栗 カタコ、カタカゴ、エリスロニウム、フォーンリリー ／球根植物（多年草）

- 識別ポイント 花は下向きに咲き、花びらがそり返る
- 名前の由来 属名はヨーロッパ原種の花色にちなんで、ギリシャ語で「赤」の意味
- 花ことば 消極的
- 特徴 地面から2枚の葉が対生し、葉の間から伸びた花茎の先に1花咲かせる。

DATA
学名	*Erythronium japonicum*
科／属名	ユリ科カタクリ属
原産地	日本、朝鮮半島、サハリン
分布	本州、北海道、四国、九州
花色	● ○
草丈(茎長)	15〜30cm
花径	2〜5cm
花期	3〜4月
生育環境	耐寒性　日陰〜半日陰
殖やし方	分球
用途	切花、鉢植え、花壇、ロックガーデン

MEMO (栽培メモ)
9〜10月に水はけが良く腐植に富んだ土壌に植え替える。

① 樹下に群落をつくる
② 花は花茎の頂きに1個つく
③ キバナカタクリ

march to may

カモミール

カミツレ、ジャーマンカモミール、マトリカリア ／1年草

- 識別ポイント 黄色の花芯と白い花びらのコントラストが美しい
- 名前の由来 薬用になることから、ラテン語「母」に由来
- 花ことば 逆境の中の活力
- 特徴 ハーブの一種で。消炎、入浴剤またはハーブティーとして利用され、人気がある。

DATA
学名	*Matricaria recutita*
科／属名	キク科マトリカリア属
原産地	ヨーロッパ〜アジア西部
花色	○ ●
草丈(茎長)	10〜60cm
花径	1cm
花期	3〜7月
生育環境	耐寒性　日当たり良　排水良
殖やし方	実生、種子まき、株分け
用途	切花、鉢植え、花壇、食用

MEMO (栽培メモ)
日当たり、水はけが良い土壌を好む。ポット鉢で栽培してキッチンハーブにも好適。

① 群生
② ジャーマンカモミール(朝露にぬれて)
③ ダイヤーズ・カモミール

PART 1 早春から陽春に咲く花

カラー
オランダカイウ、カラーリリー ／球根植物(多年草)

識別ポイント	カラフルな苞を観賞する
名前の由来	仏炎苞を洋服の襟元(カラー)に見立てて
花ことば	誠実
特徴	黄花のキバナカイウ、紅花のモモイロカイウ、葉に白斑が入るシラホシカイウなど苞の色も変化に富む。

DATA
学　名	*Zantedeschia*
科/属名	サトイモ科ザンテデスキア属
原産地	南アフリカ
苞　色	○ ● ● ●
草丈(茎長)	30cm〜1.5m
花　径	50〜60cm
花　期	5〜7月
生育環境	非耐寒性〜耐寒性
殖やし方	分球、実生
用　途	切花、鉢植え

MEMO (栽培メモ)
エチオピカ種は湿地性で水辺に向き、粘質土壌を好む。塊茎性の品種は水はけが良い畑地でよく生育する。

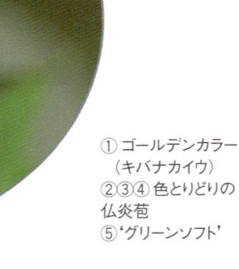

①ゴールデンカラー (キバナカイウ)
②③④色とりどりの仏炎苞
⑤'グリーンソフト'

カラミンサ
カラミンタ、カラミント／多年草

- 識別ポイント：葉には芳香がある
- 名前の由来：葉を揉むとハッカ臭があることから、ギリシャ語で「美しい・ハッカ」の意味
- 花ことば：清涼
- 特徴：ハーブの一種でイギリスでは葉を健胃薬として利用していた。

DATA
- 学名：*Calamintha*
- 科／属名：シソ科カラミンサ属
- 原産地：北半球に約7種
- 花色：●
- 草丈(茎長)：20～50cm
- 花径：5mm
- 花期：5～9月
- 生育環境：耐寒性
- 殖やし方：種子まき、さし木、株分け
- 用途：切花、鉢植え、花壇

MEMO（栽培メモ）
栽培は容易。

① ハーブの一種
② カラミンサ・ネペタ

カルーナ
ギョリュウモドキ／常緑低木

- 識別ポイント：地被植物のひとつ
- 名前の由来：属名からつけられた
- 花ことば：連理之枝
- 特徴：葉は灰色～緑色で長さ1～3mm、毛が生えるものもある。4～5月、筒状の花が多数集まって総状花序につく。数多くの品種があり、紅葉するもの、黄葉するもの、しないものなど様ざま。

DATA
- 学名：*Calluna vulgaris*
- 科／属名：ツツジ科ギョリュウモドキ属
- 原産地：ヨーロッパ～シベリア、アジア
- 花色：○●●
- 草丈(茎長)：20～60cm
- 花径：0.5cm
- 花期：4～5月
- 生育環境：耐寒性　日当たり良
- 殖やし方：さし木
- 用途：鉢植え、ロックガーデン

MEMO（栽培メモ）
日当たりが良い場所を好むが、夏は半日陰で栽培する。ボトリチス、フィトフトラ根腐れ病に気をつける。

① カルーナ・ウルガリス'サンランズ'
② カルーナ・ウルガリス'ロックターレット'
③ 'サリーオーレア'

march to may

PART 1 早春から陽春に咲く花

カルセオラリア
キンチャクソウ／1年草、多年草

識別ポイント	巾着のような独特な袋状形の花をつける
名前の由来	花形から、ギリシャ語の「スリッパ」に由来
花ことば	深い愛情
特徴	本来は多年草だが、日本では1年草として扱われる。3～5月、赤、黄、橙、白色の袋状のユニークな花を咲かせる。

DATA
学　名	*Calceolaria*
科／属名	ゴマノハグサ科カルセオラリア属
原産地	中南米
花色	●○●●
草丈(茎長)	20～30cm
花径	1～3cm
花期	3～5月
生育環境	半耐寒性～耐寒性
殖やし方	種子まき
用途	鉢植え、花壇

MEMO (栽培メモ)
葉や花は水がかかると傷みやすくなるので注意する。

① 袋形の花
② 黄色の交配種

カルミア
アメリカシャクナゲ、ハナガサシャクナゲ／常緑低木

識別ポイント	紅斑が花を特徴づける
名前の由来	スウェーデンの植物学者「カルム」の名にちなむ
花ことば	にぎやかな家庭
特徴	花は枝先にまとまってつき、径20cmくらいの大きな花房を形成する。

DATA
学　名	*Kalmia*
科／属名	ツツジ科カルミア属
原産地	北アメリカ
花色	●○●●
草丈(茎長)	30cm～1.5m
花径	1～1.5cm　径20cm(花房)
花期	5～6月
生育環境	耐寒性　日当たり良　水はけ良
殖やし方	種子まき、つぎ木、取り木、実生
用途	花木、切花、鉢植え、庭植え

MEMO (栽培メモ)
性質は強健。乾燥をきらうため、冬は風が当たらない場所で栽培し、多めの水を与える。

① 花は小さなパラソル状
② 花の拡大

カンパニュラ
ツリガネソウ、ベルフラワー、風鈴草
／1・2年草、多年草

- **識別ポイント** 鐘形の花
- **名前の由来** 花形から、ラテン語「小さい鐘形」の意味
- **花ことば** 真剣な恋
- **特　徴** 高性種は庭植え、矮性種は鉢植えで栽培し、多彩な花色を楽しむことができる。

DATA
学　名	*Campanula*
科／属名	キキョウ科カンパニュラ属
原産地	北半球の温帯～亜寒帯
分　布	北海道、本州中部・北部
花　色	●●○●●
草丈(茎長)	20～80cm
花　径	1～5cm
花　期	5～6月
生育環境	耐寒性
殖やし方	実生、株分け
用　途	切花、鉢植え、花壇

MEMO (栽培メモ)
冷涼乾燥地を好む。

① ベル形の花
② カンパニュラ・グロメラタ
③ カンパニュラ・サラストロ
④ 'アサギリ'
⑤ リンドウ咲きカンパニュラ'ホワイト'
⑥ 鉢植え

march to may

PART 1 早春から陽春に咲く花

カロライナジャスミン
イブニング・トランペットフラワー ／常緑つる性低木

- 識別ポイント　花は黄色でトランペット状
- 名前の由来　原産地ノース・カロライナ州の名にちなむ
- 花ことば　誘惑
- 特　徴　つる性植物なので、あんどん、フェンス仕立てにする。黄色い花はジャスミンの香りを放つ。

DATA
学　名	*Gelsemium sempervirens*
科／属名	マチン科ゲルセミウム属
原産地	北アメリカ、グアテマラ、メキシコ
花　色	○
草丈(茎長)	30cm〜6m（つる）
花　径	3cm
花　期	4〜6月
生育環境	耐寒性
殖やし方	さし木
用　途	鉢植え、庭のフェンスなどに絡ませる

MEMO（栽培メモ）
日当たりが良い場所で栽培する。耐寒性が強く、霜を防げば屋外でも越冬可能。

① つるは6mほどになる
② 花の拡大

キイチゴ
木苺、黄苺　ラズベリー、ブラックベリー、デューベリー ／落葉低木

- 識別ポイント　白い花と甘い果実を楽しむ
- 名前の由来　木になり、果実がイチゴに似るため
- 花ことば　芳醇
- 特　徴　キイチゴ類は約400種あり、更にそれらの園芸品種が3000種ある。果実は完熟すると甘味があるため、生食、ジャム、ジュースなどに利用され、家庭果樹としても人気がある。

DATA
学　名	*Rubus*
科／属名	バラ科キイチゴ属
原産地	日本、中国
分　布	種類によって様ざま
花　色	○
草丈(茎長)	50cm〜2m
花　径	1〜5cm
花　期	4〜5月
生育環境	半日陰〜日なた
殖やし方	株分け、さし木
用　途	鉢植え、庭木、果樹、食用

MEMO（栽培メモ）
日当たり、水はけが良い肥沃地を好む。

① キイチゴの花
② 赤〜黒に熟すキイチゴの果実

ギョリュウバイ

魚柳梅 ネズモドキ、ショウコウバイ、レプトスペルマム ／常緑低木～小高木

- 識別ポイント 梅に似た小形の花
- 名前の由来 葉はギョリュウに似て、花はウメに似るため
- 花ことば 濃厚な愛
- 特徴 春～初夏に咲く種と、冬～春に咲く種がある。線形の葉は互生し、長さ約1.5cm。花は紅色系の濃淡が美しい。果実は半球状で約8mm。

DATA
学名	*Leptospermum scoparium*
科／属名	フトモモ科レプトスペルマム属
原産地	ニュージーランド、オーストラリア
分布	関東地方以南
花色	🔴 ⚪
草丈(茎長)	30cm～10m
花径	1～2cm
花期	12～6月
生育環境	半耐寒性 日当たり良
殖やし方	さし木
用途	切花、鉢植え、庭木

MEMO (栽培メモ)
暖地では庭植えでも越冬できるが、寒冷地では日当たりが良い温室内で管理する。過湿、停滞水、根づまりに気をつける。

① 庭木として多く植栽されている
② 鉢植え

ギリア

レプトシホン、ヒメハナシノブ ／1年草、多年草

- 識別ポイント 花茎の先に球状の花房をつくる
- 名前の由来 スペインの植物学者「ギル」の名にちなむ
- 花ことば 恋の予感
- 特徴 矮性種～高性種、花色や花形も様ざま。カピタータ種、トリコロール種、アンドロサケア種、ルテア種などがある。

DATA
学名	*Gilia*
科／属名	ハナシノブ科ギリア属
原産地	南北アメリカ
花色	🔴 🔵 🟣 ⚪ 🟡
草丈(茎長)	20～90cm
花径	1.5～2cm
花期	7～8月
生育環境	耐寒性 日当たり良 水はけ良
殖やし方	種子まき
用途	切花、鉢植え、花壇

MEMO (栽培メモ)
春か秋に種子をまき、3～4ヵ月後に花を咲かせる。乾燥や寒さに強いため、屋外でも越冬できる。

ギリア・カピタータ

PART 1 早春から陽春に咲く花

キンギョソウ
金魚草 スナップドラゴン／1年草、多年草

識別ポイント	群植すると花壇がにぎやかになる
名前の由来	花形が金魚に似ていることから
花ことば	快活
特　徴	地中海原産の草花のひとつ。高性の八重咲き種マダムバタフライ、ペンステモン咲きのトールバタフライ、矮性種のフローラルシャワーなど多くの品種が栽培されている。

DATA
学　名	*Antirrhinum majus*
科／属名	ゴマノハグサ科キンギョソウ属
原産地	南ヨーロッパ、北アフリカ
花　色	○ ● ● ○ 複色など
草丈(茎長)	20cm～1m
花　径	3～4.5cm
花　期	5～7月
生育環境	耐寒性～半耐寒性　日当たり良　水はけ良
殖やし方	種子まき
用　途	切花、鉢植え、花壇

MEMO (栽培メモ)
9～10月に日当たり、水はけが良い肥沃地に種子をまき、13～15℃を保つ。花後は花茎ごと切り取ると次つぎに開花する。

① バラエティに富んだ品種群
② 'トータルバタフライブロンズ'
③ 'F1金鵄'
④ ヒメキンギョソウ（リナリア属）
⑤ 'F1富士の雪'
⑥ 'F1紅草'
⑦ 'F1桃園'

キングサリ
金鎖 キバナフジ、ゴールデンチェーン ／落葉小高木

識別ポイント	黄色の花房が多数垂れ下がる
名前の由来	金色の花が鎖状に下垂する様子から
花ことば	相思相愛
特徴	花は黄色い蝶形で、長さ20～30cmの総状につき、枝から垂れ下がる。秋に褐色の豆果ができるが、中の種子は有毒なアルカロイドを含むため、中国名は毒豆。

DATA
学名	*Laburnum anagyroides*
科／属名	マメ科キングサリ属
原産地	ヨーロッパ
分布	関東地方以北
花色	◯
草丈(茎長)	5～10m
花径	2cm
花期	5～6月
生育環境	耐寒性 日当たり良 水はけ良
殖やし方	取り木、接木、芽つぎ、種子まき、実生
用途	切花、花壇、鉢植え

MEMO（栽培メモ）
高温多湿をきらい、冷涼な気候を好む。

① 緑色の葉によく映える
② 近縁種のラブルヌム・ワテレリ・ヴォシー

march to may

クジャクサボテン
孔雀サボテン エピフィルム、オーキッドカクタス

／多肉植物 サボテン科

識別ポイント	花色、花形は多種多様
名前の由来	多彩な大輪の花をクジャクの羽にたとえた
花ことば	風刺
特徴	八重咲き、ラッパ咲き、キク咲き、クレマチス咲き、スイセン咲きなど。葉節に花を咲かせる。

DATA
学名	*Epiphyllum*
科／属名	サボテン科エピフィルム属（クジャクサボテン属）
原産地	中央アメリカ、ブラジル
分布	中米、南米の熱帯多雨のジャングル
花色	● ● ● ◯ ◯
草丈(茎長)	50～100cm
花径	5～30cm
花期	5～6月
生育環境	非耐寒性 半日陰
殖やし方	さし木
用途	鉢植え

MEMO（栽培メモ）
夏越は半日陰で、冬越は水やりを控えて室内で管理する。

①② 花色も豊富。月下美人の仲間である

PART 1 早春から陽春に咲く花

グラジオラス
トウショウブ／球根植物(多年草)

識別ポイント	夏の花壇を彩る草花
名前の由来	葉の形状から、ラテン語で「小さな剣」の意味
花ことば	華やかな恋
特　徴	品種改良が重ねられ、赤、橙、黄、白のほか黒に近い色まで、ない色はないといわれるほど豊富な色彩がつくられている。アメリカ原産のブレッドアンドバター、グリーンアイル、日本原産の黄河、白雪姫などがある。

DATA
学　名	*Gladiolus*
科/属名	アヤメ科グラジオラス属
原産地	地中海沿岸、アフリカ
花　色	●○●●●その他
草丈(茎長)	20cm〜1m
花　径	5〜20cm
花　期	6〜10月
生育環境	耐寒性
殖やし方	分球
用　途	切花、鉢植え、庭植え

MEMO (栽培メモ)
日当たり、水はけが良い土壌で栽培する。

① 'ホモグロッサム'
② '夢の虹'
③ 'インプロンプト'
④ 'トパーズ'
⑤ 'ビューティ'
⑥ 'バラエティ'
⑦ 'スプリングベル'
⑧ 'オーキッド'
⑨ 'エンゼル'
⑩ 'アカズキン'
⑪ 'リトルダーリン'
⑫ 早咲き種 'カリーナ'
⑬ 原種グラジオラス 'トリステイス'

march to may

グラジオラス

march to may

81

PART 1 早春から陽春に咲く花　　　　　　　　　　　　　　　クモマグサ／グリーンネックレス

クモマグサ
雲間草　クモマソウ　／多年草

- **識別ポイント**　花は紅色系、花びらは5枚
- **名前の由来**　もともと高山性で雲間に生える草花と見立てて
- **花ことば**　プロミスドランド
- **特　徴**　クッション状になるカブシア種。葉は針形で長さ約1cm、ロゼット状に密生する。3～4月、径1cmほどの杯形花が多数集まり、集散花序につく。

DATA
学　名	*Saxifraga merkii var.idsuroi*
科／属名	ユキノシタ科ユキノシタ属
原産地	欧州の高山、日本の高山
分　布	本州中部地方～北海道の高山
花　色	○●●
草丈(茎長)	10～30cm
花　径	1～1.5cm
花　期	3～4月
生育環境	耐寒性　日当たり良
殖やし方	さし木、株分け
用　途	ロックガーデン、鉢植え

MEMO (栽培メモ)
日当たり、保水性が良い肥沃地に植える。寒さに強いが、高温多湿に弱いため夏は半日陰で育てる。

①②③花色の変化が多い園芸品種

march to may

グリーンネックレス
ミドリノスズ、セネシオ　／多年草　多肉植物

- **識別ポイント**　垂れ下がる玉状の葉を観賞する
- **名前の由来**　球状に肥厚した葉が連なる様子をネックレスに見立てて
- **花ことば**　長い片思い
- **特　徴**　観葉植物の一種で、花よりもネックレスのようにつながった葉を楽しむ。形態変化の幅が広く、多肉幹をもつもの、とっくり状の幹をもつもの、樹木状で多肉葉をもつもの、匍匐性または垂下性などがあり、性質も様ざま。（セネシオP.318参照）

DATA
学　名	*Senecio*
科／属名	キク科セネキオ属
原産地	南アフリカ、マダガスカル
花　色	●（葉色）
草丈(茎長)	10～50cm
花　径	1cm前後
花　期	1～3月
生育環境	室内の明るい場所
殖やし方	さし木
用　途	室内鉢

MEMO (栽培メモ)
夏は水やりを控えて涼しい場所で管理する。落葉性の種類は、寒さに弱いため気をつける。

①ネックレスのようにつながる葉
②花はあまり目立たない

クリサンセマム
クリサンテムム、パルドーサム、ノースポール
／1年草、多年草

- **識別ポイント** 「クリサンセマム」はキク属の植物の総称。
- **名前の由来** 花色から学名の「黄金の花」に由来
- **花ことば** 輪廻転生
- **特徴** 1970年頃日本に輸入された園芸品種。白い花を次つぎと咲かせるパルドーサム、よく分枝する黄花種のムルチコーレ、別名ハナワギクといわれる混合色の花をつけるカリナタムの3種が代表的。

DATA
学　名	*Chrysanthemum*
科／属名	キク科キク属
原産地	地中海沿岸
花　色	🟡 ⚪ 🩷 🟠
草丈(茎長)	10〜50cm
花　径	2〜3cm
花　期	3〜5月
生育環境	日当たり良　水はけ良　通風良
殖やし方	種子まき
用　途	鉢植え、花壇

MEMO (栽培メモ)
寒冷地以外は秋まき。花がらをこまめに摘み、花数を増やして長く楽しむ。アブラムシがつきやすいため、注意が必要。

① クリサンセマム・ノースポール
② マトリカリア
③ クリサンセマム・ムルチコーレ
④ クリサンセマム・ノースポール(花の拡大)
⑤ マトリカリア

march to may

PART 1 早春から陽春に咲く花

クレマチス
テッセン、カザグルマ
／常緑・落葉低木

識別ポイント	古くから愛好される植物のひとつ
名前の由来	つる性から、ギリシャ語の「巻きひげ」に由来
花ことば	許されぬ恋
特徴	400以上の園芸品種が世界中で栽培されている。宿根草、ほふく性、つる性など様ざまな草姿があり、性質や葉形、花形、花色は千差万別。

DATA
学　名	*Clematis*
科／属名	キンポウゲ科クレマチス属
原産地	日本、中国
分　布	ヨーロッパ、アメリカ、中国を含む北半球、南半球
花　色	○ ● ● ●
草丈(茎長)	30cm〜2m
花　径	1〜25cm
花　期	4〜6月
生育環境	耐寒性〜半耐寒性
殖やし方	さし木
用　途	花壇、庭植え、鉢植え

MEMO (栽培メモ)
酸性をきらうため、用土には石灰をまぜて中和させる。

① ウォールガーデン
② 'バーバラ・ジャックマン'
③ 'カザグルマ'
④ 'HF・ヤング'
⑤ 'ヘンダーソニイ'
⑥ 'デュランディ'
⑦ 'コロナ'
⑧ 'エドムラサキ'
⑨ クレマチス・インテグリフォリア'ユブネ（湯舟）'
⑩ 'キノカワ（紀の川）'
⑪ クレマチス・アーマンディー

march to may

クレマチス

march to may

85

PART 1 早春から陽春に咲く花

グレビレア
シノブノキ、ハゴロモノキ、シルクオーク／常緑低木

- **識別ポイント** 炎のような赤い花
- **名前の由来** 英国王立園芸協会の創始者「グレビル」の名にちなむ
- **花ことば** 情熱
- **特徴** オーストラリア原産の植物。葉は線形〜広楕円形、品種によって毛が生えているものや光沢がある。皮膚に触れるとかぶれることがあるため、注意する。

DATA
学　名	*Grevillea* spp.
科／属名	ヤマモガシ科シノブノキ属
原産地	オーストラリア南西部
花　色	🔴🟡🟠
草丈(茎長)	60cm〜5m
花　径	0.5〜2cm(花) 4〜20cm(花房)
花　期	2〜3月　5〜6月
生育環境	非耐寒性〜半耐寒性
殖やし方	種子まき、さし木
用　途	切花、鉢植え

MEMO (栽培メモ)
耐霜性が強い。日なたを好み、冬期は乾燥気味にする。

① グレビレア・アルピナ
② 花の拡大

クロユリ
黒百合／球根植物（多年草）

- **識別ポイント** 珍しい黒色の花
- **名前の由来** 黒色の花がユリに似ているため
- **花ことば** エキゾチック
- **特徴** 変異性が大きい宿根性りん茎植物。葉は披針形で長さ最大12cm、淡緑色で光沢がある。3〜5月、直立した茎先に釣鐘形の花が下向きに咲く。

DATA
学　名	*Fritillaria camtschatcensis*
科／属名	ユリ科フリチラリア属
原産地	日本、アラスカ
分　布	本州中北部、北海道
花　色	🔵🟡
草丈(茎長)	10〜40cm
花　径	2〜6cm
花　期	3〜5月
生育環境	耐寒性
殖やし方	分球
用　途	鉢植え、花壇

MEMO (栽培メモ)
水はけが良く有機質に富んだ土質に植える。夏の高温多湿に弱いため北海道以南では鉢植えにして冷涼な場所で管理する。

① 人気がある山野草
② 花の拡大

クンシラン

君子蘭 ウケザキクンシラン、クリビア ／多年草

- 識別ポイント：花は大きく見応えがある
- 名前の由来：君子が楽しむランのイメージから「高貴」に由来
- 花ことば：高貴
- 特徴：明治時代に渡来した多年草。花は橙系で筒形〜トランペット形、太い茎に散形花序につく。管理しやすい鉢花として人気が高い。

DATA
- 学名：*Clivia*
- 科／属名：ヒガンバナ科クンシラン属
- 原産地：南アフリカ
- 花色：●●●
- 草丈(茎長)：20〜60cm
- 花径：4〜7cm
- 花期：4〜5月
- 生育環境：非耐寒性
- 殖やし方：種子まき、株分け
- 用途：切花、鉢植え、花壇

MEMO (栽培メモ)
半日陰や水はけが良い肥沃地に適する。コナカイガラムシに注意。

① 花は上向きに咲く
② 果実

ゲッケイジュ

月桂樹 ローレル、ベイリーフ ／常緑高木〜常緑小高木

- 識別ポイント：黄色い小花が多数集まり花房を形成
- 名前の由来：中国名「月桂樹」を和音読みにしたもの
- 花ことば：栄光の輝き
- 特徴：明治時代に渡来し、葉は古くからローレル（スパイス）として利用されている。秋にできる球形の果実は、黒紫色に熟す。雌雄異株。

DATA
- 学名：*Laurus*
- 科／属名：クスノキ科ゲッケイジュ属
- 原産地：地中海沿岸
- 分布：東北地方以南〜九州
- 花色：●
- 草丈(茎長)：5〜12m
- 花径：0.3〜0.5cm
- 花期：4〜5月
- 生育環境：非耐寒性　排水良
- 殖やし方：さし木
- 用途：食用、生垣、庭木

MEMO (栽培メモ)
水はけが良い腐植質に富んだ肥沃地であれば、土質は選ばず半日陰でも栽培できる。6月または11〜12月に刈り込み、樹形を整える。

① 開花状態
② 果実

march to may

PART 1 早春から陽春に咲く花

ケムリノキ
煙の木 ハグマノキ、カスミノキ、スモークツリー
／落葉低木、落葉高木

識別ポイント	ケムリ状の花柄を鑑賞する
名前の由来	花後に花柄が羽毛状になり、煙のように見えることから
花ことば	家庭円満
特徴	葉はタマゴ形で長さ3～8cm、秋に美しく紅葉する。5～6月、薄黄緑色の小花が枝先にまとまってつき、花房をつくる。雌木は花後に伸びる花柄が羽毛状になる。

DATA
学　名	*Cotinus*
科/属名	ウルシ科コティヌス属
原産地	南ヨーロッパ、ヒマラヤ、中国
分　布	中国～ヨーロッパ南部
花　色	● ●
草丈(茎長)	4～5m
花　径	15～20cm（花穂）
花　期	5～6月
生育環境	耐寒性　日当たり、
殖やし方	種子まき、さし木、つぎ木
用　途	切花、庭木

MEMO（栽培メモ）
保水性、通気性が良い日なたで栽培する。12～2月に刈り込み、せん定をする。

① 開花後に花柄が煙のように群がる
② 開花前
③ 鉢植えの開花

ケマンソウ
華鬘草 タイツリソウ、フジボタン ／多年草

- 識別ポイント：花は茎の片側に垂れ下がる
- 名前の由来：花形が仏前の装飾に似ていることから「華鬘草」
- 花ことば：従順
- 特徴：花は淡紅〜白色で花弁が外側に2枚、内側に2枚ある。外側の花弁は基部がふくらみ、先端が曲がっている。山地性のミヤマキケマン、小形のヒメケマンソウが園芸用として出回っている。

DATA
- 学名：*Dicentra spectabilis*
- 科／属名：ケシ科コマクサ属
- 原産地：アジア、北アメリカ
- 分布：山地
- 花色：●●○
- 草丈(茎長)：40〜60cm
- 花径：約3cm
- 花期：4〜5月
- 生育環境：耐寒性　水はけ良　水もち良
- 殖やし方：株分け、さし木
- 用途：鉢植え、庭植え

MEMO（栽培メモ）
乾燥、高温に弱いが、寒さには強い高地性の草花。晩春までは日なたで、初夏からは半日陰で栽培する。秋に植え替え、株分けを行う。

① ハート形の花が並ぶ
②③ 'スペクタビリス'

ゲラニウム
フウロソウ ／2年草、多年草

- 識別ポイント：薬草のひとつ
- 名前の由来：属名からつけられた
- 花ことば：無邪気
- 特徴：葉は先が5裂する手のひら形で芳香がある。花は平面状で花びら5枚、集散花序につく。匍匐性の品種はロックガーデンやグランドカバーに、草丈の高い品種は花壇や鉢植えにして楽しむ。

DATA
- 学名：*Geranium*
- 科／属名：フウロソウ科フウロソウ属
- 原産地：ヨーロッパ〜コーカサス地方、アメリカ
- 分布：高山、河原
- 花色：●●●○白地に青斑
- 草丈(茎長)：30〜60cm
- 花径：2〜4cm
- 花期：5〜9月
- 生育環境：耐寒性
- 殖やし方：株分け、実生
- 用途：鉢植え、花壇

MEMO（栽培メモ）
日当たり、水はけが良い土壌を好むが、性質は強健なのでたいていの場所で栽培可能。花後、花柄や古い葉を摘み取る。

ゲラニウム・インカヌム

march to may

ゴシキトウガラシ

五色唐辛子 トウガラシ ／1年草

識別ポイント	観賞用のトウガラシ
名前の由来	さまざまな色が同時に見られるということからつけられた
花ことば	刺激的
特　徴	五色の名前のとおり、果実の色、形などは多種多様。実が黄白〜赤色に変化する'旭光'、黄白〜緋色に変化する'旭日'、緑〜赤紫色に変化する'紫炎'のほか、葉に白斑が入る品種もある。

DATA

学　　名	*Capsicum annuum*
科／属名	ナス科カプシカム属
原産地	中南米
花　色	○
草丈(茎長)	10〜20cm
花　径	1.5cm
花　期	5〜8月
生育環境	非耐寒性
殖やし方	種子まき
用　途	鉢植え、花壇

MEMO（栽培メモ）

春に種子をまき、発芽温度は20〜25℃と高く、発芽後も高温を保つ。太陽光によって実つき、発色が良くなる。

赤、橙、黄、白、紫の果実をつける

コデマリ

小手毬 スズカケ、テマリバナ ／落葉低木

識別ポイント	白い花がまり状に咲く
名前の由来	小花が集まって手まりのようになるため
花ことば	幼心
特　徴	白い小花が20個ほど集まって散房花序を形成し、枝を覆うように咲き溢れる。八重咲きのヤエコデマリ、黄金色の若葉をつけるキンバコデマリなどがある。6〜8月に2mmの袋果ができる。

DATA

学　　名	*Spiraea cantoniensis*
科／属名	バラ科シモツケ属
原産地	中国
分　布	日本、中国
花　色	○
草丈(茎長)	1〜2m
花　径	1cm
花　期	5〜6月
生育環境	耐寒性　日当たり良　水はけ良
殖やし方	株分け、さし木
用　途	切花、鉢植え、庭植え

MEMO（栽培メモ）

寒地では3〜5月、暖地では12〜3月の落葉期に植えつける。整姿は花が終わった直後に行う。

① 開花
② 花の拡大

コバンソウ

小判草 タワラムギ ／1年草

識別ポイント	花と穂を観賞する
名前の由来	熟すと黄褐色になる小穂を小判に見立てて
花ことば	金は天下の回り物
特　徴	ヨーロッパ原産の1年草。葉は線形で長さ約20cm、縁には毛がある。花は細長い茎先に集まり、円錐花序をつくる。細い柄に小判形の小穂が垂れ下がり、黄緑〜麦わら色に変わる。

DATA

学　名	*Briza maxima*
科／属名	イネ科コバンソウ属
原産地	ヨーロッパ
花　色	● ● ○
草丈(茎長)	30〜40cm
花　径	1cm
花　期	5〜6月
生育環境	耐寒性　日当たり良　水はけ良
殖やし方	種子まき
用　途	切花、花壇

MEMO (栽培メモ)

春または秋に日当たり、水はけが良い土壌に直まきする。寒さに強く、丈夫で育てやすい草花。

鈴なりの花穂

コブシ

拳、辛夷　コブシハジカミ ／落葉高木

識別ポイント	春の訪れを告げる白い花
名前の由来	果実の形が「握りこぶし」に似ているため
花ことば	友愛
特　徴	葉は長さ6〜15cm、もむと強い香りがある。花は葉が出る前に枝全体を覆うように咲き、見ごたえがある。芳香が強いタムシバ（ニオイコブシ）、花弁が細長いシデコブシ、桃色花のベニバナシデコブシなどがある。

DATA

学　名	*Magnolia praecocissima*
科／属名	モクレン科モクレン属
原産地	日本、韓国
分　布	北海道〜九州
花　色	○
草丈(茎長)	10〜15m
花　径	7〜10cm
花　期	3〜4月
生育環境	耐寒性　日当たり良
殖やし方	実生
用　途	切花、庭木

MEMO (栽培メモ)

2〜3月、水はけが良い腐植質に富んだ肥沃地に植えつける。大きく生長しても1年おきに花を咲かせる。

① 満開
② 花の拡大
③ 果実

PART 1 早春から陽春に咲く花　　　コレオプシス／サラセニア

コレオプシス
ハルシャギク／1年草、多年草

識別ポイント	キクの仲間
名前の由来	属名からつけられた
花ことば	小粋
特徴	キク科の一族で世界各地に100種以上が分布する。小形で黄花のキンケイギク、強健な性質をもつオオキンケイギク、黄色に濃赤色が蛇の目模様のハルシャギク、葉が糸のように細長いイトバハルシャギクなどがある。

DATA
学 名	*Coreopsis*
科／属名	キク科コレオプシス属
原産地	アメリカ
花 色	○ ○ ○
草丈(茎長)	30〜90cm
花 径	2.5〜5cm
花 期	5〜9月
生育環境	耐寒性　日なた〜半日陰
殖やし方	種子まき、さし木、株分け
用 途	切花、鉢植え、花壇

MEMO（栽培メモ）
種子は通風が良い日なたに直まきする。施肥は元肥程度で良い。過湿をきらうが、日なた〜半日陰までよく育つ。

黄金色の花が咲き溢れる

march to may

サラセニア
ヘイシソウ／多年草　食虫植物

識別ポイント	食虫植物のひとつ
名前の由来	本属の発見者「サラザン」の名にちなむ
花ことば	変わり身が早い
特徴	沼地や湿地に自生する食虫植物。葉が袋状になり、蜜の匂いで虫を誘い込む。太い茎の先につく花は赤、黄、褐色などの5弁花。

DATA
学 名	*Sarracenia*
科／属名	サラセニア科サラセニア属
原産地	北アメリカ東部
花 色	○ ○ ○
草丈(茎長)	10cm〜1.2m
花 径	15〜20cm
花 期	4〜5月
生育環境	耐寒性　多湿地
殖やし方	種子まき、株分け
用 途	鉢植え

MEMO（栽培メモ）
種子は春にまき、発芽温度16〜21℃で管理する。1年間通して屋外で栽培する。

① 白斑や紅紫色の網目模様が美しいサラセニア・レウコフィラ
② サラセニア・プルプレア
③ 'エドジマン'

サルビア
ヒゴロモソウ、セージ／多年草・1年草

識別ポイント	花色、花形、葉形は多種多様
名前の由来	薬効があることから、ラテン語で「健康」の意味
花ことば	燃える想い
特徴	サルビアの仲間は、世界各地に約500種以上自生している。ブラジル原産のサルビア・スプレンデンス、鋭い芳香をもつオニサルビア、南ヨーロッパ原産のセージ類のほか、日本古来より栽培されるハルノタムラソウ、ナツノタムラソウ、アキギリなどがある。

DATA
学 名	*Salvia splendens*
科／属名	シソ科サルビア属
原産地	ブラジル、アメリカなど
花 色	●●●○○
草丈(茎長)	20cm～1m
花 径	2～7cm(花長)
花 期	5～10月
生育環境	非耐寒性　日当たり、水はけが良い場所
殖やし方	種子まき、株分け、さし木
用 途	鉢植え、花壇

MEMO (栽培メモ)
発芽温度は20～25℃と高めだが、繁殖力が強いためどんどん殖えていく。花後の花穂を切り取ると、次つぎ新しい花が咲き続ける。

march to may

① 'カラビニエール・チェリーレッド'
② サルビア・マデレンシス 'イエローマジェスティ'
③ サルビア・インウォルクラタ
④ ヤクヨウサルビア 'アルビ・フロラ'

PART 1 早春から陽春に咲く花

サクラの仲間
桜 サクラギ、チェリー
／落葉高木

識別ポイント	日本を代表する花木
名前の由来	咲耶（さくや）咲麗（さきうら）などからの転訛説がある
花ことば	壮大な美しさ
特　徴	サクラの種類は非常に多く、花色、花形、樹形、分布地域などそれぞれに特徴がある。サクラの代表種ソメイヨシノ、一重咲きのヤマザクラ、寒さに強いオオヤマザクラ、開花期が早いカワヅザクラ、緋色の花が美しいカンヒザクラ、枝が垂れ下がるシダレザクラ、高地に生育するタカネザクラなど。

DATA

学　名	*Prunus*
科／属名	バラ科サクラ属
原産地	日本
分　布	日本全国
花　色	● ● ○
草丈(茎長)	2〜15m
花　径	1〜5cm
花　期	3〜4月
生育環境	耐寒性
殖やし方	さし木、実生
用　途	切花、庭木

MEMO（栽培メモ）
繁殖はほとんどさし木によるが、ヤマザクラやオオシマザクラは実生で殖やす。せん定はきらうため、自然のまま樹形をつくる。

① 'ソメイヨシノ'
② シダレザクラ
③ カワヅザクラ
④ 'アマギヨシノ'

march to may

94

サクラの仲間

march to may

⑤ イトザクラ
⑥ カンヒザクラ
⑦ フユザクラ
⑧ オオシマザクラ
⑨ アカツキザクラ
⑩ エドヒガン

⑪ 'アンギョウカンザクラ'
⑫ 'ウコン'
⑬ ウワミズザクラ

PART 1 早春から陽春に咲く花　　　　　　　　　　　　　　　　　　　　　　　　サンビタリア／サンユウカ

サンビタリア
ジャノメギク／1年草

- **識別ポイント** 葉や花はヒャクニチソウに似る
- **名前の由来** イタリア人教授「サンヴィターリ」にちなむ
- **花ことば** 金的を射落とす
- **特徴** 地際から多数の枝を出して、マット状に低く広がる。花は小さく、一重咲き〜八重咲きもある。濃黄色の花びらに黒紫色の花芯が蛇の目模様になる。

DATA
学名	*Sanvitalia procumbens*
科／属名	キク科サンビタリア属
原産地	メキシコ、グアテマラ
花色	○
草丈(茎長)	10〜40cm
花径	2cm
花期	5〜11月
生育環境	非耐寒性　日当たり良・水はけ良
殖やし方	種子まき
用途	鉢植え、花壇

MEMO (栽培メモ)
春〜夏の間いつでも種子をまいてから約50日で花を楽しめる。移植をきらうため、直まきにする。多肥、多湿を避ける。

① サンビタリア・プロクペンス
② 花の拡大

サンユウカ
三友花／常緑低木〜高木

- **識別ポイント** 花はワックスがかった純白色
- **名前の由来** 不明
- **花ことば** 清楚な美しさ
- **特徴** 熱帯地域に広く分布する常緑樹。葉は楕円形〜長楕円形で長さ7〜15cm、縁は波うち、光沢がある。盆形の白い花が4〜6個集まり、集散花序を形成する。寒さに弱いため、最低温度は10〜13℃。

DATA
学名	*Ervatamia coronaria*
科／属名	キョウチクトウ科サンユウカ属
原産地	インド
花色	○
草丈(茎長)	2〜4m
花径	3.5cm
花期	5〜9月
生育環境	非耐寒性
殖やし方	種子まき、さし木、取り木
用途	鉢植え、花壇、庭木

MEMO (栽培メモ)
繁殖は春に種子まき、取り木、夏にさし木を行う。カイガラムシ、アブラムシに注意。

① 花は花序に1〜2個つく
② ヤエサンユウカ

ジギタリス

キツネノテブクロ／2年草、多年草

- **識別ポイント** つり鐘形小花が多数集まる
- **名前の由来** 花形からラテン語で「指」の意味
- **花ことば** 誠心誠意
- **特　徴** ヨーロッパ、アメリカ、アジアに約25種が分布する。直立した茎に紅、薄紫、白色などの花を穂状につける。鉢植えや花壇に利用されるほか、薬用植物としても知られている。

DATA
学　名	*Digitalis*
科／属名	ゴマノハグサ科ジギタリス属
原産地	ヨーロッパ、北アメリカ
花　色	● ● ○ ○ 複色
草丈(茎長)	50cm～1.2m
花　径	5～7cm(花長)
花　期	5～7月
生育環境	耐寒性
殖やし方	種子まき
用　途	切花、鉢植え、花壇

MEMO（栽培メモ）
日当たり、水はけが良い場所を好むが、半日陰でも生育可能。こぼれ種からでもよく育つ丈夫な草花。

march to may

①②③④花形に特徴があり、花色も様ざま

シキミ

樒 ハナシバ ／常緑低木〜高木

識別ポイント	葉には抹香の香りがある
名前の由来	果実が有毒であることから、「悪しき実」の転訛とされる
花ことば	援助
特　徴	森林地帯に多く自生する常緑樹。葉は広楕円形で互生または輪生、肉厚で光沢がある。花には芳香があり、星形ではじめ黄緑色だが、後に黄白色に変わる。

DATA

学　名	Illicium anisatum
科／属名	シキミ科シキミ属
原産地	中国、日本、台湾
花　色	●●
草丈(茎長)	1〜8m
花　径	2.5cm
花　期	3〜5月
生育環境	半耐寒性〜非耐寒性
殖やし方	さし木、取り木
用　途	花壇、庭木

MEMO（栽培メモ）
日なたを好むが、夏の直射日光は避ける。生育中は適度に水をやり、月に1度液肥を与える。

① 葉は光沢があり、花は黄白色
② 花の拡大

シコンノボタン

紫紺野牡丹 グローリーブッシュ ／常緑低木〜高木

識別ポイント	名前のとおり紫紺色の美花
名前の由来	花が紫紺でボタンに似ていることから
花ことば	沈着冷静
特　徴	ブラジル原産の常緑低木。葉はタマゴ形で長さ約10cm、表面には軟毛がある。5〜6月に花径約10cmの大輪花を咲かせる。

DATA

学　名	Tibouchina urvilleana
科／属名	ノボタン科ティボウキナ属
原産地	ブラジル
分　布	庭植えは関東以南
花　色	●●○●
草丈(茎長)	1〜3m
花　径	7〜10cm
花　期	5〜6月
生育環境	非耐寒性
殖やし方	実生、さし木
用　途	鉢植え、庭植え

MEMO（栽培メモ）
1年中日が当たる場所で育て、冬は室内に入れる。植え替えは4〜5月または9月に行い、アブラムシに注意する。

花には鮮やかな艶がある

シザンサス
ムレゴチョウ、ガチョウカ、コチョウソウ／1年草

- 識別ポイント　花は蝶形で複色が多い
- 名前の由来　深く切れ込む花形からギリシャ語の「花・裂ける」に由来
- 花ことば　幸運を呼び込む
- 特徴　非常に花つきが良く、満開時には株が花でいっぱいになり豪華絢爛。ドイツで生まれた園芸種ヒットパレードが有名。

DATA
- 学　名　*Schizanthus pinnatus*
- 科／属名　ナス科シザンサス属
- 原産地　チリ
- 花　色　●○●●
- 草丈(茎長)　40cm〜1.2m
- 花　径　4〜8cm
- 花　期　4〜6月
- 生育環境　非耐寒性
- 殖やし方　種子まき
- 用　途　鉢植え

MEMO（栽培メモ）
種子は9〜10月にまき、嫌光性のため発芽までは日陰で管理する。発芽温度は15〜20℃。乾燥気味の冷涼地を好む。

1輪1輪が蝶のように見える

シノグロッサム
シナワスレナグサ／1・2年草

- 識別ポイント　花はワスレナグサに似る
- 名前の由来　属名からつけられた
- 花ことば　内気な恋
- 特徴　葉は倒卵形〜披針形で長さ約20cm、表面には毛があり互生する。5〜6月、茎先に青紫または白色の花を集散花序につける。花筒は短く裂片は5枚で平開する。

DATA
- 学　名　*Cynoglossum amabile*
- 科／属名　ムラサキ科シノグロッサム属
- 原産地　東アジア
- 花　色　●●●○
- 草丈(茎長)　30〜60cm
- 花　径　0.5cm
- 花　期　5〜6月
- 生育環境　耐寒性
- 殖やし方　種子まき
- 用　途　切花、花壇、鉢植え

MEMO（栽培メモ）
種子は秋に直まきする。水はけが良く湿り気がある土壌で育て、多肥は避ける。うどんこ病に注意。

ブルーの花が美しい

march to may

PART **1** 早春から陽春に咲く花　　　　　　　　　　　　　　　　　　　　　　　　　　ジャーマンアイリス

ジャーマンアイリス
ドイツアヤメ／多年草

識別ポイント	宿根アイリスの1種
名前の由来	ギリシャ語で「ドイツ・虹」の意味
花ことば	記憶の断片
特　徴	ヨーロッパ原産の多年草。葉は幅が広く、扇のように重なり白い粉をふいた緑色。輸入品種、国産品種が多く出回っている。（アイリスp.40参照）

DATA
学　名　*Iris germanica*
科／属名　アヤメ科アイリス属
原産地　ヨーロッパ
花　色　●●●●○
草丈(茎長)　40～60cm
花　径　8～12cm
花　期　5～6月
生育環境　耐寒性
殖やし方　株分け
用　途　切花、鉢植え、花壇

MEMO（栽培メモ）
日当たり、水はけが良い乾燥した場所で育てる。アルカリ性土を好むため、石灰を混ぜて中和する。連作障害がある。

① 'インディス・クリーナー'
② 'サンタナ'
③ 'スカイラブ'
④ 'シュープリーム・サルタン'
⑤ 'ロール・モデル'
⑥ 'ブランド・トレジャー'
⑦ 'ラッフルズ・アンド・レース'
⑧ 'タイガーシャーク'
⑨ 'チョコレート・ロイヤル'
⑩ 'ブライダル・リース'
⑪ 'タイズ・イン'
⑫ 'プレッジ・アリージアンス'
⑬ 'ポエット'
⑭ 'ホワイトブリッジ'
⑮ 'ブリリアント・エクスキューズ'
⑯ 'モーニング・シャドウズ'

march to may

ジャーマンアイリス

march to may

PART 1 早春から陽春に咲く花

シバザクラ
芝桜 ハナツメクサ、モスフロックス
/多年草

識別ポイント	多数の小花が地面を覆う
名前の由来	燃えるような花色からギリシャ語「炎」に由来
花ことば	きらめく愛
特　徴	北米原産の多年草。草丈が低く、紅、桃、白色の可愛らしい花を敷き詰めたように咲かせる。傾斜地や壁面花壇、広面積に群生させると見ごたえがある。

DATA
学　名	*Phlox subulata*
科／属名	ハナシノブ科フロックス属
原産地	北アメリカ
花色	● ○
草丈(茎長)	5～10cm
花径	約1cm
花期	3～5月
生育環境	耐寒性
殖やし方	株分け
用途	鉢植え、花壇、グランドカバー

MEMO (栽培メモ)
日当たり・水はけが良い場所で育てる。耐寒性、耐暑性、乾燥にも強くグランドカバーに適する。ハダニに注意する。

①石垣を飾る
②春のフラワーカーペットと呼ばれる
③④花は密生する

march to may

シャクナゲ

石楠花 シャクナギ、ロードデンドロン、ロドデンドロン
／常緑低木

識別ポイント	ツツジの仲間
名前の由来	中国名「石楠花」を和音読みにしたもの
花ことば	威厳
特　徴	4～6月、枝先に紅色～白色の花が多数咲く。花は漏斗形で先は7裂する。果実は円柱形で長さ1～2cm。ヤマシャクナゲ、ツクシシャクナゲ、ハクサンシャクナゲ、アズマシャクナゲ、キバナシャクナゲ、エンシュウシャクナゲなど品種が多い。

DATA

学　名	*Rhododendron*
科／属名	ツツジ科ツツジ属
原産地	アジア、ヨーロッパ、北アメリカ
分　布	日本全国
花　色	●●●●○
草丈(茎長)	1.5～7m
花　径	約5cm
花　期	4～6月
生育環境	半耐寒性～耐寒性
殖やし方	さし木
用　途	切花、鉢植え、庭木

MEMO (栽培メモ)

秋に水はけが良い酸性土壌へ植えつける。日本は大半が酸性土なので、シャクナゲの栽培には適している。夏の強い日差しや乾燥に注意。(P.119参照)

march to may

① ロドデンドロン・アルボレウム
② 'ヨシノ'
③ 'ミセスG・Wリーグ'
④ マレーシアシャクナゲ 'ラエタム×アウリゲラナム'
⑤ アカボシシャクナゲ
⑥ 'ギンギアヌム'

PART 1 早春から陽春に咲く花

シャクヤク
芍薬 エビスグサ、カオヨグサ ／多年草

識別ポイント	美しい女性の立ち居振舞に例えられる
名前の由来	根を乾燥させた漢方薬「芍薬」に由来
花ことば	優美
特徴	原種は一重咲きだが、八重咲き、カンムリ咲き、オキナ咲き、バラ咲きなど改良品種が多い。5〜6月茎頭に紅、黄または白色で大形の美花を開く。

DATA

学名	*Paeonia lactiflora*
科/属名	ボタン科シャクヤク属
原産地	中国、朝鮮半島
花色	●●●○
草丈(茎長)	30〜80cm
花径	10〜25cm
花期	5〜6月
生育環境	耐寒性　日当たり良　水はけ良
殖やし方	株分け
用途	切花、鉢植え、花壇、薬用

MEMO (栽培メモ)
日当たり、水はけが良い肥沃な土壌に栽培する。花後、早めに花柄を摘み取り、カビを防ぐ。株は毎年大きくなるため、4〜5年に1度株分けを行う。

march to may

① '盡日の楽'
② '巧の色'
③ '桃園' (大船系)
④ '村雲' (大船系)
⑤ '婉麗' (大船系)

シャガ
射干 コチョウバナ／多年草

- **識別ポイント** 種子ができないため繁殖は株分けのみ
- **名前の由来** ヒオウギの中国名「射干」に由来
- **花ことば** 内気な恋
- **特徴** 5～6月、分枝した花茎の先に淡紫色の花を咲かせる。半日陰を好み、日当たりが良い乾燥地では育ちが悪くなる。日本海側の山地に自生するヒメシャガは、小形で鉢植えに向く。

DATA
学名	*Iris japonica*
科／属名	アヤメ科アイリス属
原産地	日本
分布	本州、四国、九州
花色	● ○
草丈(茎長)	20～50cm
花径	3～5cm
花期	5～6月
生育環境	耐寒性 半日陰
殖やし方	株分け
用途	切花、鉢植え、花壇

MEMO (栽培メモ)
植えつけ、植え替えは花が終わった後に行う。堆肥や腐葉土を多めにすき込むと生長が良くなる。

① 樹下に舞う花といわれる
② 花の拡大

シャスターデージー
デージー／多年草

- **識別ポイント** 白い花弁に黄色の花芯が映える
- **名前の由来** カリフォルニアの「シャスタ山」の雪にちなむ
- **花ことば** 乙女心
- **特徴** 小形の白色の花が数多く咲き溢れ、花壇を引き立てる。'はやぶさ''新高''銀河'など園芸品種が多く作られ、切花としても人気がある植物。

DATA
学名	*Chrysanthemum×burbankii*
科／属名	キク科クリサンセマム属
原産地	ヨーロッパ～西アジア
花色	○
草丈(茎長)	20～60cm
花径	5～10cm
花期	5～6月
生育環境	耐寒性
殖やし方	株分け、さし木
用途	切花、鉢植え、花壇

MEMO (栽培メモ)
9月に日当たり、水はけが良い場所へ苗を植えつける。耐寒性は強いが高温多湿をきらう。

純白の可愛らしい花を咲かせる

PART 1 早春から陽春に咲く花

シャリンバイ

車輪梅 マルバシャリンバイ、タチシャリンバイ、ハマモッコク／常緑低木

識別ポイント	白い花が枝先にまとまってつく
名前の由来	枝を輪状に伸ばし花は梅に似ていることから
花ことば	慈愛
特徴	葉はタマゴ形で長さ4～8cm、縁にはギザギザがある。果実は丸形で径約1cm、黒紫色に熟す。紅花のベニバナシャリンバイ、小形のヒメシャリンバイ、花つきが良いマルバシャリンバイなどがある。

DATA

学　名	Rhaphiolepis umbellata
科／属名	バラ科シャリンバイ属
原産地	日本、朝鮮
分　布	本州宮城県以南、四国、九州、沖縄
花　色	○
草丈(茎長)	1～4m
花　径	1～1.5cm
花　期	5月
生育環境	半耐寒性～耐寒性　日当たり良　水はけ良
殖やし方	種子まき
用　途	鉢植え、庭木

MEMO (栽培メモ)

暖地では3月、寒地では5月に植えつける。乾燥をきらうため、腐葉土などを多めにすき込む。大気汚染や潮風にも強い丈夫な樹木。

① 株立ち状になる
② 紅色の花が咲く品種
③ 白い5弁の花
④ 果実は黒紫色に熟す

宿根バーベナ

ヒメビジョザクラ、バーベナ・リギダ、バーベイン／多年草

識別ポイント	グランドカバーに向く性質
名前の由来	古いラテン名に由来
花ことば	勤勉家
特徴	開花期が長い草花で、四季咲種もあり冬場も温室内でよく花を咲かせる。花色は赤、紅、紫、青、白など変化に富む。宿根系は実生系に比べ、多花性で繁殖力も強い。

DATA

学　名	Verbene rigida.
科／属名	クマツヅラ科バーベナ属
原産地	中南米
花　色	●●●●○
草丈(茎長)	25～45cm
花　径	1cm(花房3～5cm)
花　期	5～10月
生育環境	耐寒性　日当たり、通風、排水が良い土壌
殖やし方	種子まき、さし芽
用　途	鉢植え、花壇、グランドカバー、つり鉢

MEMO (栽培メモ)

生育旺盛で、伸びた茎が地面に触れるとそこから発根しどんどん殖える。丈夫で育てやすい草花。

① グランドカバーに向く
② 'ミータン'
③ バーベナ・リギダ

シラー
スキラ、ツルボ ／球根植物（多年草）

- 識別ポイント：花色は青系色が多い
- 名前の由来：鱗茎に有毒成分があることから、ギリシャ語「害になる」の意味
- 花ことば：破局
- 特徴：秋植え球根植物。最もポピュラーなカンパニュラ、早咲き種のビフォリア、大きな花を咲かせるペルウィアナ、小形種のシビリカなど多様な品種がある。

DATA
学名	*Scilla spp.*
科／属名	ユリ科シラー属
原産地	アジア、ヨーロッパ、アフリカ
花色	● ● ●
草丈（茎長）	10〜80cm
花径	0.5〜2cm
花期	3〜5月
生育環境	耐寒性　水はけ良
殖やし方	種子まき、分球
用途	鉢植え、花壇

MEMO（栽培メモ）
石灰を含む土壌へ球根を植えつけ、浅植え〜覆土5cmくらい。寒さに強く、木陰でも栽培できる。

① シラー・ツベルゲニアナ
② シラー・ペルウィアナ
③ シラー・ノンスクリプタ

march to may

シラン
紫蘭 ベニラン、シケイ ／多年草

- 識別ポイント：鮮やかな葉色と花色のコントラストが美しい
- 名前の由来：紫色のランなので
- 花ことば：華やかな恋
- 特徴：落葉性の地生ラン。葉は広披針形で長さ30〜40cm。5月、花茎の先に鐘形の花を6〜7個開く。花色は紫、紅紫、白色などがある。

DATA
学名	*Bletilla striata*
科／属名	ラン科シラン属
原産地	日本、中国、台湾
分布	本州、四国、九州、沖縄
花色	● ● ○
草丈（茎長）	20〜40cm
花径	3.5cm（花長）
花期	5月
生育環境	耐寒性　日当たり良　水はけ良
殖やし方	株分け
用途	切花、鉢植え、花壇

MEMO（栽培メモ）
耐寒性、耐暑性があり丈夫な草花。夏は多めに水を与え、冬は乾燥気味に育てる。

① 古典園芸植物の一種でもある
② 花の拡大

PART 1 早春から陽春に咲く花　　　シレネ／スイートアリッサム

シレネ
ムシトリナデシコ、フクロナデシコ／1年草

- **識別ポイント** 小さな花が咲き溢れる
- **名前の由来** 花茎から粘液を出すためギリシャ語の「唾液」に由来
- **花ことば** 青春の息吹
- **特　徴** 食虫植物の一種。茎の上部から粘液を出して虫を捕らえる性質から、別名がついた。ヨーロッパ原産のシレネ・アルメリア（ムシトリナデシコ）と地中海沿岸原産のシレネ・ペンデュラ（フクロナデシコ）に大別される。

DATA
学　名	*Silene armeria*
科／属名	ナデシコ科シレネ属
原産地	ヨーロッパ中部、地中海沿岸
花　色	● ● ● ● ○
草丈(茎長)	50〜60cm
花　径	1〜2cm
花　期	5〜6月
生育環境	耐寒性
殖やし方	種子まき
用　途	花壇

MEMO（栽培メモ）
9月に日当たり、水はけが良い土壌に種子をまき、10〜11月に定植する。性質は強健で栽培しやすい草花。

① 群落が美しい
② 各色の群植も好まれる

スイートアリッサム
アリッサム、ニワナズナ／多年草

- **識別ポイント** 花には甘い芳香がある
- **名前の由来** 分岐する毛から、ラテン語「小裂片」に由来
- **花ことば** 飛躍
- **特　徴** 葉は披針形で長さ約3cm、毛が生えている。十字形の小花が集まり丸い総状花序をつくる。矮性種は枝を伸ばして横に広がり、グランドカバーに利用される。
（アリッサムP.49参照）

DATA
学　名	*Lobularia*
科／属名	アブラナ科ロブラリア属
原産地	地中海沿岸
花　色	○ ● ● ● ●
草丈(茎長)	10〜20cm
花　径	2〜8cm(花房)
花　期	5〜6月　9〜10月
生育環境	半耐寒性
殖やし方	種子まき
用　途	鉢植え、花壇、グランドカバー

MEMO（栽培メモ）
水はけが良い日なたを好む。耐暑性は弱いため、夏は涼しい場所で管理する。

小さな花が株全体を覆う

スイートピー
ハナエンドウ、ニオイエンドウ／1年草

識別ポイント	つるを伸ばして生長する
名前の由来	強い芳香をもつことから、「香りがよい」の意味
花ことば	懐かしい思い出
特徴	園芸品種は、春咲き種、夏咲き種、冬咲き種のほか、矮性種や宿根性があり、花色も豊富。花もちが良く、切花として人気が高い。

DATA
学名	*Lathyrus odoratus*
科／属名	マメ科ラチルス属
原産地	地中海沿岸
花色	●●●●●○
草丈(茎長)	20～50cm。つるは3mまで伸びるものも。
花径	3cm
花期	3～5月
生育環境	耐寒性
殖やし方	種子まき
用途	切花、鉢植え、花壇

MEMO（栽培メモ）
秋に風通しが良い日なたへ種子をまく。酸性土をきらうため石灰をまぜて中和させる。

march to may

① スイートピーの花壇　②③④⑤⑥⑦優雅で多彩な品種

PART 1 早春から陽春に咲く花　　　スイカズラ/スカビオーサ

スイカズラ

吸葛　ロニセラ、ニンドウ、キンギンカ　/つる性常緑・落葉低木

識別ポイント　筒形の2弁花が枝先に咲く

名前の由来　花筒に蜜があり、吸うと甘いことから。カズラはつる性を表す

花ことば　愛の後悔

特徴　力強い木質のつる性植物。葉は濃緑色、タマゴ形または楕円形で対生する。枝先につく花は、細長く先端が四方に開き芳香がある。（ロニセラP.198参照）

DATA

学　名	*Lonicera japonica*
科/属名	スイカズラ科スイカズラ属
分　布	北海道南部、本州、四国、九州、沖縄
花　色	●●○
草丈(茎長)	30cm〜1m
花　径	3〜4cm
花　期	5〜6月
生育環境	耐寒性
殖やし方	さし木
用　途	鉢植え、庭植え、生垣

MEMO (栽培メモ)

生育が早いため、2年目で花が楽しめる。病虫害や大気汚染にも強い。

'ハニーサークル'

スカビオーサ

セイヨウマツムシソウ、マツムシソウ　/多年草

識別ポイント　花壇やロックガーデン、切花、ドライフラワーと用途が多い

名前の由来　防虫効果があると信じられていたことから、ラテン語の「ダニ」に由来

花ことば　恋の終焉

特徴　5〜11月、直立した茎の先に桃、紫、黄、白色などの花を開花させる。最も多く栽培されているセイヨウマツムシソウ、花もちが良く切花向けのコーカサスマツムシソウ、耐暑性に優れたスカイナイルなどがある。

DATA

学　名	*Scabiosa* spp.
科/属名	マツムシソウ科スカビオーサ属
原産地	ヨーロッパ、アフリカ、アジア
花　色	●●●○
草丈(茎長)	30cm〜1m
花　径	4〜12cm
花　期	5〜10月
生育環境	耐寒性
殖やし方	種子まき　日当たり良　排水良
用　途	切花、鉢植え、花壇、ロックガーデン、ドライフラワー

MEMO (栽培メモ)

日当たり、水はけが良い肥沃地で栽培し、冷涼な気候を好む。ヨーロッパ産の品種は酸性土壌をきらうため、石灰を混ぜて中和させる。

①② 中心の小花が盛り上がる
③ 吊り鉢も美しい

スイレン

睡蓮／水生植物（多年草）

識別ポイント	熱帯性と温帯性がある水生植物
名前の由来	漢名「睡蓮」を和音読みにした
花ことば	慎重
特　徴	浮き葉をもつ水草のひとつで改良品種が多い。熱帯性スイレンは、葉や花が大形で葉の縁にはギザギザがある。花色は紅、白、黄、紫など多彩。温帯スイレンは、熱帯性に比べ全体的に小さく、花色は白、桃、黄、紅などで紫がない。極めて小形の品種、ヒメスイレンもある。

DATA
学　名	*Nymphaea*
科／属名	スイレン科スイレン属
原産地	温帯、熱帯〜亜熱帯
花　色	●●●●○
草丈(茎長)	10〜20cm
花　径	4〜12cm
花　期	5〜9月
生育環境	耐寒性〜非耐寒性
殖やし方	株分け
用　途	池、ビオトープ

MEMO（栽培メモ）
水深30cmほどの池に地植えするか、鉢植えにしたものを沈めて栽培する。温帯性は耐寒性があり、熱帯性は非耐寒性。

① スイレンの咲く池（北海道庁内）
② 熱帯スイレン'コロラータ'
③ 熱帯スイレン'ウォリアムストーン'
④ 熱帯スイレン'アルバートグリーンバーグ'
⑤ 熱帯スイレン'エドワードホテイカー'
⑥ 熱帯スイレン'セントルイスゴールド'
⑦ 'アトラクション'

march to may

PART 1 早春から陽春に咲く花　　　スグリ／スズラン

スグリ
酢塊／落葉小低木

識別ポイント	花は目立たない
名前の由来	果実には酸味があることから、「酢塊」
花ことば	切ない恋心
特徴	美しい果実をつける家庭向きの果樹。主にヨーロッパ系のオオスグリとアメリカスグリの2種類に分けられ、フサスグリ、エゾスグリ、トガスグリ、セイヨウスグリ、クロスグリなど近縁種が多い。果実は球形、赤実と黒実がある。

DATA
学　名	*Ribes sinanense*
科／属名	ユキノシタ科スグリ属
原産地	日本
分　布	北海道～九州
花　色	🟢
草丈(茎長)	1m
花　径	4～5mm
花　期	5～6月
生育環境	耐寒性　日なた～半日陰
殖やし方	さし木
用　途	鉢植え、庭木、食用

MEMO (栽培メモ)
12～3月の落葉期、風通しが良い半日陰に植えつける。耐寒性と適応力が強いため、日本各地で栽培されている。

①③ 果実
② 花は目立たない

スズラン
鈴蘭　キミカゲソウ／多年草

識別ポイント	白い鈴を並べたような花
名前の由来	鈴のような花をつけるため
花ことば	繊細
特徴	主に栽培されているのはドイツスズラン。春に長さ10～20cmの葉を2～3枚出して、その間から花茎を伸ばす。径1cmの釣り鐘形の花が並んで垂れ下がる。

DATA
学　名	*Convallaria*
科／属名	スズラン科スズラン属
原産地	ヨーロッパ、アジア、アメリカ
花　色	○
草丈(茎長)	10～20cm
花　径	1cm前後
花　期	5月
生育環境	耐寒性　半日陰
殖やし方	株分け
用　途	切花、鉢植え、花壇

MEMO (栽培メモ)
春に腐植質に富んだ粘質土壌へ植えつける。強光、乾燥をきらうため、夏は半日陰の涼しい場所で栽培する。

①② 可憐な花
③ 果実

スターチス
リモニウム・シヌアータム、ハナハマサジ／1年草、多年草

識別ポイント	ドライフラワーとして人気が高い
名前の由来	沼地や海岸に自生する種があるため、ギリシャ語の「海浜」に由来
花ことば	長すぎた恋愛
特徴	世界各地に約150種が分布する。代表的な品種は花色が豊富なシニュアータ種、大きめの黄花を咲かせるボンジェリー種、青花の小輪種にはカスピア種、ラティフォリア種、ペリグリナム種、アルタイカ種などがある。

DATA
学名	*Limonium sinuatum*
科／属名	イソマツ科リモニウム属
原産地	コーカサス～イラン
花色	○ ● ● ●
草丈(茎長)	20～60cm
花径	0.5～1.5cm
花期	5月
生育環境	耐寒性　日当たり良　水はけ良
殖やし方	種子まき、株分け
用途	切花、鉢植え、花壇

MEMO（栽培メモ）
乾燥した気候と有機質に富んだ土壌を好む。耐寒性が強く、凍っても枯死しない強健な性質の草花。

①②③ 多彩でドライフラワーにも利用される

ストレプトカーパス
ウシノシタ、ケーププリムローズ／多年草

識別ポイント	環境が良ければ周年開花
名前の由来	果実の形からギリシャ語の「ねじれた果実」に由来
花ことば	ほら吹き
特徴	南アフリカ原産の多年草。長さ10～20cmの葉をロゼット状に出し、基部から細長い茎を伸ばす。花は筒形で横向きに咲く。花径2～4cmの中小輪種と花径7cmの大輪種がある。

DATA
学名	*Streptocarpus*
科／属名	イワタバコ科ストレプトカーパス属
原産地	アフリカ、マダガスカル
花色	○ ● ●
草丈(茎長)	10～30cm
花径	2～5cm
花期	4～10月
生育環境	非耐寒性　半日陰
殖やし方	種子まき、さし木、葉ざし
用途	鉢植え、つり鉢

MEMO（栽培メモ）
水はけが良い土壌に適する。高温多湿を好むが、真夏の直射日光は避け、冷涼な場所で育てる。

① 花を横向きにつける
② 白花種
③ 茎は発達して立ち上がる

PART 1 早春から陽春に咲く花

ストロベリーキャンドル

クリムソンクローバー、レッドクローバー、トリフォリウム、ベニバナツメクサ／1年草

識別ポイント 葉はクローバー形
名前の由来 赤い花房をイチゴに見立ててつけられた商品名
花ことば きらめく愛
特徴 本来牧草として導入された植物。ストロベリーキャンドルとは種苗会社がつけた商品名で、正式名はクリムソンクローバーという。細い茎先に赤いイチゴのような花が咲く。

DATA
学　名	*Trifolium incarnatum*
科／属名	マメ科トリフォリウム属
原産地	ヨーロッパ
花　色	○ ● ●
草丈(茎長)	10～50cm
花　径	4～6cm（花穂）
花　期	5～6月
生育環境	耐寒性　日当たり良　通風良
殖やし方	種子まき
用　途	鉢植え、花壇、グランドカバー

MEMO （栽培メモ）
9～10月、日当たり、風通しが良い場所に種子をまき発芽温度は約20℃。寒さに強いが、高温に弱いため花後枯れてしまう。

① 赤花種
② 白花種

スノーフレーク

スズランズイセン、レウコユム、オオマツユキソウ／球根植物(多年草)

識別ポイント スノードロップやスズランに似た花形
名前の由来 花色、花形からギリシャ語「白いスミレ」の意味
花ことば 清純
特徴 秋植え球根植物。日本で栽培されている品種は丈夫なエスティブムに限る。花は釣り鐘形、花茎の先に3～4個ずつ下向きに垂れ下がる。花色は白色、先端が薄いグリーンに色づき可憐なイメージ。

DATA
学　名	*Leucojum aestivum*
科／属名	ヒガンバナ科レウコユム属
花　色	○
草丈(茎長)	30～40cm
花　径	花
花　期	5～6月
生育環境	耐寒性
殖やし方	分球
用　途	鉢植え、庭植え

MEMO （栽培メモ）
球根は9～10月、日当たり、水はけが良い土壌へ植えつける。病気や虫害もほとんどなく強健な性質をもつ。

① 花は下向きにつく
② 花の拡大

スパティフィルム

スパティフィラム／多年草

- 識別ポイント 白花に見えるのは仏炎苞
- 名前の由来 花形からギリシャ語の「仏炎苞」に由来
- 花ことば 包容力
- 特徴 熱帯産の観葉植物。光沢がある葉と甘い芳香がある白花を楽しむ。代表的なセンセーション、中型の品種ホワイトレディー、メリー、小型の品種ミニメリーなどがある。

DATA
- 学名 *Spathiphyllum*
- 科／属名 サトイモ科スパティフィルム属
- 原産地 熱帯アメリカ、マレーシア
- 花色 ○
- 草丈(茎長) 20～60cm
- 花径 8～15cm
- 花期 4～5月 9～11月
- 生育環境 非耐寒性
- 殖やし方 株分け
- 用途 鉢植え

MEMO (栽培メモ)
高温多湿を好み、生育適温は20～25℃。5℃以上で越冬できる。

① 'マウナ・ロア'
② 'マウナ・ロア'
③ 'コンムタツム'

スパラキシス

球根植物（多年草）

- 識別ポイント 花色は多彩
- 名前の由来 属名からつけられた
- 花ことば 栄耀栄華
- 特徴 南アフリカ原産の球根植物。葉は披針形で長さ8～30cm、葉脈が目立つ。4～5月、漏斗形の花が茎の先に穂状花序につく。

DATA
- 学名 *Sparaxis*
- 科／属名 アヤメ科スパラキシス属
- 原産地 南アフリカ ケープ地方
- 花色 ●●●●○
- 草丈(茎長) 8～50cm
- 花径 4～6cm
- 花期 4～5月
- 生育環境 半耐寒性
- 殖やし方 種子まき、分球
- 用途 鉢植え、庭植え

MEMO (栽培メモ)
球根は深さ10cmに植えつけ、生育期には水やりを控えて冷涼な状態を保つと良い。温室内では直射日光は避け、屋外では乾燥した冷風から保護する。

南アフリカに約6種分布する

PART 1 早春から陽春に咲く花　　　スミレ

スミレ

菫 バイオレット、スモウトリソウ、二葉草

／多年草

- **識別ポイント** 古くから親しまれてきた身近な草花
- **名前の由来** 花形が「墨入れ」に似ているため
- **花ことば** 誠実
- **特徴** 日本各地に60種以上の品種が見られる。黄花のキスミレ、日なたを好むヒメスミレ、アツバスミレ、日陰を好むヒカゲスミレ、スミレサイシン、シコクスミレのほか外国産のベニバナナンザンスミレなど種類が豊富。

DATA

学　名	*Viola*
科／属名	スミレ科スミレ属
原産地	日本
分　布	日本各地
花　色	●●●○●他
草丈(茎長)	5〜15cm
花　径	1〜3cm
花　期	3〜4月
生育環境	耐寒性
殖やし方	種子まき、株分け、葉ざし
用　途	鉢植え、花壇、盆景

MEMO （栽培メモ）

夏の強光をきらうため、冷涼な地で育てる。短命な草花。

march to may

① スミレ
② イシガキスミレ
③ ウスベニヒゴスミレ
④ オオバキスミレ
⑤ キリガミネスミレ
⑥ シソバキスミレ
⑦ スズキスミレ
⑧ タチツボスミレ
⑨ トリアシスミレ
⑩ ナガバノスミレサイシン

スモモ
酸桃、李 プラム ／落葉小高木

- 識別ポイント：果実は食べられる
- 名前の由来：中国名「李」を和音読みにした
- 花ことば：幸福な日々
- 特徴：花が美しい果樹のひとつ。葉はタマゴ形で長さ5～14cm。花は白色の5弁花、葉が出る前に枝にまとまってつく。果実は球形で黄色～赤紫色に熟す。

DATA
- 学名：*Prunus salicina*
- 科／属名：バラ科サクラ属
- 原産地：東アジア
- 分布：本州東北地方以南、四国、九州、沖縄
- 花色：○
- 草丈(茎長)：3～8m
- 花径：1～2cm
- 花期：3～4月
- 生育環境：耐寒性　日なた　水はけ良
- 殖やし方：さし木、つぎ木
- 用途：庭木、果樹

MEMO (栽培メモ)
日当たり・水はけが良い場所に栽培する。耐寒性、耐暑性ともに強いが、霜にあたると実がならないので注意する。

①② 早春、サクラに先がけて開花する
③ ベニバスモモ

セアノサス
ケアノツス、カリフォルニアライラック ／常緑低木

- 識別ポイント：花には芳香がある
- 名前の由来：属名からつけられた
- 花ことば：温厚篤実
- 特徴：森林や雑木林に自生する常緑樹。葉は対生または互生で縁にはギザギザがある。青紫、桃、白色の小花が多数集まり円錐花序に咲く。

DATA
- 学名：*Ceanothus*
- 科／属名：クロウメモドキ科ケアノツス属
- 原産地：北アメリカ
- 花色：○
- 草丈(茎長)：40cmくらい
- 花径：2～4cm
- 花期：4～6月
- 生育環境：半耐寒性
- 殖やし方：種子まき、さし木
- 用途：鉢植え、庭植え

MEMO (栽培メモ)
春、秋は日当たりが良い屋外で、夏は風通しが良い半日陰で栽培する。冬越は0℃以上で。

'マリーサイモン'

PART 1 早春から陽春に咲く花

セイヨウイワナンテン
西洋岩南天 アメリカイワナンテン
／常緑低木

識別ポイント	珍しい葉色、模様がある
名前の由来	岩場に生え葉がナンテンに似ているため
花ことば	気が多い恋
特　徴	葉は長楕円披針形で長さ6～16cm、縁にはギザギザがある。花は鐘形で白色の小花が多数集まり、細長い花房が枝から垂れ下がる。

DATA
学　名	*Leucothoe walteri*
科／属名	ツツジ科イワナンテン属
原産地	北アメリカ
花　色	○
草丈(茎長)	50cm～2m
花　径	7～8cm（花房）
花　期	4～5月
生育環境	耐寒性　日当たり～半日陰
殖やし方	さし木
用　途	鉢植え、庭木

MEMO (栽培メモ)
湿気がある腐植土に植えつける。酸性土を嫌うため、石灰などを混ぜて中和させる。日なた～半日陰でもよく育つ。

march to may

①②③白色の小花が総状花序をなして咲く

セイヨウシャクナゲ

西洋石楠花 ロードデンドロン ／常緑低木

- 識別ポイント ツツジの仲間
- 名前の由来 西洋でつくられたシャクナゲ
- 花ことば 熱心
- 特徴 欧米で改良された園芸品種の総称で、1,000種以上が各地で植栽される。葉は細長い舟形で、長さ8～15cm。花は紅、紫、黄、白など色彩豊か。(シャクナゲP.103参照)

DATA
学 名	*Rhododendron*
科／属名	ツツジ科ツツジ属
原産地	中国南部～インド北部
分 布	日本全国
花 色	●●● ○
草丈(茎長)	1～7m
花 径	4～6cm
花 期	4～6月
生育環境	半耐寒性～耐寒性
殖やし方	さし木
用 途	切花、鉢植え、庭木

MEMO (栽培メモ)
日当たり、水はけが良い酸性土壌を好む。日本は大半が酸性土なので、シャクナゲの栽培には適している。夏の直射日光は避けて栽培する。

大輪で花が頂生する

セラスチウム

スノーインサマー、ナツユキソウ、シロミミナグサ ／多年草

- 識別ポイント 雪が舞ったように一面に白い花が咲く
- 名前の由来 種子に角があることから、ギリシャ語「角」に由来
- 花ことば 団結
- 特徴 生育旺盛でマット状に広がって生える宿根草。葉は線状披針形で長さ1～3cm、銀白色の綿毛がある。5～6月、星形の花が多数集散花序につく。

DATA
学 名	*Cerastium tomentosum*
科／属名	ナデシコ科セラスチウム属
原産地	イタリア、シシリー島
花 色	○
草丈(茎長)	10～20cm
花 径	1～2cm
花 期	5～6月
生育環境	耐寒性 日当たり良
殖やし方	種子まき、株分け、さし芽
用 途	鉢植え、花壇

MEMO (栽培メモ)
6月に種子をまき、15～20℃に保つと20日ほどで発芽する。寒さ、乾燥に強いが、夏の高温多湿に弱い。肥料は控えめに。

マット状に広がる

PART 1 早春から陽春に咲く花

ゼラニウム
テンジクアオイ／多年草

識別ポイント	ハーブの一種
名前の由来	人工交配種群の園芸上の総称
花ことば	謹慎
特徴	南アフリカ原産の多肉植物。葉は羽状または手のひら状で長い葉柄をもつ。様々な花形がある5弁花が多数集まり花房を形成する。花は7〜10℃以上保てば周年観賞できる。

DATA
学名	*Pelargonium spp.*
科／属名	フウロウソウ科ペラルゴニウム属
原産地	南アフリカ
花色	●●●○
草丈(茎長)	20〜50cm
花径	3〜4cm（花房）
花期	4〜11月
生育環境	半耐寒性　日当たり良い場所
殖やし方	種子まき、さし芽、さし木
用途	鉢植え、花壇

MEMO（栽培メモ）
乾燥に強いが湿気に弱いため、水やりは控えめに。冬は温室内に入れて2℃以上で管理する。

march to may

① つねに人気がある草花のひとつ
② '秀峰錦'
③ スケルトン・ローズゼラニウム
④ パイン・ゼラニウム
⑤ 'アルナレッド'
⑥ フェアエレン・ゼラニウム
⑦ ジンジャー・ゼラニウム
⑧ レモン・ゼラニウム
⑨ ゼラニウム・ダルマティクム
⑩ オレンジ・ゼラニウム

セロジネ

ラン類（多年草）

- **識別ポイント** 小形の花が並んで咲く
- **名前の由来** 柱頭部に窪みがあることから、ギリシャ語「雌しべの穴」に由来
- **花ことば** 飾らない性格
- **特徴** 熱帯アジアに約100種が自生する地生ラン。山地に生育する低温性から太平洋諸島に生育する高温性の品種まで様ざま。太い茎から出た花茎の先にひとつずつ花を咲かせる。

DATA
- 学　名　*Coelogyne*
- 科／属名　ラン科セロジネ属
- 原産地　東南アジア
- 花　色　🟠🟡🟢⚪
- 草丈(茎長)　20〜50cm
- 花　径　4〜5cm
- 花　期　3〜5月
- 生育環境　非耐寒性　半日陰
- 殖やし方　株分け
- 用　途　鉢植え

MEMO（栽培メモ）
夏の日差しは50％以上遮光し、涼しい場所で管理する。根が細く乾燥すると腐りやすいため、生育期にはたっぷり水を与える。

セロジネ・インターメディア

ダイアンサス

ナデシコ、セキチク／1年草、多年草

- **識別ポイント** 群生すると華やかで見ごたえがある
- **名前の由来** 花の美しさと芳香から、ギリシャ語で「神聖な花」に由来
- **花ことば** 才色兼備
- **特徴** 撫子の属名で、種間雑種が容易なため数多くの園芸品種がつくり出されている。花色や花形の変化が多く、鉢植え、花壇、切花など広く利用される。

DATA
- 学　名　*Dianthus*
- 科／属名　ナデシコ科ナデシコ属
- 原産地　地中海沿岸、アジア、南アフリカ
- 花　色　🔴🟣🟡⚪
- 草丈(茎長)　10〜30cm
- 花　径　1〜3cm
- 花　期　4〜6月
- 生育環境　耐寒性　日当たり良　水はけ良
- 殖やし方　種子まき、株分け、さし木
- 用　途　切花、鉢植え、花壇

MEMO（栽培メモ）
多肥、多湿を避け、水はけが良い腐植質に富んだ土壌を好む。性質は強健で栽培しやすい草花。

①②③④ 花色・花形が多彩

PART 1 早春から陽春に咲く花　　　　ソラナム

ソラナム
フユサンゴ、エルサレムチェリー／常緑低木

識別ポイント	球形の果実を観賞する
名前の由来	本属のラテン古名に由来
花ことば	有為転変
特　徴	鐘形の花は白色、花冠は深く5裂し、下向きに咲く。秋～冬にかけて赤や黄色に変化する美しい果実は球形で約1cm。緑～赤に変化するビッグボーイ、白～赤、黄に変化する七変化などがある。

DATA
学　名	*Solanum pseudocapsicum*
科／属名	ナス科ソラナム属
原産地	アジア、アフリカ、ヨーロッパ
花　色	○ ●
草丈(茎長)	50cm～1m
花　径	1～4cm
花　期	5～7月
生育環境	半耐寒性　日当たり良　排水良
殖やし方	種子まき、さし木
用　途	鉢植え、庭植え

MEMO（栽培メモ）
生育温度20～25℃と高温を好むため、日当たりが良い場所で育てる。鉢植えは室内で0℃以上に保つ。

① ソラナム・プセウド・カプシクム
② ソラナム・ヴェンドランディー
③ ソラナム・グラウコフィルム
④ ソラナム・インテグリフォリウム
⑤ 'センセーション'
⑥ ソラナム・マンモスム（フォックスフェース）

march to may

122

タイム
タチジャコウソウ、ガーデンタイム／多年草

- 識別ポイント　ハーブの一種
- 名前の由来　芳香があることから、ギリシャ語「勇気」に由来
- 花ことば　潔癖症
- 特　徴　優雅な香りをもつ草花で、生のままやドライにして広く利用される。日本産のイブキジャコウソウのほか、レモンタイム、クリーピングタイム、ゴールデンタイムなどがある。

DATA
学　名	*Tymus*
科／属名	シソ科タイム属
原産地	地中海沿岸、ヨーロッパ南部
花　色	● ○
草丈(茎長)	20〜40cm
花　径	2〜4mm
花　期	5〜6月
生育環境	耐寒性
殖やし方	種子まき、株分け、さし木、実生
用　途	鉢植え、食用、防腐、薬用、殺菌、消化促進

MEMO (栽培メモ)
種子は春か秋にまき、どんな土壌でもよく育つ。耐寒性、耐暑性があり、病虫害にも侵されにくい。

① ゴールデン・レモンタイム
② キャラウェイタイム
③ オレンジバルサムタイム
④ カムファータイム
⑤ オレンジタイム
⑥ ココナッツタイム
⑦ クリーピングタイム

march to may

PART 1 早春から陽春に咲く花

ダツラ
キダチチョウセンアサガオ
／1年草、多年草、常緑低木

識別ポイント	ラッパ状の大形花が咲く
名前の由来	由来
花ことば	素敵な恋人
特　徴	花は葉のわきに1個ずつ咲かせ、長さ15〜40cmの漏斗状。芳香がある花が垂れ下がるキダチチョウセンアサガオ、花色が淡黄色〜白に変わるコダチチョウセンアサガオのほか、シロバナチョウセンアサガオ、ヤエチョウセンアサガオなどがある。

DATA
学名	*Brugmansia suaveolens*
科／属名	ナス科ブルグマンシア属
原産地	中南米
花色	◯ ◯ ◯
草丈(茎長)	50cm〜5m
花径	15〜40cm
花期	4〜11月(多年草) 7〜9月(1年草)
生育環境	半耐寒性　水はけ良
殖やし方	さし木
用途	鉢植え、庭植え(暖地)

MEMO (栽培メモ)
日当たりが良く高温で腐植質に富んだ土壌を好む。秋からは温室内に入れて、16℃以上保てば冬でも花を楽しめる。

①②③天使のラッパ(エンゼルトランペット)のよう
④⑤キダチチョウセンアサガオ(アメリカチョウセンアサガオ)

チドリソウ

千鳥草 ラークスパー、ヒエンソウ／1年草

識別ポイント	青紫系色の花が多い
名前の由来	ラテン語の古名に由来
花ことば	冷めかけた愛情
特　徴	ヨーロッパ原産の1年草。もともとデルフィニウム属に含まれていたが、形態が異なるため分類が変わった。直径2〜3cmの小花が茎の先に集まり、大きな花穂をつくる。切花では煮あげしてから水あげする。

DATA

学　名	*Consolida ambigua*
科／属名	キンポウゲ科コンソリダ属
原産地	ヨーロッパ南部
花　色	●●●○
草丈(茎長)	40〜50cm
花　径	2〜3cm
花　期	5〜6月
生育環境	耐寒性　日当たり・水はけが良い場所
殖やし方	種子まき
用　途	切花、鉢植え、花壇

MEMO（栽培メモ）
種子まきは9〜10月、移植をきらうため直まきする。肥料は控えた方が花つきが良くなる。ポトハチス病に注意。

① 花は穂状につく
② 花の拡大

チャイブ

シボレット(シブレット)、エゾネギ／多年草

識別ポイント	ネギの仲間でアサツキに似た草姿
名前の由来	葉に芳香があることから、ラテン語「匂い」に由来
花ことば	晴れやかな心
特　徴	ヨーロッパ原産の多年草。ハーブの一種で様ざまな各国料理に多用される。細長い中空葉をもち、花は直立した茎の先にポンポン状につく。

DATA

学　名	*Allium*
科／属名	ネギ科ネギ属
原産地	ヨーロッパ
分　布	北海道〜本州北部
花　色	●●
草丈(茎長)	20〜30cm
花　径	5〜7mm
花　期	5〜7月
生育環境	耐寒性　日当たり良
殖やし方	種子まき、株分け
用　途	鉢植え、食用

MEMO（栽培メモ）
春または秋に、よく耕された乾燥気味の土壌へ種子をまく。酸性をきらうため、石灰を散布する。1年目は株の充実を図り、2年目から収穫し始める。

① みごとな群生
②③ 花は散形花序につく

march to may

PART 1 早春から陽春に咲く花

チューリップ
球根植物（多年草）

識別ポイント	春の代表的な花のひとつ
名前の由来	花形がターバン（tulipan）に似ていることから
花ことば	愛の告白、華やかな恋
特　徴	世界各地に3000種以上あるといわれる。トライアンフ系、ダーウィンハイブリッド系、八重早咲き系、ユリ咲き系、晩生一重咲き系、晩生八重咲き系、パーロット系、フリンジ咲き系、ビリディフロルス系などグループに分けられている。

DATA
学　名	*Tulipa*
科／属名	ユリ科チューリップ属
原産地	中央アジア
分　布	日本全国
花　色	●●●●●○
草丈(茎長)	15〜50cm
花　径	3〜10cm
花　期	12〜4月
生育環境	耐寒性
殖やし方	分球
用　途	切花、鉢植え、花壇

MEMO（栽培メモ）
10〜12月に日当たり、排水が良い肥沃地へ植えつける。花後、花柄を摘み取って追肥する。

① 'アンジェリケ'
② 千葉県あけぼの山農業公園のチューリップ畑
③ 'コンプリメント'
④ 'ゴールデンメロディー'
⑤ 'オンネリ'
⑥ 'トトロ'
⑦ 'バレリーナ'
⑧ 'スペシャル'
⑨ 'バーガンディレース'
⑩ 'ブレンダー'
⑪ 'キースネリス'
⑫ 'マジヤ'（フリンジ咲き）
⑬ 'アンジェリケ'
⑭ 'アイボリーフローラ'

march to may

チューリップ

march to may

127

PART 1 早春から陽春に咲く花

ツツジの仲間
躑躅／常緑、半常緑、落葉、低木〜高木

識別ポイント	古くから馴染み深い花木
名前の由来	花が筒状に咲くため、筒咲からの転訛
花ことば	節制
特　徴	北半球の温帯を中心に800種以上あり、花色、花形、性質も様ざま。ヨウラクツツジは九州に分布し、枝先に筒状の花が垂れ下がる。そのほか、アカヤシオ、シロヤシオ、イソツツジ、ゲンカイツツジ、サクラツツジなど種類が多い。

DATA
学　名	*Rhododendron* spp.
科／属名	ツツジ科ツツジ属
原産地	日本、朝鮮、台湾
分　布	日本各地
花　色	●●●●●○
草丈(茎長)	1〜8m
花　径	1〜8cm
花　期	4〜6月
生育環境	耐寒性　日なた　排水良
殖やし方	さし木
用　途	鉢植え、庭植え、垣根、盆栽

MEMO (栽培メモ)
乾燥に強いが、水はけが悪い土壌では生育が良くない。繊細な細根をもつため、肥料や過湿に十分注意して栽培する。

① 満開の庭園（栃木県古峯園）
② トウゴクミツバツツジ
③ ヤマツツジ
④ タカクマヤマツツジ
⑤ ムラサキオンツツジ
⑥ 'ベニキリシマ'
⑦ バイカツツジ
⑧ シロバナモチツツジ
⑨ ミヤマキリシマ'フジカケ'
⑩ ミツバツツジ

march to may

ツツジの仲間

march to may

⑤ ⑥ ⑦ ⑧ ⑨ ⑩

PART 1 早春から陽春に咲く花　　　　　　　　　　　　　　　　　　　　　　　ツボサンゴ／ツルニチニチソウ

ツボサンゴ

壺珊瑚　サンゴバナ、フューチェラ／多年草

識別ポイント	花はサンゴのような紅系色
名前の由来	花形を壺、花色を海の珊瑚に見立てて
花ことば	繊細な想い
特　徴	北アメリカ原産の多年草。4〜5cmの葉がこんもりと茂る。花はツボ形で長い花茎の先に赤い小花が数個まとまって咲く。

DATA
学　名	*Heuchera*
科／属名	ユキノシタ科ホイヘラ属
原産地	北アメリカ
花　色	🔴🔴
草丈(茎長)	30〜60cm
花　径	3〜4mm
花　期	4〜6月
生育環境	耐寒性
殖やし方	種子まき、株分け
用　途	切花、鉢植え、庭植え

MEMO (栽培メモ)
適応力が強い品種。夏の高温多湿を避けて、排水が良い半日陰で育てる。

① ホイヘラ・ミクランタ
② 'ベッタームーン'
③ ホイヘラミクランタの赤花種

ツルニチニチソウ

蔓日々草　ツルギキョウ／常緑低木

識別ポイント	美しい葉と花を観賞する
名前の由来	つる性のニチニチソウ
花ことば	合縁奇縁
特　徴	匍匐するつる性常緑低木。葉は披針形〜楕円形で対生、斑入り種もある。花は紫色または白色、花柄が長く5裂した星形。

DATA
学　名	*Vinca major*
科／属名	キョウチクトウ科ビンカ属
原産地	ヨーロッパ、中央アジア、北アフリカ
花　色	🟣⚪
草丈(茎長)	10〜30cm
花　径	3〜5cm
花　期	4〜7月
生育環境	耐寒性　耐霜性
殖やし方	株分け、さし木
用　途	花壇、庭植え、グランドカバー

MEMO (栽培メモ)
比較的強い性質で、乾燥地以外であれば土質を選ばず栽培できる。春〜秋に株分け、夏にさし木によって殖やす。さび病に注意。

① ニチニチソウの近縁種である
② 斑入り種
③ ヒメツルニチニチソウ

テイカカズラ

定家葛 マサキノカズラ／つる性常緑低木

識別ポイント	花色の変化を楽しむ
名前の由来	謡曲「定家」に由来。カズラはつる性を表す
花ことば	依存
特徴	つるは付着根を出して、樹木や岩場をはい上がって生育する。花は高杯形で径2〜3cm、先端に集散花序に咲き、白〜黄に変わる。果実は長さ15〜25cmの細長いマメ形。

DATA

学　名	*Trachelospermum*
科／属名	キョウチクトウ科テイカカズラ属
原産地	日本、朝鮮
分　布	本州、四国、九州、沖縄
花　色	🟡 ⚪
草丈(茎長)	10m以上（つる性）
花　径	2〜3cm
花　期	5〜6月
生育環境	耐寒性　半日陰
殖やし方	さし木、取り木
用　途	庭植え

MEMO（栽培メモ）
5〜9月に湿潤した肥沃地へ植えつける。ほとんどの場所でよく育つため、栽培は容易。

①大木に絡まる
②花の拡大

ディプラデニア

マンデビラ／常緑つる性

識別ポイント	花色は淡桃〜紅色に変化する
名前の由来	花形から、ギリシャ語「二つの腺」に由来
花ことば	飛耳長目
特徴	5〜9月、つる性の葉脈にラッパ状に開く筒状花を次つぎ咲かせる。最近はボリビア産のディプラデニア・ボリビエンシスとディプラデニア・スプレンデンスが多く出回っている。

DATA

学　名	*Dipladenia*
科／属名	キョウチクトウ科ディプラデニア属
原産地	メキシコ〜アルゼンチン
花　色	🔴 🟣 ⚪
草丈(茎長)	20〜50cm
花　径	8〜10cm
花　期	5〜9月
生育環境	非耐寒性
殖やし方	さし芽　さし木
用　途	鉢植え

MEMO（栽培メモ）
日当たり、排水の良い土壌に植えつける。夏は屋外でたっぷり水を与え、冬は室内で10℃以上保つ。

①温室内の鉢植えがよく目につく
②花の拡大

march to may

PART 1 早春から陽春に咲く花

ディモルフォセカ
オステオスペルム、アフリカキンセンカ
／1年草

識別ポイント	花はデージーに似ている
名前の由来	痩果が2形あることから、ギリシャ語「2・形」に由来
花ことば	明るい希望
特 徴	南アフリカ原産の1年草。花色は多彩で、花壇に群生すると美しい。白花のプルウィアリス、橙黄花のシヌアタ、プルウィアリスとシヌアタの交配種アウランティアカなどがある。

DATA
学 名	*Dimorphotheca aurantiaca*
科／属名	キク科ディモルフォセカ属
原産地	南アフリカ
花 色	🟠🩷🟣🟠🟡⚪
草丈(茎長)	15〜20cm
花 径	4〜5cm
花 期	4〜6月
生育環境	半耐寒性　水はけ・日当たり良
殖やし方	種子まき
用 途	鉢植え、庭植え

MEMO（栽培メモ）
9〜10月に種子をまき、翌年の春に定植する。花を咲かせるには太陽の光が必要なので、日当たりが良い肥沃地に植える。

march to may

①②③④⑤品種は多種多様。繊細な感じをもつ色とりどりの花

デージー

ヒナギク、エンメイギク、チョウメイギク

／1年草、多年草

- **識別ポイント** 群植すると美しい
- **名前の由来** 花形から、ラテン語「美しい・愛らしい」に由来
- **花ことば** 生命力
- **特徴** 花期が長く、次から次へと咲く花を楽しめるため長命菊、延命菊とも呼ばれる。草丈は10～20cmの匍匐性で、地下茎を伸ばして大株になる。人気品種にはポンポネット、エトナ、シベリウスなどがある。

DATA
- 学名　*Bellis*
- 科／属名　キク科ベリス属
- 原産地　ヨーロッパ、地中海沿岸
- 花色　●●●●○
- 草丈(茎長)　10～20cm
- 花径　1～8cm
- 花期　3～5月
- 生育環境　耐寒性　日当たり良　水はけ良
- 殖やし方　種子まき
- 用途　鉢植え、花壇

MEMO（栽培メモ）
9月に日当たり、水はけが良い場所へ種子まきする。酸性土をきらうため石灰などを混ぜ中和させる。霜除けをすれば－5℃以上で越冬可能。

march to may

① 'ベラ'
②③④⑤⑥⑦ 初夏まで次つぎと咲き続ける可憐な花

PART 1 早春から陽春に咲く花　　　テラスライム／デルフィニウム

テラスライム
イポメア／球根植物

- **識別ポイント** 観葉植物のひとつ
- **名前の由来** イポメアの流通名Terrace Limeから
- **花ことば** 猛毒
- **特　徴** 熱帯地方の多様な生息地に自生する葉を観賞するサツマイモ。葉は互生し、縁にはギザギザがある。5～9月、漏斗形の花が総状花序につく。

DATA
学　名	*Ipomoeeae batatas*
科／属名	ヒルガオ科イポメア属
原産地	熱帯地方
花　色	● ○
草丈(茎長)	5m以上（つる性）
花　径	3～6cm
花　期	5～9月
生育環境	非耐寒性　水はけ良
殖やし方	さし木
用　途	鉢植え、花壇

MEMO (栽培メモ)
日当たりが良い高温地に栽培する。うどんこ病、アカダニに侵されやすいので気をつける。

花は漏斗形　　　photo: 青木繁伸

デルフィニウム
ラークスパー、オオヒエンソウ、ヒエンソウ／1年草、多年草

- **識別ポイント** チドリソウとは同属異種
- **名前の由来** 花形から、ギリシャ語「イルカ」に由来
- **花ことば** 壮大
- **特　徴** 鮮やかな青色系の花は珍しく、人気がある草花。高性種のパシフィックジャイアント系は切花・庭植えに、矮性種のブルースプリングス、オオヒエンソウなどは鉢植えに向く。

DATA
学　名	*Delphinium*
科／属名	キンポウゲ科デルフィニウム属
原産地	ヨーロッパ、北アメリカ、アジア
花　色	● ○ ● ● ●
草丈(茎長)	30cm～1m
花　径	2～4cm
花　期	5～7月
生育環境	耐寒性
殖やし方	種子まき、株分け
用　途	切花、鉢植え、庭植え

MEMO (栽培メモ)
本来は多年草だが、耐暑性に弱いため、秋に種子をまき、春～初夏に開花させる。害虫がつきやすいため、防除が必要。

①②③盛んに品種改良が行われている

march to may

ドウダンツツジの仲間

満天星躑躅 ドウダン／落葉低木

- 識別ポイント　秋の紅葉が美しい
- 名前の由来　枝の出方が灯台の脚に似ることから、灯台の転訛
- 花ことば　控えめな愛情
- 特　徴　葉は長さ2〜4cm、タマゴ形で縁にはギザギザがある。花はスズランに似たツボ状で、枝先に多数下向きにつく。紅花種のベニドウダン、白花種のシロドウダン、寒さに強いサラサドウダンなどがある。

DATA
- 学　名　*Enkianthus*
- 科／属名　ツツジ科ドウダンツツジ属
- 原産地　アジア東部
- 分　布　北海道、本州、四国、九州
- 花　色　○ ●
- 草丈(茎長)　1〜3m
- 花　径　1cm
- 花　期　4〜5月
- 生育環境　耐寒性　日当たり良
- 殖やし方　さし木
- 用　途　鉢植え、庭植え

MEMO（栽培メモ）
日当たり、水はけが良い肥沃地に高めに植えつける。刈り込みは新梢が伸びきる6月までに行う。

march to may

①ドウダンツツジの開花
②「ドウダンモミジ」といわれるほど紅葉が美しい
③サラサドウダン(別名フウリンツツジ)
④チチブドウダン
⑤若い果実

PART 1 早春から陽春に咲く花

ナスタチウム
キンレンカ、ナスターシャム、ノウゼンハレン
／1年草

識別ポイント	エディブルフラワーとして人気がある
名前の由来	英名、ハーブ名からつけられた
花ことば	愛国心
特　徴	ハーブの中でも鮮やかな美花を咲かせる。葉はハスのような丸形。品種が多く、ほふく性〜矮性種、八重咲き、斑入りなど変化が楽しめる。

DATA
学　名	*Tropaeolum majus*
科／属名	ノウゼンハレン科ノウゼンハレン属
原産地	ペルー
花　色	〇〇〇〇〇
草丈(茎長)	20cm〜3m（つる性）
花　径	6cm
花　期	5〜10月
生育環境	非耐寒性〜半耐寒性
殖やし方	種子まき、さし芽
用　途	食用（ハーブ）、鉢植え、花壇

MEMO （栽培メモ）
日当たり、排水が良い湿った土壌に栽培する。耐暑性に弱いため夏場は涼しい場所に置く。0〜3℃以上で越冬可能。

①②③④⑤ カラフルな南米生まれの1年草

ナナカマド
七竈 ライデンボク ／落葉高木

- **識別ポイント** 真っ赤な果実や紅葉が美しい
- **名前の由来** 7度かまどに入れても燃え残るほど燃えにくい性質から
- **花ことば** 内に秘めた情熱
- **特　徴** 5～7月に白い小花がまとまって径6～10cmの花房をつくる。果実は球形で約5mm、秋に赤く熟す。葉の裏面が白くなるウラジロナナカマド、低木のナンキンナナカマド、高山性のタカネナナカマドなど多くの園芸品種がある。

DATA
学　名	*Sorbus commixta*
科／属名	バラ科ナナカマド属
原産地	日本、韓国
分　布	日本全国
花　色	○
草丈(茎長)	6～10m
花　径	5mm～1cm
花　期	5～7月
生育環境	耐寒性
殖やし方	種子まき、さし木、つぎ木
用　途	庭木

MEMO（栽培メモ）
日なた～半日陰の腐植質に富んだ肥沃地で栽培する。アブラムシ、アカダニ、すす病の害にあいやすい。

① 花も清楚だが熟した果実が美しい
② 白色の5弁花

ナンテン
南天 ナンテンショク ／常緑低木

- **識別ポイント** 紅葉と赤い果実を鑑賞する
- **名前の由来** 中国名「南天」を和音読みにしたもの
- **花ことば** 優雅
- **特　徴** 葉は長さ90cmになる羽状複葉から3出複葉がつく。5～6月、枝の先に白い小花がまとまって咲く。果実は径5mm～1cmで球状、秋に赤く熟す。

DATA
学　名	*Nandina domestica*
科／属名	メギ科ナンテン属
原産地	日本、中国、インド
分　布	本州関東以南、四国、九州、沖縄
花　色	○
草丈(茎長)	2～3m
花　径	5～8mm
花　期	5～6月
生育環境	耐寒性
殖やし方	種子まき、さし木
用　途	切花、鉢植え、庭植え、薬用

MEMO（栽培メモ）
日当たり、水はけが良い腐植質に富んだ土壌を好む。春か秋に大きめの穴を掘り、高めに植えつける。通風をよくするため、枝を間引く。

① 紅葉と赤い実が魅力
② 花
③ シロミナンテンの実

PART 1 早春から陽春に咲く花

ニオイバンマツリ
匂蕃茉莉 イエスタデー・トゥデー・アンド・トゥモロー／常緑低木

- **識別ポイント** 花色は紫〜白に変わる
- **名前の由来** 花は芳香があり、マツリカに由来
- **花ことば** 乙女の香り
- **特徴** 明治時代に渡来した常緑樹。葉は楕円形〜披針形で長さ7〜15cm、革質で光沢がある。4〜7月、パンジーに似た芳香がある花が集散花序に咲く。

DATA
学　名	*Brunfelsia australis*
科／属名	ナス科ブルンフェルシア属
原産地	ブラジル、アルゼンチン
花　色	○ ●
草丈(茎長)	1〜3m
花　径	3〜4cm
花　期	4〜7月
生育環境	非耐寒性〜半耐寒性
殖やし方	さし木、庭木(暖地)
用　途	鉢植え

MEMO (栽培メモ)
夏は半日陰の冷涼な場所、冬は室内に入れ10℃以上で管理。アカダニ、コナカイガラムシに注意する。

バンマツリの中では最も香り高い

ニシキギ
錦木 ヤハズニシキギ／落葉低木

- **識別ポイント** 紅葉期は、樹木全体が赤く染まる
- **名前の由来** 秋の紅葉が錦織のように美しいことから
- **花ことば** 深い愛情
- **特徴** 葉は先がとがるタマゴ形で長さ2〜7cm、縁にはギザギザがある。花びら4枚の可愛らしい小花は、葉と似た色で目立たない。果実は丸形、熟すと裂けて中から種子が頭を出す。

DATA
学　名	*Euonymus alatus*
科／属名	ニシキギ科ニシキギ属
分　布	日本全国
花　色	●
草丈(茎長)	1〜3m
花　径	5mm〜1cm
花　期	5〜6月
生育環境	耐寒性
殖やし方	さし木
用　途	庭木

① 昼夜の温度差があるほど紅葉する
② 花はやや地味である
③ 果実は裂開する
④ 独特の木肌

MEMO (栽培メモ)
植えつけは12〜3月、寒地では4月に行う。日当たり、水はけが良い乾燥地に適する。

ニゲラ

ワイルドフェンネル、クロタネソウ／1年草

- **識別ポイント** 花はアネモネに似ている
- **名前の由来** 種子の色から、ラテン語「黒い」に由来
- **花ことば** 不屈の精神
- **特　徴** 地中海沿岸原産の1年草。葉は2、3回羽状裂葉で細かく分かれている。茎先に咲く皿状の花は、クラフトやドライフラワーに利用される。

DATA
学　名	*Nigella damascena*
科／属名	キンポウゲ科クロタネソウ属
原産布	地中海沿岸〜西アジア
花　色	○ ● ●
草丈(茎長)	30〜60cm
花　径	約3cm
花　期	5〜6月
生育環境	非耐寒性
殖やし方	種子まき
用　途	切花、庭植え、ドライフラワー

MEMO (栽培メモ)
強健な性質で栽培しやすい。秋に水はけが良い日なたへ種子をまき、発芽温度18〜20℃を保つ。

march to may

① 直立した茎の先に花を咲かせる
② 花の拡大
③ 白色花種
④ 'ブルーイスタンブール'

PART 1 早春から陽春に咲く花

ニセアカシア
ハリエンジュ ／落葉高木

- **識別ポイント**: 白い花は芳香がある
- **名前の由来**: アカシアとは別属だが、似ているため
- **花ことば**: 偽りの愛
- **特徴**: 明治時代初期に渡来した落葉樹で、アカシアとよく間違えられる。花は白色の蝶形で、多数集まり枝から花房が垂れ下がる。果実は細長い豆果で長さ5〜10cm。

DATA
学名	Robinia pseudo-acacia
科／属名	マメ科ハリエンジュ属
原産地	北アメリカ
花色	○ ●
草丈(茎長)	10〜15m
花径	10〜15cm(花房)
花期	5〜6月
生育環境	耐寒性 水はけ良
殖やし方	つぎ木
用途	庭木

MEMO (栽培メモ)
日当たりが良い場所であれば、土質を選ばずよく育つ。萌芽力も強い。

① 葉脈から総状花序を垂らす
② 'ヒラリー'
③ 落花

ニチニチソウ
日々草 ニチニチカ、ビンカ ／1年草

- **識別ポイント**: 紅色系の可愛らしい花
- **名前の由来**: 開花期が長く、花を毎日楽しめるため
- **花ことば**: ゆきずりの恋
- **特徴**: 江戸時代中期に渡来。1花は短命だが、次つぎと咲き続ける花を長期間楽しめる。日本で育成された矮性種のリットル、ほふく性のカーペット、丸弁花のトロピカーナなど種類が多い。

DATA
学名	Catharanthus roseus
科／属名	キョウチクトウ科カタランサス属
原産地	マダガスカル
分布	日本各地
花色	○ ● ●
草丈(茎長)	10〜20cm
花径	2〜4cm
花期	5〜10月
生育環境	非耐寒性
殖やし方	種子まき
用途	切花、鉢植え、花壇

MEMO (栽培メモ)
熱帯原産の植物なので、耐暑性が強い。風通しの良い日なたを好み、多湿や弱光に弱い。

① 5弁の花が次から次へと咲き溢れる
② 赤色花種
③ 'トロピカーナ'

ネメシア

ウンランモドキ ／1年草

- **識別ポイント**　上唇弁と下唇弁が対照的な色になる2色咲き
- **名前の由来**　花形から「腫れたようなふくらみ」を意味する
- **花ことば**　過去の思い出
- **特　徴**　南アフリカ原産の1年草。葉は披針形で対生し、縁にはギザギザがある。3〜5月、唇弁2枚の花が総状花序に咲く。

DATA
- 学　名　*Nemesia strumosa*
- 科／属名　ゴマノハグサ科ネメシア属
- 原産地　南アフリカ
- 花　色　●●●●●●○
- 草丈(茎長)　18〜30cm
- 花　径　2〜3cm
- 花　期　3〜5月
- 生育環境　半耐寒性
- 殖やし方　種子まき
- 用　途　切花、鉢植え、花壇

MEMO （栽培メモ）
過湿、多肥を避け、日当たりが良い場所で育てる。越冬は0℃以上保つ。

① 花壇を鮮やかに彩る
② 'ブルーバード'
③ 色彩豊かな花

ネモフィラ

ルリカラクサ、ブルーアイズ ／1年草

- **識別ポイント**　青紫色系の小さな花
- **名前の由来**　本属の自生地にちなみ、ギリシャ語「小さな森・親しい」に由来
- **花ことば**　初恋
- **特　徴**　多肉質の茎をもち、羽毛が生えている。葉はタマゴ形〜長楕円形の羽状複葉で、切れ込みが入るものもある。花壇に群植すると可愛らしい小花が咲き溢れ、涼感がある。

DATA
- 学　名　*Nemophila*
- 科／属名　ハゼリソウ科ネモフィラ属
- 原産地　北アメリカ
- 花　色　○●●
- 草丈(茎長)　20〜30cm
- 花　径　2〜4cm
- 花　期　3〜5月
- 生育環境　耐寒性　水はけ良
- 殖やし方　種子まき
- 用　途　鉢植え、花壇

MEMO （栽培メモ）
風通しが良い日なたに直まきして発芽させる。寒さには強く−2℃まで生育可能。

① 花壇に映える
② 吊り鉢で楽しむ

march to may

PART 1 早春から陽春に咲く花

バーベナ

ビジョザクラ／1年草、多年草

識別ポイント	花壇を華やかに彩る草花
名前の由来	科名クマツヅラの古いラテン名に由来
花ことば	努力家
特　徴	本種は花色が豊富で開花期が長く、花壇に適した性質をもっている。実生系のロマンス、大輪花のダービー、宿根系のレインボーカーペット、高性種のボナリエンシスなどがある。（宿根バーベナP.106参照）

DATA

学　名	*Verbena*
科／属名	クマツヅラ科バーベナ属
原産地	アメリカ、アジア、ヨーロッパ
花　色	●●●●○
草丈(茎長)	10〜30cm
花　径	1〜3cm
花　期	5〜10月
生育環境	耐寒性〜非耐寒性
殖やし方	種子まき、さし芽、株分け
用　途	切花、鉢植え、つり鉢、花壇

MEMO (栽培メモ)

栽培方法は品種によって異なるが、耐暑性があり夏でも花を楽しめる。うどんこ病に注意する。

①'アメシスト'（日南市）
②白花種
③宿根バーベナ'ミータン'
④'ポラリス'
⑤バーベナ・リキダ

march to may

ハイビスカス

ブッソウゲ／常緑低木

- 識別ポイント　ハワイの州花
- 名前の由来　ハワイでの呼称から
- 花ことば　熱い愛情
- 特　徴　花色は鮮明な色彩に溢れ、雄しべ雌しべが長く花の外に突き出る。ハイビスカスは葉の縁にギザギザがあるが、ブッソウゲにはない。

DATA
学　名	*Hibiscus*
科／属名	アオイ科ハイビスカス属
原産地	ハワイ
分　布	九州、沖縄
花　色	○ ○ ● ●
草丈(茎長)	20cm～1.5m
花　径	6～25cm
花　期	5～9月
生育環境	非耐寒性
殖やし方	さし木
用　途	切花、鉢植え、庭植え

MEMO (栽培メモ)
寒さに弱いため栽培には10℃以上必要。日なたと高温を好み、日照不足では開花しない。

march to may

① 温室の中のハイビスカス
②③④⑤⑥⑦色とりどりの品種群

PART 1 早春から陽春に咲く花　　　バイカウツギ／パキスタキス

バイカウツギ
梅花空木 サツマウツギ ／落葉低木

識別ポイント	新緑に映える白花が美しい
名前の由来	梅に似た花を咲かせるウツギ
花ことば	仮面
特徴	花は一重咲き、半八重咲き、八重咲きまで多種多様。果実は径0.5〜1cmの球形、熟すと褐色になり4つに裂ける。仲間には、芳香性があるニオイバイカウツギもある。

DATA
学　名	*Philadelphus satsumi*
科／属名	ユキノシタ科バイカウツギ属
原産地	日本
分　布	本州、四国、九州
花　色	○
草丈(茎長)	1〜2m
花　径	2〜3cm
花　期	5〜6月
生育環境	耐寒性
殖やし方	さし木
用　途	鉢植え、庭木

MEMO (栽培メモ)
日なた〜半日陰の水はけが良い肥沃地に適する。うどんこ病、アブラムシに侵されやすいので気をつける。

① 'ベルエトワール'
② 花の拡大

march to may

パキスタキス
／常緑低木

識別ポイント	紅色のベニサンゴバナも仲間
名前の由来	花穂の形から、ギリシャ語「厚い穂」に由来
花ことば	荘厳
特徴	葉は細長い楕円形で長さ8〜15cm、葉脈が目立つ。黄色い花に見えるのは苞で、4列になって重なり合う。花は苞から突き出る白色の小片。

DATA
学　名	*Pachystachys lutea*
科／属名	キツネノマゴ科パキスタキス属
原産地	中央アメリカ、メキシコ、ペルー
花　色	○ ●
草丈(茎長)	20〜50cm
花　径	2cm
花　期	5〜10月
生育環境	非耐寒性
殖やし方	さし木
用　途	鉢植え、庭植え

MEMO (栽培メモ)
夏の高温多湿をきらうが、15℃以上保てれば周年苞を観賞できる。温室内ではオンシツコナジラミ、アカダニに注意する。

花は頂生の穂状花序

144

バコパ
ステラ・コルダータ ／常緑多年草

- 識別ポイント：花は白色、または淡紫色
- 名前の由来：旧学名から
- 花ことば：忘れられた恋人
- 特徴：アフリカの森林地帯に約130種が自生する。葉は対生し、縁にはギザギザがある。群植すると可愛らしい小花が咲き溢れる。

DATA
学名	*Sutera cordata* 'Snowflake'
科／属名	ゴマノハグサ科ステラ属
原産地	アフリカ
花色	○ ●
草丈(茎長)	10cm前後
花径	1cm
花期	4〜10月
生育環境	半耐寒性
殖やし方	さし木
用途	鉢植え、花壇

MEMO (栽培メモ)
水はけ、風通しが良い日なたを好み、多肥は花つきが悪くなるため避ける。越冬は0℃以上で乾燥気味にする。

① バコパ 'スノーフレーク'
② 鉢植え

march to may

ハゴロモジャスミン
羽衣ジャスミン ジャスミナム・ポリアンサム ／常緑つる性低木

- 識別ポイント：花には芳香がある
- 名前の由来：ジャスミンの香りを放つ白い花を羽衣に見立てて
- 花ことば：官能的な愛
- 特徴：中国原産のつる性常緑樹。葉は羽形で小葉は先がとがったタマゴ形。3〜4月、枝の先に30花ほどがまとまって咲く。

DATA
学名	*Jasminum polyanthum*
科／属名	モクセイ科ジャスミナム属
原産地	中国
花色	○
草丈(茎長)	2〜3m(つる性)
花径	2cm
花期	3〜4月
生育環境	耐寒性　日なた〜半日陰
殖やし方	さし木
用途	鉢植え、庭木、垣根

MEMO (栽培メモ)
乾燥、強光をきらい、水はけ・水もちが良い土壌を好む。越冬は0℃以上で管理する。

白色の花が次つぎと咲く

PART 1 早春から陽春に咲く花

ハナショウブ
花菖蒲 ドンドバナ／多年草

識別ポイント	日本産の代表的草花
名前の由来	湿地に自生する植物なので、別名「ドンドバナ」は水の流れを表す
花ことば	雅
特徴	江戸時代に改良されて広まった。主に三英咲きの江戸花菖蒲、六英咲きの熊本花菖蒲、三英咲きで花被が垂れ下がる伊勢花菖蒲など多くの品種がある。

DATA
学名	*Iris ensata* var. *hortensis*
科／属名	アヤメ科アイリス属
原産地	日本
花色	●●○●●○
草丈(茎長)	30～60cm
花径	15cm前後
花期	5～7月
生育環境	耐寒性
殖やし方	株分け
用途	切花、鉢植え、庭植え

MEMO (栽培メモ)
苗の植えつけ、植え替えは花の直後に行う。ズイムシが花芽を食べてしまうため、早めに駆除する。

①水辺で楽しむ　④肥後'稲妻'　⑦'夕霧'
②'濡燕'　⑤'鏡california山'　⑧外国産
③'華厳の滝'　⑥肥後'白糸の滝'　⑨外国産

ハツユキソウ

初雪草 ユーフォルビア ／1年草、多年草

- 識別ポイント：花より涼しげな葉を観賞する
- 名前の由来：葉の色合いを初冠雪に見立てて
- 花ことば：解放感
- 特徴：茎は直立して上部で分枝する。葉はタマゴ形で長さ約8cm、白の覆輪となり、葉脈も白く美しい。切花にも利用される。花は小さく目立たない。

DATA
- 学名：*Euphorbia marginata*
- 科／属名：トウダイグサ科ユーフォルビア属
- 原産地：北アメリカ
- 花色：○
- 草丈(茎長)：50cm〜1m
- 花径：0.3〜1cm
- 花期：5〜9月
- 生育環境：非耐寒性
- 殖やし方：種子まき
- 用途：切花、鉢植え、庭植え

MEMO (栽培メモ)
春に水はけが良い日なたの用土へ種子を直まきする。アブラムシ、コナカイガラムシに気をつける。

① 花よりも葉が美しい
② 花の拡大

ハナズオウ

花蘇芳 ハナソウオウ、スオウバナ、スオウギ ／落葉低木

- 識別ポイント：蝶形の花が枝に集まって咲く
- 名前の由来：花が蘇芳染めの色に似ることから
- 花ことば：人のおだてに乗りやすい
- 特徴：3〜4月、葉が出る前に紅色の花がまとまり花房をつくる。果実は長さ5〜7cmの豆果、数個ずつまとまって枝から垂れ下がる。仲間には、白花のシロバナハナズオウ、小形のアメリカハナズオウなどがある。

DATA
- 学名：*Cercis chinensis*
- 科／属名：マメ科ハナズオウ属
- 原産地：中国
- 花色：○●●
- 草丈(茎長)：2〜4m
- 花径：1.5cm前後
- 花期：3〜4月
- 生育環境：水はけ良
- 殖やし方：さし木
- 用途：庭木

MEMO (栽培メモ)
2〜3月、排水が良い日なたに植えつける。根元から出るひこばえは、早めに切り取る。

① 前年枝や古い枝に紅紫色の花が束生する
② 花の拡大

PART 1 早春から陽春に咲く花

ハナミズキ
花水木 ドッグウッド、アメリカヤマボウシ
／落葉高木

- **識別ポイント** 花びらに見えるのは総苞
- **名前の由来** 花が美しいミズキの仲間
- **花ことば** 恋から愛へ変わる瞬間
- **特　　徴** 大正時代に渡来した落葉樹。葉はタマゴ形で長さ7〜15cm、秋に紅葉する。花は小さく頭状に集まり、その周囲に花弁状の総苞片がつく。果実は長さ約1cm、熟すと赤くなる。

DATA
学　　名	*Cornus florida*
科／属名	ミズキ科ミズキ属
原 産 地	アメリカ東部、メキシコ
花　　色	● ○
草丈(茎長)	5〜12m
花　　径	10〜15cm
花　　期	4〜5月
生育環境	耐寒性
殖やし方	種子まき、さし木
用　　途	鉢植え、庭木

MEMO (栽培メモ)
半日陰で水はけが良い場所で栽培する。

① 日米親善の花木として有名
② 紅葉時期に楽しむ果実
③ 独特の形をした総苞片
④ 'クラウド・ナイン'
⑤ 白花種

ハナニラ
スプリングリリー、アイフェイオン ／球根植物（多年草）

- 識別ポイント　星形の可愛らしい花
- 名前の由来　葉にはニラの匂いがあるため
- 花ことば　愛しい人
- 特徴　秋植え球根植物。今まで何度も種名や科名の変更が繰り返されており、アマリリス科、ヒガンバナ科ともいわれている。白花のユニフロラム、淡青色花のウイズレィブルーなど鉢植え、花壇に人気がある。

DATA
学名	*Ipheion uniflorum*
科／属名	ユリ科イフェイオン属
原産地	メキシコ、アルゼンチン
花色	●○
草丈(茎長)	10～20cm
花径	約3cm
花期	3～4月
生育環境	日当たり・半日陰・日陰
殖やし方	分球
用途	鉢植え、庭植え

MEMO（栽培メモ）
性質は強健で、場所を選ばずどこでも栽培できる。地上部は冬に枯れるが、春になると再生する。

① 星のような花がたくさん咲く
② 花の拡大
③ ハナニラの一種

バビアナ
ホザキアヤメ ／球根植物（多年草）

- 識別ポイント　フリージアに似た草姿
- 名前の由来　ヒヒが球根を食べることから、原産地・南アフリカ語の「ヒヒ」に由来
- 花ことば　派手好み
- 特徴　花茎の先に小花が集まり、穂状の花房を形成する。花色は鮮やかな濃色系が多い。黄花のオドラタ、鮮紫と紅の複色花ルブロキアネア、濃青花のアンビグアなどがある。水揚げが良いため切花にも向く。

DATA
学名	*Babiana*
科／属名	アヤメ科バビアナ属
原産地	南アフリカ
分布	本州関東以南、九州、四国、沖縄
花色	●●●○
草丈(茎長)	20～30cm
花径	2～3cm
花期	5月
生育環境	半耐寒性
殖やし方	分球
用途	切花、鉢植え、庭植え

MEMO（栽培メモ）
繁殖力が強い秋植え球根植物。アヤメ科の草花を栽培したことがない土地に適する。霜対策を忘れずに。

① 黄花種
② バビアナ・ヒダマエア
③ バビアナ・ルブロキアネア

PART 1 早春から陽春に咲く花

バラの仲間
薔薇 **ソウビ、ローズ** ／常緑・落葉低木

識別ポイント	香り高い美しい花
名前の由来	枝に刺があることから、茨（いばら）に由来
花ことば	深い愛情、嫉妬
特徴	古くから世界中で愛されている魅力的な花。つる性で茎には刺がある。花色、花形、大きさ、咲き方は多種多様で多くの品種が栽培されている。（モッコウバラP.184参照）

DATA
学名	*Rosa*
科／属名	バラ科バラ属
原産地	北半球の熱帯〜亜熱帯
分布	日本全国
花色	●●●●○
草丈(茎長)	10cm〜10m
花径	3〜15cm
花期	5〜6月、9〜10月
生育環境	耐寒性　日当たり・水はけ・通風の良い場所
殖やし方	つぎ木、さし木
用途	切花、鉢植え、庭植え

MEMO (栽培メモ)
生育適温は20〜25℃。風通しが良い日なたで栽培する。繁殖はつぎ木、さし木による。

① バラのアーチ
② '宴'
③ 'ゼブラ'
④ 'カリブラ'
⑤ 'コンフェティ'
⑥ バラのアーチ
⑦ 'チンチン'
⑧ 'エルフィン'
⑨ 'スカイライン'
⑩ 'イエローミミ'
⑪ 'カラット'
⑫ 'スウィング'
⑬ 'コクテーテ'
⑭ モッコウバラ
⑮ ミニバラ
⑯ ノバラ
⑰ ノバラの実

march to may

バラの仲間

⑦ ⑧ ⑨

⑩ ⑪ ⑫

march to may

⑬ ⑭

⑮ ⑯ ⑰

151

PART 1 早春から陽春に咲く花

ハンカチノキ
ハトノキ、ダヴィディア、オオギリ、ハンカチーフツリー／落葉高木

- **識別ポイント** 白いハンカチのような総苞片が特徴
- **名前の由来** 垂れ下がる総苞を白いハンカチに見立てて
- **花ことば** 犠牲
- **特徴** 一属一種の珍しい樹木。花びらのように見えるのは総苞片で長さ6～20cm、花序の基部から垂れ下がる。9～10月に3～4cmの果実が熟す。

DATA
学名	*Davidia involucrata*
科／属名	ダヴィディア科ダヴィディア属
原産地	中国
分布	本州、四国、九州
花色	○
草丈(茎長)	15～20m
花径	5～10cm
花期	5～6月
生育環境	耐寒性　水はけ良
殖やし方	実生
用途	庭松

MEMO (栽培メモ)
自生地は標高2000ｍの高地だが、適応力があり平地でも栽培可能。乾燥、強風を避けて管理する。

① ハンカチを吊したよう
② 白い総苞片が球形の花序をつつむ
③ 果実

ビスカリア
コムギセンノウ、ウメナデシコ／1年草

- **識別ポイント** 矮性種～高性種まで様ざま
- **名前の由来** 旧属名のビスカリア
- **花ことば** 器用
- **特徴** 地中海沿岸原産の1年草。細長い葉が対生につく。茎の先に咲く花は、淡紅色で梅の花に似る。花びらは5枚、多数集まって花房をつくる。

DATA
学名	*Silene*
科／属名	ナデシコ科シレネ属
原産地	地中海沿岸
花色	●●●●○
草丈(茎長)	30～50cm
花径	1～3cm
花期	5～6月
生育環境	耐寒性
殖やし方	種子まき
用途	切花、鉢植え、花壇

MEMO (栽培メモ)
日当たり、風通しが良い場所を好む。種子は秋に弱アルカリの水はけが良い土壌へ直まきする。

淡紅色の花

ヒアシンス
コモンヒアシンス、ニシキユリ／球根植物(多年草)

識別ポイント	水栽培として人気がある
名前の由来	ギリシャ神話の中の王子「ヒアキントス」の名にちなむ
花ことば	悲哀
特徴	鮮やかな色彩と上品な香りを楽しむ。花は茎の先に小花が密生して、花穂状に咲く。園芸種にはフランスで改良された小花のローマンヒアシンス系、オランダで改良されたダッチヒアシンス系がある。

DATA
学　名	*Hyacinthus*
科／属名	ユリ科ヒアシンス属
原産地	地中海沿岸、南アフリカ
花　色	●●●●●○
草丈(茎長)	20〜30cm
花　径	10〜20cm(花穂)
花　期	3〜4月
生育環境	耐寒性　日なた　水はけ良
殖やし方	分球
用　途	切花、鉢植え、庭植え

MEMO (栽培メモ)
秋植え球根植物。日当たり、排水性が良い砂質土壌へ植えつける。水栽培は11〜12月に始める。

march to may

① 花壇を縁取る　② 水栽培
③④⑤⑥ 色彩も豊か

153

ヒメツルソバ

姫蔓蕎麦 カピタタ／1年草

識別ポイント	ペルシカリアの仲間
名前の由来	ツルソバに似た小花が咲くため
花ことば	消極的な愛
特　徴	分枝した茎が根づく宿根草。葉は楕円形またはタマゴ形で長さ約5cm。3～5月に咲く花はピンク色、釣鐘形で円錐花序につく。

DATA

学　名	*Polygonam capitatum*
科／属名	タデ科タデ属
原産地	ヒマラヤ
花　色	🔴
草丈(茎長)	8cm
花　径	2～3mm
花　期	3～5月
生育環境	耐寒性　耐霜性
殖やし方	種子まき、株分け
用　途	庭植え、グランドカバー

MEMO（栽培メモ）

日なた～半日陰の湿地に適する。春に種子まきまたは株分けによって繁殖させる。

① マット状に広がる
② 花の拡大
③ 野生状態になっているものもある

ヒメノボタン

姫野牡丹 ヘテロケントロン／多年草

識別ポイント	常緑性の葉と花を楽しむ
名前の由来	ノボタンの仲間
花ことば	恵まれた環境
特　徴	つる性の多年草で茎葉は地面をはい、気根を出して広がる。カバープラントに適する草花。花は淡紅または淡紫色、可愛らしく咲き溢れる。

DATA

学　名	*Bertolonia marmorata*
科／属名	ノボタン科オスベッキア属
原産地	日本、メキシコ
分　布	九州、沖縄
花　色	🔴🟣
草丈(茎長)	5～20cm
花　径	3cm
花　期	5～7月
生育環境	非耐寒性～半耐寒性　半日陰
殖やし方	種子まき、さし木、株分け
用　途	鉢植え、吊り鉢、グランドカバー

MEMO（栽培メモ）

日なた～半日陰までよく育つ丈夫な性質。高温、直射日光をきらうため、夏は半日陰の涼しい場所で栽培する。

紅紫色の小さな花

ピラカンサ

トキワサンザシ／常緑低木

識別ポイント	白い花と赤い果実が美しい
名前の由来	果実は赤く、刺があるためギリシャ語「火・刺」に由来
花ことば	傷つけないで
特徴	日本で多く栽培されているのはトキワサンザシ、タチバナモドキ、ヒマラヤサンザシの3種。果実が黄熟する品種もある。花は白い小花が枝全体を覆うように咲く。

DATA

学名	*Pyracantha coccinea*
科／属名	バラ科ピラカンサ属
原産地	ヨーロッパ、ヒマラヤ
花色	○
草丈(茎長)	1～2m
花径	0.5～1cm
花期	5～6月
生育環境	耐寒性　日当たり良　水はけ良
殖やし方	さし木
用途	切花、庭木

MEMO (栽培メモ)

日に当たると実つき、着色が良くなる。アブラムシ、ハマキムシに注意する。

march to may

①密集して花をつける　②③赤熟果はヒヨドリの好物
④トピアリー ⑤刺なしピラカンサの実　⑥黄色い実

PART 1 早春から陽春に咲く花

ピレア
アルミニウムプランツ／多年草

- 識別ポイント：葉が美しい観葉植物
- 名前の由来：雌花のガクの形から、ラテン語で「フェルトの帽子」の意味
- 花ことば：少女の恥じらい
- 特徴：ピレア属は種類が多く、原種が約200種あるといわれる。開花直前のつぼみがいっせいに開いて花粉を射出させる珍奇な植物。アオミズ、コケミズ、ミヤマミズなど草姿は種類によって異なる。

DATA
- 学名：Pilea
- 科／属名：イラクサ科ピレア属
- 原産地：熱帯～亜熱帯
- 花色：○
- 草丈(茎長)：20～50cm
- 花径：0.3cm
- 花期：5～6月
- 生育環境：非耐寒性　半日陰～日陰
- 殖やし方：さし木、株分け
- 用途：鉢植え

MEMO（栽培メモ）
葉焼けを起こすため、夏の直射日光を避ける。用土は選ばずよく育ち、月に1度油かすか化学肥料を与える。

① 'ムーンバレー'
② ピレア・カディエレイ
③ ピレアの一種
④ コメバコケミズ

ファセリア
ハゼリソウ／1年草

- 識別ポイント：群植して楽しむ
- 名前の由来：属名からつけられた
- 花ことば：山紫水明
- 特徴：澄んだ青花を咲かせる静かで慎ましい味わいのある草花。代表品種のカンパニュラリア、淡青色の筒状花をつけるタナセティファセリアなどがある。

DATA
- 学名：Phacelia
- 科／属名：ハゼリソウ科ファセリア属
- 原産地：カリフォルニア
- 花色：○ ●
- 草丈(茎長)：18～25cm
- 花径：2.5～3cm
- 花期：3～4月
- 生育環境：日当たり良
- 殖やし方：種子まき
- 用途：鉢植え、庭植え

MEMO（栽培メモ）
高温多湿を弱く、乾燥地を好むため、日本での露地栽培は難しい。厳寒期は、凍らせないよう保温する。

花色は青系色

フクシア
ホクシャ、ツリウキソウ／落葉低木

- **識別ポイント**　花は茎先に垂れ下がる
- **名前の由来**　ドイツの植物学者「フックス」の名にちなむ
- **花ことば**　上級嗜好
- **特徴**　花は、そり返った花びらのように見える萼、下向きにつく花弁、長く突き出す雄しべと雌しべからなる独特の花形。中大輪種のダテムラサキ、多花性品種のカルメン、サウスゲートなどがある。

DATA
学名	*Fuchsia*
科／属名	アカバナ科フクシア属
原産地	南アメリカ
花色	● ● ● ○ ●
草丈(茎長)	20cm〜8m
花径	1〜6cm
花期	4〜6月
生育環境	耐寒性〜非耐寒性
殖やし方	さし木
用途	鉢植え

MEMO（栽培メモ）
品種により耐寒性〜非耐寒性まであるので注意する。夏の高温多湿には弱い。

march to may

①②③④⑤⑥ 花色、花形は変化に富み、鉢植えに好適

PART 1 早春から陽春に咲く花

フジの仲間

藤 サッコウ、ウィステリア、ノダフジ

／落葉つる性低木

識別ポイント	紫花の総状花序が垂れ下がる
名前の由来	吹散の略とされる
花ことば	陶酔
特　徴	ノダフジのつるは右巻き、ヤマフジのつるは左巻きになる。果実は長さ10～20cmの豆果。淡桃色花のアケボノフジ、濃紫花のコクリュウ、コクリュウの八重咲き種ヤエコクリュウなどがある。

DATA

学　名	*Wisteria* spp.
科／属名	マメ科フジ属
原産地	日本
分　布	本州～九州
花　色	● ● ○
草丈(茎長)	30cm～2m (つる性)
花　径	1.5～3cm
花　期	4～5月
生育環境	耐寒性
殖やし方	つぎ木、さし木、取り木
用　途	庭木、鉢植え

MEMO（栽培メモ）

12～3月の落葉期、日当たりが良くやや湿気がある肥沃地へ植えつける。枝に出るこぶ病に注意する。

① ノダフジ
② 鉢植え
③ ヤマフジ
④ シラフジ
⑤ 冬期の藤棚
⑥ ノダフジの花芽

march to may

ブッドレア
バタフライブッシュ、フサフジウツギ／落葉低木

識別ポイント	穂状にまとまる芳香花
名前の由来	イギリス人の植物学者「バドル」の名にちなむ
花ことば	信頼関係
特徴	世界各地に約100種自生している樹木。葉は披針形またはタマゴ形で、対生につく。小さな筒状花が多数集まり、円錐花序をつくる。

DATA
- 学名　　 *Buddleja davidii*
- 科／属名　フジウツギ科ブッドレア属
- 原産地　　中国
- 分布　　　本州東北地方以南、四国、九州
- 花色　　　●●●●○
- 草丈(茎長)　20cm～3m
- 花径　　　15～20cm(花穂)
- 花期　　　5～10月
- 生育環境　耐寒性　日当たり良　通風良
- 殖やし方　さし木、種子まき
- 用途　　　切花、鉢植え、庭植え

MEMO (栽培メモ)
性質は強健で刈り込みにも耐え、栽培は容易。生育期は十分水やりし、冬は控えめにする。

① 白色花の品種　② ブッドレア・ダビディ　③ ナンホーブルー　④ 'ホワイト'　⑤ 'サンゴールド'

march to may

PART 1 早春から陽春に咲く花

ブラシノキ
カリステモン、ボトルブラッシュ、キンポウジュ
／常緑高木・低木

- **識別ポイント** ブラシ状の赤い花に金粉が光るよう
- **名前の由来** 花房の形をブラシに見立てて
- **花ことば** 穢れのない心
- **特 徴** 赤色の小花が外側に向かって直立し、ブラシのような筒状の花房をつくる特徴的な形。花房の大きいマキバブラシノキ、白い花を咲かせるシロバナブラシノキ、しだれ性のスプレンデンスなどがある。

DATA
学 名	*Callistemon citrinus*
科／属名	フトモモ科ブラシノキ属
原産地	オーストラリア東部
花 色	● ○
草丈(茎長)	2～3m
花 径	10cm（花房）
花 期	4～6月
生育環境	日当たり良　水はけ良
殖やし方	さし木
用 途	鉢植え、庭植え

MEMO (栽培メモ)
高性種は庭植え、矮性種は鉢植えで栽培する。繁殖はさし木による。

① カリステモン・スペキオスス（ブラシノキ）
② カリステモン・リギドウス（マキバブラシノキ）
③ カリステモン・リギドウスの花の拡大
④ カリステモン・ピニフォリウス

フリージア

アサギスイセン／球根植物（多年草）

- **識別ポイント**　花には芳香がある
- **名前の由来**　イギリスの植物学者「フリーズ」の名にちなむ
- **花ことば**　明るい未来
- **特　徴**　南アフリカ原産の球根植物。細い花茎の先に小さなユリ状の花が並んで咲く。花色は赤、白、橙、黄、桃、青、紫と変化が多い。

DATA
学　名	*Freesia*
科／属名	アヤメ科フリージア属
原産地	南アフリカ
花　色	●●●●●●○
草丈(茎長)	30〜90cm
花　径	2〜6cm
花　期	4〜5月
生育環境	半耐寒性
殖やし方	分球、種子まき
用　途	切花、鉢植え、庭植え

MEMO（栽培メモ）
秋植え球根植物。日当たり、水はけが良い砂質土壌で栽培する。越冬温度は0℃以上。

① 香りが高く色彩も豊富　② 'ラインベルト・ゴールデンイエロー'　③ 'ウィンターゴールド'　④ スプリングタイム 'バブルサイズ'　⑤ 鉢植え

march to may

PART 1 早春から陽春に咲く花

フリチラリア
ヨウラクユリ／球根植物（多年草）

識別ポイント	花はまとまって下向きに咲く
名前の由来	花形から、ラテン語「幼児のおもちゃ・ガラガラ」に由来
花ことば	典型的な愛し方
特徴	花は鐘形でややくすんだような変わった花色が多い。ヨーロッパで人気があるインペリアリスは、花を覆うように茎や頂上にも葉をつける珍しい種類。そのほかメレアグリス、ペルシカ、バイモユリなどがある。

DATA
学　名	*Fritillaria imperialis*
科／属名	ユリ科フリチラリア属
原産地	ヒマラヤ、イラン
分　布	本州関東以北、北海道
花　色	🟠🟡⚪
草丈（茎長）	10〜60cm
花　径	2〜6cm
花　期	4〜5月
生育環境	耐寒性　日当たり良
殖やし方	分球
用　途	切花、鉢植え、花壇

MEMO（栽培メモ）
秋植え球根植物。10月に耕土の深い粘質土壌へ植えつける。高温多湿をきらうため、冷涼な乾燥地で育てる。

① インペリアリス
② インペリアリス'ルブラマクシマ'
③ インペリアリス'ルテア'
④ フリチラリア・ペルシカ

march to may

ブルーデージー
ブルーマーガレット、ルリヒナギク／多年草

識別ポイント	青い花弁に黄色い花芯が映える
名前の由来	デージーに似た青い花を咲かせるため
花ことば	純情
特徴	南アフリカ原産の多年草。代表的な品種サンガブリエル・ブルー、斑入り種のサンガブリエル・バリエガータ、矮性種のニューブルーデージーなどがある。

DATA
学　名	*Felicia amelloides*
科／属名	キク科フェリキア属
原産地	南アフリカ
分　布	本州中部地方以南、四国、九州
花　色	🔵🟡
草丈（茎長）	20〜40cm
花　径	3〜4cm
花　期	3〜6月
生育環境	半耐寒性
殖やし方	さし木
用　途	切花、鉢植え、庭植え

MEMO（栽培メモ）
水はけが良い砂質土壌で栽培する。花後は切り戻し、越冬は3〜5℃以上に保つ。

美しい群生

ブルーファンフラワー
スエヒロソウ、スカエボラ ／多年草

- **識別ポイント** 花は手のひら形
- **名前の由来** 青系色の花が扇状につくため
- **花ことば** 浮気心
- **特徴** オーストラリア原産のほふく性多年草。茎を伸ばしてはい広がり、多数の紫花が咲き溢れる。四季咲き性もあり、長期間花を楽しめる。

DATA
学　名	*Scaevola aemula*
科／属名	クサトベラ科スカエボラ属
原産地	オーストラリア
花　色	●●●
草丈(茎長)	20〜40cm
花　径	1〜2cm
花　期	5〜11月
生育環境	半耐寒性
殖やし方	さし木
用　途	鉢植え、花壇、グランドカバー

MEMO（栽培メモ）
日当たり、風通しが良い場所で栽培する。開花期が長いため、肥料切れにならないよう注意。最低2〜3℃あれば越冬できる。

鉢植え

ブルーベリー
ヌマスノキ、黒豆の木 ／落葉低木

- **識別ポイント** 甘味と酸味をもつ果実
- **名前の由来** 果実は熟すと青くなるため
- **花ことば** 実りのある人生
- **特徴** 北アメリカ原産の果樹。葉はタマゴ形で長さ約6cm、秋に紅葉する。花は鐘形で枝先にまとまって咲く。花後に熟す果実は青紫色、ジャムや生食にされ人気がある。

DATA
学　名	*Vaccinium*
科／属名	ツツジ科スノキ属
原産地	北アメリカ
分　布	日本各地
花　色	○
草丈(茎長)	50cm〜3m
花　径	5〜12cm
花　期	3〜5月
生育環境	耐寒性〜非耐寒性　日なた
殖やし方	酸性土を好む
用　途	庭木、食用

MEMO（栽培メモ）
ハイブッシュ系は耐寒性があるため、冷涼な地に適し、ラビットアイ系は耐寒性がないため、−10℃以下にならない暖地に植栽する。

①果実(ハイブッシュ系)　②花(ハイブッシュ系)
③果実(ラビットアイ系)　④花(ラビットアイ系)

march to may

PART 1 早春から陽春に咲く花

ブルビネラ
キャッツテール、バルビネラ ／球根植物(多年草)

識別ポイント	猫のしっぽに似た花房
名前の由来	別名、キャッツテールは花房を猫の尾に見立てて
花ことば	気分屋
特　徴	南アフリカ原産の多年草。直立した花茎のまわりに約100個の小花が密集して咲く。花色は黄、橙、白色がある。

DATA
学　名	*Bulbinella*
科／属名	ユリ科ブルビネラ属
原産地	南アフリカ
花色	○ 🟠 🟡
草丈(茎長)	40cm〜1m
花径	7〜8mm
花期	3〜4月
生育環境	耐寒性
殖やし方	分球
用途	鉢植え、切花

MEMO (栽培メモ)
乾燥したやせ地を好む。花後、夏には地上部が枯れて休眠し、秋になると葉を再生させる。

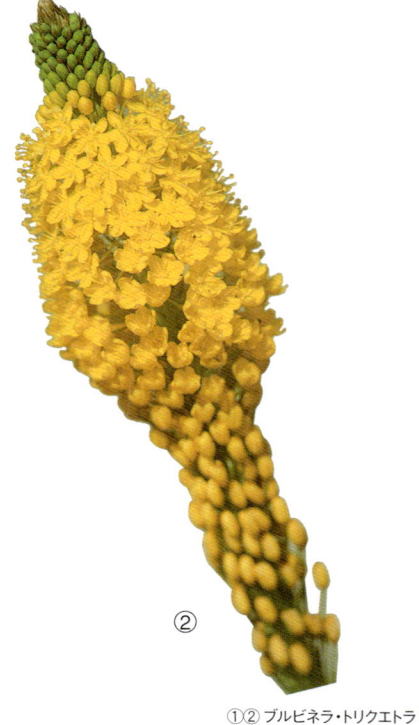

①② ブルビネラ・トリクエトラ
③ ブルビネラ・SPオレンジ

ブローディア

カリフォルニアヒアシンス、ヒメアガパンサス／球根植物（多年草）

識別ポイント	花形、花序はアガパンサスに似る
名前の由来	スコットランドの植物学者「ブローディ」の名にちなむ
花ことば	保守的な愛
特　徴	葉は線形で花が開くと同時に縮んでしまう。直立した花茎の先が四方に広がり、頂上に紫色または白色の花を咲かせる。花形は釣鐘形、星形など様ざま。

DATA

学　名	*Brodiaea*
科／属名	ユリ科ブローディア属
原産地	南北アメリカ
花　色	○ ●
草丈(茎長)	30〜60cm
花　径	1.5〜2cm
花　期	4〜6月
生育環境	半耐寒性
殖やし方	種子まき、分球
用　途	切花、鉢植え、庭植え

MEMO（栽培メモ）
春植え球根植物。日当たりが良い場所を好み、土壌には石灰をすき込む。

ブローディア・クイーンファビオラ

フロックス

オイランソウ、クサキョウチクトウ／1年草、多年草

識別ポイント	長期間花を楽しめる
名前の由来	燃えるような花色から、ギリシャ語「炎」に由来
花ことば	合意
特　徴	園芸品種が多く、花色、花形、草姿は多種多様。径1〜3cmの可愛らしい花が枝先に多数集まって咲く。多花性のグローブ、星形のトゥインクルなどがある。

DATA

学　名	*Phlox paniculata*
科／属名	ハナシノブ科フロックス属
原産地	北アメリカ
花　色	● ● ○ ● ●
草丈(茎長)	50cm〜1m
花　径	1〜3cm
花　期	5〜6月(1年草) 7〜9月(多年草)
生育環境	耐寒性
殖やし方	種子まき、株分け、さし木
用　途	切花、鉢植え、庭植え

MEMO（栽培メモ）
日当たり、水はけがよく有機質に富んだ肥沃地を好む。アブラムシ、うどんこ病に注意する。

① 群生
② 花の拡大
③ 白花種

march to may

PART 1 早春から陽春に咲く花　　　プロテア／ヘーベ

プロテア

常緑低木・小高木

識別ポイント	花はヒマワリ状で大形
名前の由来	ギリシャ神話の海神「プロテウス」の名にちなむ
花ことば	甘い恋心
特　徴	原産地、南アフリカの国花。約100種ほどが栽培されている。育てやすいキング・プロテアは、昔は王様しか見ることができなかったといわれる。

DATA

学　名	*Protea*
科／属名	ヤマモガシ科プロテア属
原産地	南アフリカ
花　色	●●●●○
草丈(茎長)	60〜80cm
花　径	20〜30cm
花　期	5〜6月
生育環境	半耐寒性
殖やし方	さし木
用　途	切花、鉢植え

MEMO（栽培メモ）
排水が良い土壌と風通しが良い場所を好み、多肥をきらう。水やりは控えめにする。

プロテア・キナロイデス

ヘーベ

常緑小低木

識別ポイント	花色は赤、桃、白、藤色など様ざま
名前の由来	ギリシャ神話のヘラクレスの妻「ヘーベ」の名にちなむ
花ことば	影の努力者
特　徴	ヘーベ属は世界各地に約140種あるといわれる。改良品種が多くアンダーソニーハイブリダ、ミッドサマービューティー、グリーンフラッシュ、ローズクイーンなどが栽培されている。

DATA

学　名	*Hebe* spp.
科／属名	ゴマノハグサ科ヘーベ属
原産地	南アフリカ、オーストラリア
分　布	南アフリカ、ニュージーランド、ニューギニア
花　色	●●●○
草丈(茎長)	20〜40cm
花　径	0.2〜0.5cm
花　期	4〜6月
生育環境	半耐寒性〜非耐寒性
殖やし方	さし木
用　途	切花、鉢植え、花壇

MEMO（栽培メモ）
日当たり、水はけが良い粗い土壌に植え、越冬には5℃以上必要。暑さ、寒さに弱い植物。

①純白の'グリーン・フラッシュ'
②花の拡大

ベゴニア類

1年草、球根植物（多年草）

- **識別ポイント** 花壇を彩る人気の植物
- **名前の由来** フランスの植物学者「ベゴン」の名にちなむ
- **花ことば** 永遠の幸せ
- **特徴** ベゴニアの原種は木立性ベゴニア、球根性ベゴニア、根茎性ベゴニアの3つに分けられ、非常に多くの品種が栽培されている。

DATA
- 学名　　*Begonia*
- 科／属名　シュウカイドウ科ベゴニア属
- 原産地　熱帯〜亜熱帯
- 花色　🔴🟣🟣🟠🟡🔵⚪
- 草丈(茎長)　15〜40cm
- 花径　1〜5cm
- 花期　3〜11月
- 生育環境　半耐寒性〜非耐寒性
- 殖やし方　種子まき、さし木、さし芽
- 用途　鉢植え、花壇

MEMO (栽培メモ)
保水性、通気性が良い土壌を好み、生育適温は16〜25℃。古い葉、花柄はこまめに摘み取る。

march to may

① 水に浮かべる
② センパフローレンス
③ 公園に映えるセンパフローレンス
④⑤ 球根ベゴニア'ローズフォーム'
⑥ 球根ベゴニア'ペンジュラ'
⑦ 木立性ベゴニア'オルファー・C・フォックス'
⑧ 木立性ベゴニア'ダグラス・ナイス・ビット'
⑨ クリスマスベゴニア'ラブミー'

PART 1 早春から陽春に咲く花

ペチュニア類

ツクバネアサガオ ／1年草、多年草

識別ポイント	アサガオに似た花形
名前の由来	ブラジル語の「タバコ」に由来
花ことば	穏やか
特　徴	性質は強健で作りやすく、多花性で花つきが良いため夏の花壇に多く利用される。種子から育てる1年草とさし芽で育てる栄養系に分けられる。

DATA
学　名	*Petunia*
科／属名	ナス科ペチュニア属
原産地	中南米〜メキシコ
花　色	●●○●●
草丈(茎長)	20〜30cm
花　径	3〜10cm
花　期	3〜10月
生育環境	半耐寒性　日なた　通風良
殖やし方	種子まき、さし芽
用　途	鉢植え、花壇

MEMO (栽培メモ)
日当たり、風通しが良い場所が適地。4〜6月に種子をまき、発芽温度は25℃と高め。

①②③④⑤⑥⑦色彩豊かで花壇や吊り鉢でも楽しまれる

ベニジウム

ジャノメギク ／1年草、多年草

- **識別ポイント** 花は蛇の目にたとえられる
- **名前の由来** 果実に稜があることから、ラテン語「脈」に由来
- **花ことば** 活発
- **特徴** 南アフリカ原産の草花。春に黄、橙、白色の花が咲き溢れ、花壇を華やかに彩る。

DATA
学名	*Venidium*
科／属名	キク科ベニジウム属
原産地	南アフリカ
花色	○ ○ ○
草丈(茎長)	40～50cm
花径	3cm
花期	3～5月
生育環境	半耐寒性　日当たり良
殖やし方	種子まき
用途	花壇

MEMO (栽培メモ)
8～9月に種子をまき、発芽温度は15～18℃。日当たり、排水が良い場所へ移植する。

①② オレンジ色に黒褐色の蛇の目模様が入る

march to may

ヘメロカリス

カンゾウ、デイリリー ／多年草

- **識別ポイント** 花びら6枚の星形花
- **名前の由来** 花形から、ギリシャ語「美しい」に由来
- **花ことば** 一夜の恋
- **特徴** 花は1日でしぼむ1日花だが、つぼみが多くつくので次つぎと咲く花を楽しめる。花は赤、桃、橙、黄、白色などで模様があるもの、芳香があるもの、小形～大形まで多くの品種がある。

DATA
学名	*Hemerocallis*
科／属名	ユリ科ヘメロカリス属
原産地	東アジア
花色	● ● ○ ○ ○
草丈(茎長)	30cm～1.2m
花径	5～10cm
花期	5～10月
生育環境	耐寒性
殖やし方	種子まき、分球
用途	切花、鉢植え、花壇

MEMO (栽培メモ)
9～10月、水はけが良い腐植土壌へ植えつける。耐寒性、耐暑性ともに強く、育てやすい草花。

① ヘメロカリスの畑(日光市戦場ヶ原)
②③④ 花色は多種多様

PART 1 早春から陽春に咲く花　　ペラルゴニウム／ヘリオトロープ

ペラルゴニウム
ファンシーゼラニウム、ナツザキテンジクアオイ ／多年草

識別ポイント	葉には芳香がある
名前の由来	果実がコウノトリのくちばしに似ることから、ギリシャ語「くちばし」に由来
花ことば	艶やかな装い
特　徴	ゼラニウムの仲間で、葉形、花形ともに大きく豪華。八重咲きはないが花色は多彩で花弁の周辺が波打った美しい花を観賞する。

DATA
学　名	*Pelargonium*
科／属名	フウロソウ科ペラルゴニウム属
原産地	南アフリカ
花　色	○ ● ● ● 複色
草丈(茎長)	50〜60cm
花　径	5〜8cm
花　期	3〜5月
生育環境	非耐寒性　日当たり良
殖やし方	さし芽
用　途	鉢植え、庭植え

MEMO (栽培メモ)
夏の高温多湿をきらうため、半日陰の冷涼な場所で育てる。雨に当たらないよう注意。

①②色彩華やかな花を房状につける

ヘリオトロープ
ニオイムラサキ ／1・2年草

識別ポイント	花には芳香がある
名前の由来	花序が太陽と共に回るという迷信から、ギリシャ語「太陽・回転」に由来
花ことば	忠誠心
特　徴	ペルー原産の多年草。花は漏斗状で小さく、香料の原料として利用されてきた。

DATA
学　名	*Heliotoropium*
科／属名	ムラサキ科ヘリオトピウム属
原産地	南ヨーロッパ
花　色	○ ●
草丈(茎長)	50〜60cm
花　径	0.5cm
花　期	5〜7月、9〜11月
生育環境	非耐寒性、水切れに注意
殖やし方	種子まき、さし芽
用　途	鉢植え

MEMO (栽培メモ)
種子は4月に日当たり、水はけが良い土壌へまく。さし芽は5〜6月に行う。冬は室内で5℃以上に保つ。

花は香水の原料になる

ヘリクリサム

ムギワラギク ／1年草、多年草

- **識別ポイント** ドライフラワーに適している
- **名前の由来** 花色から、ギリシャ語「黄金・金」に由来
- **花ことば** 金の亡者
- **特　徴** 直立した茎の先端に球状の花が単生する。花弁はケイ酸分を含んでいるため、麦わらのようにかたくて艶やかな光沢がある。大輪種のテトラジャイアント、桃色花のカッシアーナム、矮性種のビキニなどがある。

DATA
- 学　名　*Helichrysum* spp.
- 科／属名　キク科ヘリクリサム属
- 原産地　南アフリカ、オーストラリア
- 花　色　●●○●●
- 草丈(茎長)　30〜50cm
- 花　径　3〜7cm
- 花　期　5〜7月
- 生育環境　非耐寒性〜半耐寒性
- 殖やし方　種子まき、さし芽
- 用　途　切花、鉢植え、花壇、ドライフラワー

MEMO (栽培メモ)
種子は、春と秋に日当たりが良い肥沃地にまく。冬の寒さや夏の高温多湿をきらうため、管理しやすい鉢植えで育てる。

march to may

① ムギワラギクの種名で親しまれている
②③⑤ ヘリクリサム・ブラクテアツム'ゴールデンビューティー'
④ ヘリクリサム・スプリフォリウム(ペーパーデージー)

171

PART 1 早春から陽春に咲く花　　ベロペロネ／ペンステモン

ベロペロネ
コエビソウ／常緑低木

識別ポイント	重なり合った苞を鑑賞する
名前の由来	和名は苞がエビに似ているため
花ことば	思いがけない出会い
特徴	周年花を楽しめる四季咲き性の花木。黄色い苞の'エロークイーン'、赤い苞の'グッタータ'、斑入り葉の'エンゼルキッス'などがある。

DATA
学名	*Beloperone guttata*
科／属名	キツネノマゴ科ベロペロネ属
原産地	メキシコ
苞色	● ●
草丈(茎長)	80cm〜1m以上
花径	1cm
花期	5〜7月
生育環境	日なた
殖やし方	さし木
用途	鉢植え

MEMO（栽培メモ）
低温下では生長が悪いため、暖かい日なたで栽培する。冬越は5℃以上、栽培適温10〜25℃を保てば1年中観賞できる。

① 温室内で育てる植物
②③ 花形がユニーク

ペンステモン
ツリガネヤナギ、イワブクロ／1年草、多年草

識別ポイント	長さ20〜30cmの穂状の花房をつくる
名前の由来	ギリシャ語「5つの雄しべ」に由来
花ことば	失った愛情
特徴	北アメリカ中心に約250種があり、品種によって花色、花形、大きさが異なる。花壇向きの大輪種ペンステモン・グロキシニオイデス、切花向きのホワイトシンフォニー、花つきが良いヤナギチョウジなど様ざま。

DATA
学名	*Penstemon*
科／属名	ゴマノハグサ科ペンステモン属
原産地	メキシコ
花色	○ ● ● ●
草丈(茎長)	30〜70cm
花径	3cm
花期	5〜8月
生育環境	半耐寒性
殖やし方	種子まき、株分け、さし芽
用途	切花、鉢植え、花壇

MEMO（栽培メモ）
日当たり・水はけが良い場所で育てる。暑さ、寒さにやや弱い品種が多い。

① 'ディギタリス'
② ペンステモン・シニウム

ペンタス
クササンタンカ ／常緑多年草、半低木

- 識別ポイント 紅色系の星形の花
- 名前の由来 5弁の花形から、ギリシャ語「5」に由来
- 花ことば 輝く個性
- 特　徴 南アフリカ原産の多年草、または常緑樹。5～10月、赤、桃、白色の小花が茎先に集まり、アジサイのようにまとまって咲く。

DATA
学　名	*Pentas lanceolata*
科／属名	アカネ科ペンタス属
原産地	南アフリカ
花　色	○●●
草丈(茎長)	30cm～1m
花　径	1～2cm
花　期	5～10月
生育環境	非耐寒性～半耐寒性
殖やし方	種子まき、さし木
用　途	切花、花壇、鉢植え

MEMO (栽培メモ)
やや寒さに弱いが10℃以上で周年開花する中和植物。育苗中からときどき摘芯して、分枝の多い株に仕立てる。

①② エジプトの星の花といわれる

ポーチュラカ
ハナスベリヒユ、マツバボタン ／多年草

- 識別ポイント 花は1日花
- 名前の由来 汁液があるため、ラテン語「乳を有する」に由来
- 花ことば エコロジー
- 特　徴 文久年間に日本へ渡来したといわれる草花。葉は線形で多肉質、地面をはって広がる。花色が豊富で一重咲き～八重咲きまである。（P.277参照）

DATA
学　名	*Portulacaria* spp.
科／属名	スベリヒユ科ポルツラカリア属
原産地	インド
花　色	○●●●
草丈(茎長)	10～25cm
花　径	3cm
花　期	5～11月
生育環境	非耐寒性
殖やし方	さし芽
用　途	鉢植え、花壇

MEMO (栽培メモ)
日当たり・通風・排水が良い場所で栽培する。寒さに弱いため、越冬は室内で5℃以上保つ。こぼれ種子でどんどん殖え、繁殖力が強い。

① 花壇を彩る
② 花の拡大
③ 花は株いっぱいに咲く

PART 1 早春から陽春に咲く花

ボタン
牡丹 フウキグサ、花王 ／落葉低木

識別ポイント	花は枝の先に単生する
名前の由来	中国名「牡丹」の和音読み
花ことば	姉妹愛、壮麗
特 徴	平安時代に空海によって日本へ広められた。品種改良により、様ざまな花色・花形がつくられ、八重咲きの金晃、大輪の白花を咲かせる天衣、紅紫花の大木宗紫など美花揃い。

DATA
学 名	*Paeonia suffruticosa*
科／属名	ボタン科ペオニア属
原産地	中国
花 色	●●●●●○
草丈(茎長)	1〜2m
花 径	10〜25cm
花 期	4〜5月
生育環境	耐寒性
殖やし方	シャクヤクの根に接ぎ木する
用 途	切花、鉢植え、庭木

MEMO (栽培メモ)
涼しい場所、水はけが良い肥沃地で栽培する。植え替え、移植をきらう。

① カンボタン
② '七宝殿'
③ '右班香'
④ 中国・洛陽の王城公園のボタン
⑤ '金晃'
⑥ '新明錦'
⑦ '玉天集'

ボリジ
ルリジシャ、スターフラワー ／1年草

- 識別ポイント：全体が白い毛で覆われている
- 名前の由来：株全体が粗い毛で覆われていることから、ラテン語「剛毛」に由来
- 花ことば：保護
- 特徴：ハーブの一種。花は1日花で、白または紫色の可憐な星形。葉と花は調理されたり、薬用にされる。

DATA
- 学名：*Borago officinalis*
- 科／属名：ムラサキ科ボラゴ属
- 原産地：西アジア
- 花色：●○
- 草丈(茎長)：20〜60cm
- 花径：2cm前後
- 花期：5〜6月
- 生育環境：非耐寒性
- 殖やし方：種子まき
- 用途：食用、庭植え

MEMO（栽培メモ）
種子は移植をきらうため、よく肥えた土地に直まきする。繁殖力が強く、こぼれ種子でよく殖える。

① ハーブの一種
② 白花種

ボローニア
ボロニア ／常緑低木

- 識別ポイント：花と葉には柑橘系の香りがある
- 名前の由来：イタリアの植物収集家「ボローニ」の名にちなむ
- 花ことば：許されぬ恋
- 特徴：オーストラリア原産の常緑樹。葉は披針形〜タマゴ形、縁にギザギザがある品種もある。花はドウダンツツジに似た釣鐘形、花びらは4枚。

DATA
- 学名：*Boronia*
- 科／属名：ミカン科ボロニア属
- 原産地：オーストラリア
- 花色：●●○
- 草丈(茎長)：50cm〜1m
- 花径：1〜2cm
- 花期：3〜5月
- 生育環境：非耐寒性〜半耐寒性
- 殖やし方：さし木
- 用途：鉢植え、庭植え（暖地）

MEMO（栽培メモ）
高温と乾燥をきらうため、夏は半日陰の涼しい場所で育てる。越冬は12℃以上、温室で管理する。

① ボロニア・ヘテロフィラ
② ボロニア・ヘテロフィラの白花種

PART 1 早春から陽春に咲く花　　　　　　　　　　　　　　　　　　　マーガレット／マーマレードノキ

マーガレット
キダチカミツレ、モクシュンギク／多年草

識別ポイント	白、ピンク、黄、橙色の清楚な花
名前の由来	花色から、ギリシャ語「銀色・花」に由来
花ことば	恋占い
特徴	明治時代に渡来した人気がある草花。品種改良により、一重咲き〜八重咲き、丁字咲きも見られる。葉は切れ込みが深い鮮緑色。

DATA
学名	*Chrysanthemum*
科／属名	キク科アルギランテマム属
原産地	カナリア諸島
花色	○ ● ● ●
草丈(茎長)	60cm〜1m
花径	2〜5cm
花期	3〜6月
生育環境	半耐寒性〜耐寒性　日当たり良
殖やし方	さし芽
用途	切花、鉢植え、花壇

MEMO (栽培メモ)
生育適温は15〜20℃、越冬は－3℃以上必要。過湿をきらうため、水は表土が乾いてきたら与える。

①清楚な白い花
②'ピンクレディー'

マーマレードノキ
常緑低木

識別ポイント	花は黄色または橙色
名前の由来	英名を日本語に訳した
花ことば	青春の思い出
特徴	森林地帯に分布する常緑樹。葉はタマゴ状楕円形で互生する。5〜7月、高盆形の花が房状に咲く。

DATA
学名	*Streptosolen jamesonii*
科／属名	ナス科ストレプトソレン属
原産地	ペルー、コロンビア
花色	● ●
草丈(茎長)	50cm〜3m
花径	1〜2cm
花期	5〜7月
生育環境	半耐寒性　日なた　水はけ良
殖やし方	さし木
用途	鉢植え

MEMO (栽培メモ)
高温下で栽培すると花つきが良くなる。冬越は乾燥気味にすれば0℃まで耐える。生育期にはたっぷりと水を与える。

夏は半日陰に置く

マダガスカルジャスミン
ステファノティス／多年草

識別ポイント	甘い香りが漂う
名前の由来	マダガスカル原産、ジャスミンの香りがあるため
花ことば	愛される花嫁
特徴	花形・香りはジャスミンに似ているが、同種ではない。葉は楕円形〜タマゴ形で対生する。白い花は管状でろうのような質感がある。

DATA
学名	*Stephanotis*
科／属名	ガガイモ科ステファノティス属
原産地	マダガスカル
花色	○
草丈(茎長)	20cm〜4m（つる性）
花径	4〜6cm
花期	3〜9月
生育環境	非耐寒性
殖やし方	さし芽
用途	切花、鉢植え

MEMO（栽培メモ）
日光不足ではつぼみがつかない。寒さに弱いため、越冬は10℃以上必要。湿度を保ち、水やりは控えめにする。

夏は西日を避ける

マツバギク
松葉菊　タイワンギク／多年草

識別ポイント	花色は変化が多く、花弁には光沢がある
名前の由来	松葉のような葉とキクのような花形から
花ことば	無邪気
特徴	南アフリカ原産の多肉植物。松葉状の肉厚で細長い葉を蜜につけて、地面を這うように広がる。5〜9月、キクのような花が株を覆うほどみごとに咲き溢れる。

DATA
学名	*Lampranthus* spp.
科／属名	ツルナ科ランプサンサス属
原産地	南アフリカ
花色	●●●●○
草丈(茎長)	5〜10cm
花径	2〜5cm
花期	5〜9月
生育環境	半耐寒性
殖やし方	さし木、株分け
用途	鉢植え、庭植え

MEMO（栽培メモ）
直射日光が当たると花を咲かせ、夕方になると閉じてしまう。繁殖力が強い丈夫な草花。

① 日当たりを好む
② 花の拡大

PART **1** 早春から陽春に咲く花　　　　　　　　　　　　　　　　　　　　　　　　マトリカリア／マユミ

マトリカリア
ナツシロギク ／1年草、多年草

識別ポイント	花は黄色または白色
名前の由来	婦人病の薬に利用されたため、ラテン語「子宮」に由来
花ことば	深い愛情
特　徴	品種が多く、矮性種〜高性種、花形も一重咲き、八重咲き、アネモネ咲き、ポンポン咲きがある。初夏に可憐な球状の小花を多数つける。

DATA
学　名	*Tanacetum parthenium*
科／属名	キク科タナセツム属
原産地	ユーラシア大陸
分　布	日本各地
花　色	○ ○
草丈(茎長)	30〜80cm
花　径	1〜3cm
花　期	5〜7月
生育環境	耐寒性
殖やし方	種子まき、さし芽
用　途	切花、鉢植え、庭植え

MEMO (栽培メモ)
秋に排水が良い肥沃地へ種子をまき、発芽温度15〜20℃を保つ。耐寒性が強いため、屋外で越冬できる。

可憐な花

マユミ
真弓、檀 ヤマニシキギ ／落葉小高木

識別ポイント	変わった形の果実をつける
名前の由来	弾力がある枝を弓に使用したことから「真弓」
花ことば	猛虎魂
特　徴	山野に分布する落葉樹。葉は長楕円形で長さ約10cm、秋に紅葉する。5〜6月に咲く小花は緑白色、花びらは4枚。

DATA
学　名	*Euonymus sieboldianus*
科／属名	ニシキギ科ニシキギ属
分　布	日本全国
花　色	○
草丈(茎長)	1〜5m
花　径	1cm
花　期	5〜6月
生育環境	日なた〜半日陰
殖やし方	さし木、実生
用　途	庭木、盆栽

MEMO (栽培メモ)
日当たり、水はけが良い腐植質に富んだ肥沃土壌へ植えつける。長くなった枝は切り詰める。

①緑白色の花は小さい
②花より赤熟した実が美しい
③コマユミ

マルメロ

カマクラカイドウ、マルメ、キドニア／落葉低木〜小高木

- 識別ポイント：果実は加工して食用にされる
- 名前の由来：ポルトガル語名を和音読みにしたもの
- 花ことば：五穀豊穣
- 特徴：江戸時代に中国から渡来した落葉樹。花は淡紅色または白色で枝の先に1つずつ咲く。9〜10月に熟す果実は約6cm、カリンに似ている。

DATA
- 学名：*Cydonia oblonga*
- 科／属名：バラ科マルメロ属
- 原産地：中央アジア
- 分布：東北地方〜中部地方
- 花色：○ ●
- 草丈(茎長)：3〜8m
- 花径：4〜5cm
- 花期：4〜5月
- 生育環境：半耐寒性
- 殖やし方：さし木
- 用途：庭木、食用

MEMO（栽培メモ）
日当たり、排水が良い場所で栽培する。他品種の花粉を人工授粉させると、実止まりが良くなる。

① 花は淡い紅色
② 花の拡大
③ 果実

ミムラス

モンキーフラワー、ミゾホウズキ／1年草、多年草

- 識別ポイント：花は赤系色が多い
- 名前の由来：同種の花形から、ギリシャ語「猿」に由来
- 花ことば：おしゃべり
- 特徴：派手な地色に大きな斑点模様を織り込んだ特異な花が、次つぎと咲き溢れる。

DATA
- 学名：*Mimulus × hybridus*
- 科／属名：ゴマノハグサ科ミムラス属
- 原産地：アメリカ、アジア
- 花色：● ● ● ● ○
- 草丈(茎長)：30cm〜1m
- 花径：4〜5cm
- 花期：3〜9月
- 生育環境：半耐寒性　半日陰
- 殖やし方：種子まき、株分け
- 用途：鉢植え、庭植え

MEMO（栽培メモ）
種子は1〜3月にまき、株分けは3〜5月に行う。夏の高温乾燥をきらい、湿気が多い半日陰が適地。

① ミムラス・クープレウス
②③ 花は独特の香りを放つ

PART 1 早春から陽春に咲く花

マンサク
万作／落葉低木〜小高木

識別ポイント	早春、葉がつく前に開花する
名前の由来	多花性から豊年満作、春に真っ先に咲くからなど諸説がある
花ことば	パワーアップ
特 徴	花期は3〜4月、線形の黄色い花が短枝の先にまとまってつく。耐寒性が強いマルバマンサク、赤い花を咲かせるアカバナマンサク、花に芳香があるシナマンサクなどがある。

DATA

学 名	*Hamamelis japonica*
科／属名	マンサク科マンサク属
原産地	中国
分 布	北海道〜九州
花 色	🟡 🟠
草丈(茎長)	2〜6m
花 径	2cm
花 期	3〜4月
生育環境	耐寒性〜半耐寒性
殖やし方	さし木
用 途	庭木、鉢植え、盆栽

MEMO (栽培メモ)
乾燥をきらうため、湿地に植栽する。落葉期の12〜2月に植えつけする。

① 不規則に湾曲した花弁が枝いっぱいにつく ② ベニバナトキワマンサク ③ ニシキマンサク ④ セイヨウマンサク ⑤ シナマンサク ⑥ シロバナマンサク属の'フォッサギラ・マヨール'

ミヤコワスレ

都忘れ ミヤマヨメナ、アズマギク／多年草

- **識別ポイント** 花色は紫～紅、白まである。
- **名前の由来** 島流しにされた順徳院がこの花を見て都を忘れられると言ったという説がある
- **花ことば** 別離の悲愴
- **特 徴** 日本固有の草花。江戸時代から園芸品種が広まり、茶花としても人気がある。矮性種は鉢植えに、高性種は切花に利用する。

DATA
学 名	*Miyamayomena savatieri*
科／属名	キク科ミヤマヨメナ属
原産地	日本
分 布	本州、九州
花 色	●●●○
草丈(茎長)	20～40cm
花 径	1.5～2cm
花 期	4～5月
生育環境	耐寒性
殖やし方	さし芽、株分け
用 途	切花、鉢植え、花壇

MEMO（栽培メモ）
夏の高温乾燥に弱く、排水性が良い半日陰を好む。さし芽は4月に、株分けは9～10月に行う。

① 群生
② 斑が不鮮明だが、斑入り種のミヤコワスレ
③ 矮性種

ミューレンベッキア

ワイヤープランツ、ミューレンベルギア／常緑小低木

- **識別ポイント** 丸形の葉をつけた茎が横に広がる
- **名前の由来** スイス人の医者「ミューレンベグ」の名にちなむ
- **花ことば** 忘れられた愛人
- **特 徴** 岩石地帯や森林地帯に自生する常緑樹。4～5月、杯状で甘い芳香がある小花が穂状に咲く。グランドカバーにも好適。

DATA
学 名	*Muehlenbeckia axillaris*
科／属名	タデ科ミューレンベッキア属
原産地	ニュージーランド
花 色	○
草丈(茎長)	5～10cm
花 径	3～4mm
花 期	4～5月
生育環境	耐寒性　半日陰～日なた
殖やし方	さし木、実生
用 途	鉢植え、グランドカバー

MEMO（栽培メモ）
水はけが良い多湿な肥沃土壌に栽培する。冷たく乾燥した風から保護する。

茎葉が拡散する

PART 1 早春から陽春に咲く花

ミルトニア
パンジーオーキッド ／ラン類（多年草）

識別ポイント	洋ランの中でもバルブはやや肉薄
名前の由来	イギリスのラン栽培家「ミルトン」の名にちなむ
花ことば	濃厚な愛情表現
特　徴	洋ランの一種。日本で多く栽培される非耐暑性のベキシラリア系と、小形の花を夏〜秋に咲かせるスペクタビリス系に分けられる。つぼみは必ず開花する。

DATA
学　名	*Miltonia*
科／属名	ラン科ミルトニア属
原産地	ブラジル、アメリカ
花　色	●●●●○
草丈(茎長)	30〜50cm
花　径	4.5〜6cm
花　期	3〜7月
生育環境	非耐寒性
殖やし方	株分け
用　途	鉢植え、花壇

MEMO (栽培メモ)
夏は冷涼な場所で、冬は温室内で管理する。水やりは生長期にはたっぷりと与え、休止期は乾かし気味にする。

洋ランの一種

ムスカリ
グレープヒアシンス、ブドウヒアシンス ／球根植物（多年草）

識別ポイント	花はブドウの房状に咲く
名前の由来	芳香があるため、ギリシャ語「麝香」に由来
花ことば	気品
特　徴	ツボ状の小花が集まり、ブドウの房のようにつく愛らしい花。青紫色の花を咲かせるアルメニアカム、白花種のボトリオイデス、広葉種のラチフォリウムなどがある。

DATA
学　名	*Muscari*
科／属名	ユリ科ムスカリ属
原産地	地中海沿岸
花　色	●●●○
草丈(茎長)	10〜30cm
花　径	2〜30cm（花穂）
花　期	3〜4月
生育環境	耐寒性　日当たり良　水はけ良
殖やし方	分球
用　途	切花、鉢植え、庭植え

MEMO (栽培メモ)
発根部位がしっかりした球根を選び、10〜11月に植えつける。花後は花穂部分から摘み取り、6月に掘り上げる。

① 'テュベルゲニアヌム'
② ムスカリ・ボトリオイデス 'アルブム'
③ 'プルモーサム'

ムラサキツユクサ

紫露草／多年草

識別ポイント	花びら3枚の可憐な花
名前の由来	紫色の花はツユクサに似ているため
花ことば	適応
特徴	北アメリカ原産の多年草。園芸上では小形のムラサキツユクサと、花色が豊富で八重咲き種もあるオオムラサキツユクサに分けられる。

DATA

学 名	*Tradescantia ohiensis*
科／属名	ツユクサ科トラディスカンティア属
原産地	北アメリカ
花 色	● ● ○ ●
草丈(茎長)	50〜100cm
花 径	2〜5cm
花 期	5〜9月
生育環境	耐寒性
殖やし方	株分け、さし芽
用 途	花壇

MEMO（栽培メモ）
荒れ地や半日陰でも花をつける丈夫で育てやすい草花。病虫害対策も不要。

① 身近な草花
② 花の拡大

メランポジウム

1年草

識別ポイント	群生させると美しい
名前の由来	属名からつけられた
花ことば	かわいいあなた
特徴	メキシコ原産の1年草。日本の高温多湿に強く、夏の花壇に最適の品種。黄色い小花が長期間咲き溢れる。

DATA

学 名	*Melampodium*
科／属名	キク科メランポジウム属
原産地	メキシコ
分 布	本州関東地方以南
花 色	●
草丈(茎長)	20〜30cm
花 径	2〜3cm
花 期	5〜10月
生育環境	非耐寒性　日当たり良　排水良
殖やし方	種子まき
用 途	花壇、鉢植え

MEMO（栽培メモ）
日当たり、排水性が良い場所に種子をまき、発芽温度は20〜25℃。水やりを欠かさないようにする。

① 群生する花壇
② 花の拡大

PART 1 早春から陽春に咲く花　　　モクレン／モッコウバラ

モクレン

木蓮 **シモクレン、マグノリア、モクレンゲ** ／落葉高木〜低木

- **識別ポイント** 庭木、公園樹、街路樹として人気がある
- **名前の由来** 中国名「木蓮・木蘭」の和音読み
- **花ことば** 信頼
- **特徴** 3〜4月、枝先に半開状の花を多数つける。モクレンの花は紅紫色。仲間には白花のハクモクレン、常緑樹のタイサンボク、トキワレンゲなどがある。

DATA
学　名	*Magnolia quinquepeta*
科／属名	モクレン科モクレン属
原産地	中国
分　布	日本全国
花　色	● ○ ●
草丈(茎長)	2〜6m
花　径	10cm
花　期	3〜4月
生育環境	耐寒性
殖やし方	さし木
用　途	庭木

MEMO (栽培メモ)
樹勢が強く栽培しやすい花木。落葉後、整姿、剪定する。繁殖はさし木による。

① 庭木として好まれている
② トウモクレン
③ 花の拡大

モッコウバラ

木香薔薇 **バンクシアローズ** ／常緑つる性低木

- **識別ポイント** 黄色い小花には芳香がある
- **名前の由来** 木香（芳香）があるバラ
- **花ことば** 恋の終焉
- **特徴** 江戸時代に渡来した刺のないバラ。長く伸びるつるを誘引して垣根仕立てにされる。葉は長楕円披針形の小葉3〜7枚からなる。（バラの仲間P.150参照）

DATA
学　名	*Rosa banksiae*
科／属名	バラ科バラ属
原産地	中国
花　色	● ○
草丈(茎長)	6〜7m（つる性）
花　径	2cm
花　期	5月
生育環境	日なた
殖やし方	さし木
用　途	庭木、盆栽、垣根

MEMO (栽培メモ)
日当たり、水はけが良い肥沃地に植える。果実はできない。

モッコウバラの生垣

モモイロタンポポ

桃色蒲公英 センボンタンポポ、クレピス ／1年草

- **識別ポイント** 花は桃色または白色
- **名前の由来** 桃色の花がタンポポに似ているため
- **花ことば** 円満
- **特徴** ロゼットを形成する宿根草。葉は倒披針形で長さ15cm、縁にはギザギザがあり毛が生える。花は茎の先に単生する頭状花。

DATA
学　名	*Crepis rubra*
科／属名	キク科クレピス属
原産地	バルカン半島
花　色	● ○
草丈(茎長)	30～40cm
花　径	2～4cm
花　期	5～7月
生育環境	非耐寒性
殖やし方	種子まき
用　途	鉢植え、庭植え

MEMO（栽培メモ）
暖地では秋まき、寒冷地では春に種子をまく。水はけが良い日なたであれば土質は選ばない。

① クレピス・ルブラ
② クレピス・ルブラの白花種

ヤグルマギク

矢車菊 ヤグルマソウ、セントウレア ／1年草

- **識別ポイント** ドイツの国花
- **名前の由来** 花形が矢車に似ているため
- **花ことば** 清楚
- **特徴** 明治時代に渡来した草花。花色が豊富なスイートサルタン、鮮黄花のイエローサルタン、大輪花のアメリカヤグルマなど品種が多い。

DATA
学　名	*Centaurea cyanus*
科／属名	キク科セントウレア属
原産地	ヨーロッパ、アジア
花　色	● ● ● ○
草丈(茎長)	30cm～1m
花　径	5cm前後
花　期	4～5月
生育環境	耐寒性
殖やし方	種子まき
用　途	切花、花壇

MEMO（栽培メモ）
移植をきらうため、秋に日当たりが良い腐植土に直まきする。切花には高性種、鉢植えには矮性種が利用される。

① 白花種
② 青紫花種

PART 1 早春から陽春に咲く花

ヤツシロソウ
八代草 カンパニュラグロメラータ ／多年草

識別ポイント	カンパニュラの仲間
名前の由来	熊本県八代で初めて発見されたことによる
花ことば	叙情
特徴	根茎をもつ有毛の宿根草。葉はタマゴ形で長さ5～10cm、暗緑色。直立する茎は分枝せず、リンドウに似た紫色の花をつける。

DATA
学名	*Campanula glomerata*
科／属名	キキョウ科カンパニュラ属
原産地	東アジア、日本、ヨーロッパ北部～シベリア
分布	九州
花色	●○●
草丈(茎長)	40～80cm
花径	2cm
花期	5～6月
生育環境	高地
殖やし方	種子まき
用途	切花、花壇、ロックガーデン、鉢植え

MEMO (栽培メモ)
肥沃な土を好む高地性植物。生育旺盛で、開花後切り戻すと2度目の花を楽しめる。

① 紫花種
② 白花種

ヤマブキ
山吹 ケリア、オモカゲソウ ／落葉低木

識別ポイント	庭や公園などに植栽される
名前の由来	しなやかな枝が風に揺れる様子から「山振り」となりその転訛
花ことば	崇高
特徴	4～5月、黄色の5弁花が短枝の先に1つずつ咲き並ぶ。八重咲きのヤエヤマブキ、白花のシロバナヤマブキなど園芸品種が多い。

DATA
学名	*Kerria japonica*
科／属名	バラ科ヤマブキ属
分布	日本全国
花色	●
草丈(茎長)	1～2m
花径	3～5cm
花期	4～5月
生育環境	日なた～半日陰
殖やし方	株分け、さし木
用途	庭木

MEMO (栽培メモ)
日なた～半日陰の水はけが良い腐植用土を好む。10～3月に植えつける。

① 満開
② 園芸種'黄金山吹'
③ 八重ヤマブキ
④ チョウセンヤマブキ

ユキヤナギ

雪柳 コゴメバナ、ツンベリースペレア、イワヤナギ／落葉低木

識別ポイント	しなやかな枝先は垂れ下がる
名前の由来	白い花が多数つき雪が降ったように見えるため
花ことば	未来への期待
特徴	山地の谷沿いに自生する落葉樹。白い小花が株全体を覆うように咲き溢れる。中国原産の八重咲き種シジミバナ、桃色花のベニバナユキヤナギがある。

DATA

学名	*Spiraea thunbergii*
科／属名	バラ科シモツケ属
原産地	日本、中国
分布	本州東北地方以南
花色	○ ●
草丈(茎長)	1〜3m
花径	0.3〜0.5cm
花期	3〜4月
生育環境	耐寒性　日なた〜半日陰
殖やし方	さし木
用途	切花、庭木

MEMO（栽培メモ）

排水性、保湿性が良い腐植質に富んだ用土に植えつける。4〜5年の古枝は、花後切り取って若枝と更新させる。

① 神社やお寺の境内でよく見かける
② ユキヤナギ'ピンク'
③ オウゴンユキヤナギ

march to may

ライラック

リラ、ムラサキハシドイ／落葉低木

識別ポイント	初夏を彩る花木
名前の由来	ライラックは英名
花ことば	甘い誘惑
特徴	ライラックは英名で、仏名はリラ、日本名はムラサキハシドイ。5〜6月、淡紫、白、桃色などの小花が、枝先に多数集まって咲く。花には芳香がある。

DATA

学名	*Syringa vulgaris*
科／属名	モクセイ科シリンガ属
原産地	コーカサス、アフガニスタン
分布	日本全国
花色	● ● ● ○
草丈(茎長)	30cm〜1.5m
花径	4〜6mm
花期	5〜6月
生育環境	耐寒性　日当たり良　水はけ良
殖やし方	さし木、つぎ木
用途	切花、鉢植え、庭植え

MEMO（栽培メモ）

腐植質に富んだ肥沃地を好む。寒地では3〜4月、暖地では12〜2月に植えつける。

① フランス名「リラ」が有名
② 白花種

PART 1 早春から陽春に咲く花

ユリの仲間
百合 リリー
／球根植物（多年草）

識別ポイント	芳香がある美しい6弁花
名前の由来	属名リリアムはケルト語で「白い花」の意味
花ことば	純潔
特　徴	りん茎をもつ球根植物。数え切れないほど多くの品種が世界各地で栽培されている。アジア系ハイブリッド、アメリカ系ハイブリッド、東洋系ハイブリッドなど9つに分類される。

DATA
学　名	Lillium
科／属名	ユリ科リリウム属
原産地	北半球の亜熱帯～亜寒帯
分　布	日本各地
花　色	●●●○●
草丈(茎長)	20cm～1.5m
花　径	3～20cm
花　期	5～8月
生育環境	耐寒性～半耐寒性
殖やし方	分球
用　途	切花、鉢植え、庭植え

MEMO（栽培メモ）
秋に球根を植えつける。水はけが良く腐植質に富んだ中性用土を好む。病虫害に気をつける。

① 'オリエンタル・アカプルコ'
② 'オリエンタル・エクスプレッション'
③ ハイブリッドリリー 'ロイヤルビクトリー'
④ 'アガペー'
⑤ 'オリエンタル・カスケード'
⑥ 'L・A'
⑦ オリエンタル・エウイス
⑧ アジアンティック'レガッタ'
⑨ アジアンティック'ショッキングピング'
⑩ ヒメサユリ（オトメユリ）
⑪ ヒメユリ
⑫ スカシユリ
⑬ イワトユリ
⑭ テッポウユリ
⑮ オニユリ
⑯ ヤマユリ

march to may

ユリの仲間

⑧

⑨

⑩

march to may

⑪ ⑫ ⑬

⑭ ⑮ ⑯

189

PART 1 早春から陽春に咲く花　　　　　　　　　　　　　　　　　　　　　　　　　　　ラグラス／ラナンキュラス

ラグラス
ラグルス、ウサギのシッポ／1年草

- **識別ポイント**　ドライフラワーに利用される
- **名前の由来**　花穂の形状から、ギリシャ語で「ウサギの尾」を意味する
- **花ことば**　気まぐれ
- **特　徴**　砂地や乾燥地に自生する1年草。葉は線形で長さ約20cm、淡緑色。花は密集したタマゴ形、柔らかい毛があり穂状円錐花序になる。

DATA
学　名	*Lagurus obatus*
科／属名	イネ科ラグラス属
原産地	地中海沿岸
花　色	●
草丈(茎長)	30～40cm
花　径	約6cm(花序)
花　期	4～6月
生育環境	耐寒性　水はけ良
殖やし方	種子まき
用　途	切花、庭植え、コンテナガーデン、ドライフラワー

MEMO (栽培メモ)
9～10月、種子は移植をきらうため直まきする。日当たりが良い砂質土壌が適地。

ラグラス・オヴァッス

ラナンキュラス
ハナキンポウゲ／球根植物(1年草)

- **識別ポイント**　キンポウゲの仲間
- **名前の由来**　属名からつけられた
- **花ことば**　大家族
- **特　徴**　日本には26種が自生する。花色が豊富で、群植すると花壇をにぎやかに彩る。最も多く栽培されるビクトリア・ストレインのほか、鉢植え用のポット・ドワーフ、超大輪花のドリーマー系などがある。

DATA
学　名	*Ranunculus asiaticus*
科／属名	キンポウゲ科ラナンキュラス属
原産地	欧州～アジア
花　色	● ● ● ● ○ ●
草丈(茎長)	20～45cm
花　径	3～15cm
花　期	4～5月
生育環境	非耐寒性
殖やし方	種子まき、分球
用　途	切花、鉢植え、庭植え

MEMO (栽培メモ)
秋植え球根植物。高温多湿をきらい、冷涼な気候を好むため越冬は5℃以上で。

①②③④ ひときわ鮮やかな花色

ラベンダー
ラベンデルソウ／1年草、多年草

- **識別ポイント** ラベンダーカラーともいわれる紫色の花
- **名前の由来** ラテン語で「洗う」を意味する
- **花ことば** 許しあう愛
- **特徴** ハーブの一種。精油成分は胃痛、消化促進、精神安定、殺菌作用、防腐効果などがあり、食用のほか香料、入浴剤、ポプリ、クラフトなど多用される。

DATA
- 学名　　　*Lavandula*
- 科／属名　シソ科ラベンデュラ属
- 原産地　　地中海沿岸
- 花色　　　● ● ○ ○
- 草丈(茎長)　30cm～2m
- 花径　　　3～8cm（花穂）
- 花期　　　5～7月
- 生育環境　耐寒性～半耐寒性
- 殖やし方　種子まき、さし芽、株分け
- 用途　　　切花、鉢植え、庭植え、ドライフラワー、ポプリ、精油

MEMO （栽培メモ）
日当たり・排水が良い石灰質に富んだ土壌に栽培する。種子まきは春に、さし木は春と秋に行う。

① ラベンダーの大群生（群馬県玉原ラベンダーパーク）
② '濃紫3号'
③ 'ナナ・ロゼア'
④ ラベンダー・イエロー

ラミューム
ラミウム、オドリコソウ／1年草、多年草

- **識別ポイント** ランナーを伸ばして広がる
- **名前の由来** 花筒の形から、ギリシャ語「喉」に由来
- **花ことば** 気付かれない想い
- **特徴** 四角い茎をもち、葉はタマゴ形で縁にはギザギザがある。2唇弁の小花は穂状のような花序につく。コンテナガーデンの脇役に適する。

DATA
- 学名　　　*Lamium*
- 科／属名　シソ科オドリコソウ属
- 原産地　　地中海沿岸
- 花色　　　●
- 草丈(茎長)　60～80cm
- 花径　　　2cm
- 花期　　　4～6月
- 生育環境　耐寒性　半日陰～日陰
- 殖やし方　さし木、株分け
- 用途　　　鉢植え、庭植え、グランドカバー

MEMO （栽培メモ）
耐陰性があり強光をきらうため、半日陰～日陰で栽培する。ナメクジやカタツムリが葉を食べる。

ラミューム・マクラツム

march to may

PART 1 早春から陽春に咲く花　　　ランタナ／リシマキア

ランタナ
シチヘンゲ ／常緑小低木

識別ポイント	花色の変化を楽しむ
名前の由来	属名からつけられた
花ことば	厳格
特徴	葉はタマゴ形で長さ5〜10cm、縁にはギザギザがあり濃緑色。茎先に小花が集まり球形に咲く。花色が変化することから別名「七変化」と呼ばれる。

DATA
学　名	Lantana camala
科／属名	クマツヅラ科ランタナ属
原産地	亜熱帯アメリカ
花　色	●●●●○
草丈(茎長)	20cm〜2m
花　径	2〜5cm(花房)
花　期	4〜11月
生育環境	非耐寒性　日当たり良
殖やし方	種子まき、さし木
用　途	鉢植え、庭植え

MEMO (栽培メモ)
乾燥、荒地にも栽培可能。花後の茎は、切り戻すと新梢を伸ばして再び花を咲かせる。

① ランタナの花壇
②③ 花の拡大

リシマキア
ヨウシュコナスビ ／多年草

識別ポイント	グランドカバーに好適
名前の由来	属名からつけられた
花ことば	純粋
特徴	常緑性の宿根草または低木が約150種ある。茎を伸ばして広がり、葉と花を多数つける。葉はタマゴ形で縁にはギザギザがある。花は星形で花びらは5枚、総状花序に咲く。

DATA
学　名	Lysimachia nummularia
科／属名	サクラソウ科オカトラノオ属
原産地	ヨーロッパ
花　色	●○
草丈(茎長)	10〜15cm
花　径	1.5cm
花　期	5〜7月
生育環境	耐寒性〜非耐寒性
殖やし方	さし芽
用　途	庭植え、グランドカバー

MEMO (栽培メモ)
耐寒性・耐暑性にすぐれ、生命力が強い草花。ナメクジやカタツムリの被害に気をつける。

① ヌンムラリア
② プンクタタ

リナリア

ヒメキンギョソウ／1年草

識別ポイント	キンギョソウに似た小花
名前の由来	葉がアマ属に似ていることから、ギリシャ語「アマ」に由来
花ことば	乱れる乙女心
特　徴	葉は披針形で単葉、葉柄はない。花は桃、橙、黄、紫、白など変化が多く、総状花序に咲く。高性種はボーダー花壇に、矮性種はロックガーデン、鉢植えなどに利用する。

DATA
学　名	*Linaria*
科／属名	ゴマノハグサ科リナリア属
原産地	北アフリカ、スペイン
花　色	●●●●○
草丈(茎長)	20〜60cm
花　径	0.5cm
花　期	3〜6月
生育環境	耐寒性〜半耐寒性　日なた　排水良
殖やし方	種子まき
用　途	鉢植え、庭植え

MEMO（栽培メモ）
多肥をきらうため、肥料は与えすぎないよう注意する。アブラムシとうどんこ病に注意する。

① 群生
② リナリア・プルプレア

リビングストーンデージー

メセンブリアンテマム、ベニハリ／1年草

識別ポイント	花形はマツバギクに似る
名前の由来	イギリスの伝道師「リビングストーン」の名にちなむ
花ことば	華やかさ
特　徴	葉は倒卵形で長さ約7cm、多汁質。花弁が細い花は、色彩豊かで重なり合って咲き溢れる。マジックカーペット、ルネットなどがある。

DATA
学　名	*Dorotheanthus*
科／属名	ツルナ科ドロテアンサス属
原産地	南アフリカ
花　色	●●●●○
草丈(茎長)	5〜15cm
花　径	4cm
花　期	4〜8月
生育環境	半耐寒性　日なた　水はけ良
殖やし方	種子まき
用　途	鉢植え、花壇

MEMO（栽培メモ）
乾燥には強いが過湿に弱いため、水やりは控えめにする。生育適温は16〜19℃、冬は3℃以上で管理する。

①②③ 色彩豊かな花

march to may

PART 1 早春から陽春に咲く花　　　リューカデンドロン／リューココリネ

リューカデンドロン
レウカデンドロン／常緑低木

- 識別ポイント　花よりもカラフルな苞葉を観賞する
- 名前の由来　ギリシャ語で「白い木」を意味する
- 花ことば　絢爛たる情熱
- 特徴　南アフリカ原産の常緑樹。密集した小花は房状になり、大形の葉のような苞に囲まれる。栽培は日本の気候には適さないため、輸入した切花を楽しむ。ドライフラワーにも最適。

DATA
学　名	*Leucadendron*
科／属名	ヤマモガシ科リューカデンドロン属
原産地	南アフリカ
苞色	●●●○
草丈(茎長)	1〜10m
花径	5〜15cm
花期	4〜5月、12〜1月
生育環境	半耐寒性〜非耐寒性
殖やし方	さし木、種子まき
用途	切花、鉢植え

MEMO (栽培メモ)
日当たりが良く湿度が低い酸性土壌に適する。生育期には水や肥料を与え、冬は控えめにする。温室内ではアカダニに注意。

①② 南アフリカに約80種原産する

リューココリネ
レウココリネ／球根植物(多年草)

- 識別ポイント　花びら6枚の可憐な花
- 名前の由来　ギリシャ語「白いこん棒」に由来
- 花ことば　慎重な恋
- 特徴　高さ20〜30cmの茎先に紅系色の花が複数つく。淡青紫花のイキシオイデス、斑入りのパープレアなどがある。花もちが良く切花に利用される。

DATA
学　名	*Leucocoryne*
科／属名	ユリ科リューココリネ属
原産地	チリ
花色	●●●○
草丈(茎長)	20〜30cm
花径	5〜8cm
花期	5〜6月
生育環境	半耐寒性　日当たり良　水はけ良
殖やし方	分球
用途	切花、花壇

MEMO (栽培メモ)
秋植え球根植物。夏の高温多湿に弱いため、風通しが良い場所で管理し、水やりは控えめにする。

① 6枚の花弁が可憐
② 'プルプレア'

ルピナス
ハウチワマメ、ノボリフジ ／1年草、多年草

- **識別ポイント** フジに似た穂状の花
- **名前の由来** 土地を荒らすほどの丈夫な性質から、ラテン語で「狼」の意味
- **花ことば** 制覇
- **特徴** 豊富な花色があり、花壇を明るく彩る。黄花のキバナルピナス、傘のような葉をもつカサバルピナス、宿根性のラッセルルピナスなど品種が多い。

DATA
学　名	*Lupinus*
科／属名	マメ科ルピナス属
原産地	北アメリカ、地中海沿岸、アフリカ
分　布	北アメリカ西部
花　色	●●●●○
草丈(茎長)	20〜60cm
花　径	1〜2cm
花　期	4〜6月
生育環境	耐寒性　日なた　排水良
殖やし方	種子まき
用　途	切花、鉢植え、花壇

MEMO（栽培メモ）
9月に日当たり、水はけが良い場所へ種子をまく。種子は皮がかたいため、一晩水につけてからまくと良い。

黄花種

ルリマツリ
瑠璃茉莉　プルンバゴ ／多年草

- **識別ポイント** 花びら5枚の涼しげな花
- **名前の由来** 鉛中毒に効くため、属名はラテン語「鉛を運ぶ」に由来。
- **花ことば** 中和
- **特徴** 南アフリカ原産のつる性植物。葉は長楕円形で長さ4〜7cm、つや消しの明緑色。細長い茎を伸ばし、先端に淡い色の花を次つぎと咲かせる。

DATA
学　名	*Plumbago auriculata*
科／属名	イソマツ科プルンバゴ属
原産地	南アフリカ
花　色	●●○
草丈(茎長)	20〜100cm
花　径	2〜3cm
花　期	4〜11月
生育環境	非耐寒性
殖やし方	種子まき、さし芽
用　途	鉢植え

MEMO（栽培メモ）
日当たりが良い肥沃地を好み、生育適温は24〜30℃。アカダニ、カイガラムシが発生しやすいため注意する。

涼しげな藤青色

PART 1 早春から陽春に咲く花

レウイシア
ルイシャ ／多年草

識別ポイント	ロックガーデンや鉢植えで楽しむ
名前の由来	アメリカの探検家「ルイス」の名にちなむ
花ことば	ほのかな思い
特　徴	アメリカ原産の高山植物。葉は多肉質でロゼット状、常緑性の品種と落葉性の品種がある。園芸上では、コティレドン、ピグマエア、レディビバの3つのグループに分けられる。

DATA
学　名	*Lewisia*
科／属名	スベリヒユ科レウイシア属
原産地	北アメリカ
分　布	高山
花　色	○○○
草丈(茎長)	10～20cm
花　径	2～5cm
花　期	4～6月
生育環境	耐寒性
殖やし方	種子まき、株分け
用　途	鉢植え、ロックガーデン

MEMO (栽培メモ)
高温多湿をきらうため、乾燥気味に育てる。種子は春にまき、株分けは秋に行う。

桃色の小花が美しい

レースフラワー
ドクゼリモドキ(ホワイト) ／1年草、多年草

識別ポイント	ホワイトレースフラワーとブルーレースフラワーがある。
名前の由来	花がレース状に見えるため
花ことば	鏡花水月

DATA
学　名	*Ammi majus* (ホワイト) *Trachymene caerulea* (ブルー)
科／属名	セリ科ドクゼリモドキ属(ホワイト) セリ科トラキメネ属(ブルー)
原産地	地中海沿岸(ホワイト) オーストラリア(ブルー)
花　色	○●●●
草丈(茎長)	1～1.5m
花　径	2mm(ホワイト) 4～6mm(ブルー)
花　期	3～4月
生育環境	非耐寒性
殖やし方	種子まき、株分け
用　途	切花

MEMO (栽培メモ)
ホワイトレースフラワーの発芽温度は15～18℃、ブルーレースフラワーの発芽温度は20～25℃。

① ホワイト系
② ブルーのレースフラワー

レンギョウ
連翹 レンギョウウツギ ／落葉低木

- 識別ポイント：早春に黄色い花が群開する
- 名前の由来：漢方名「連翹」の和音読み
- 花ことば：遠い記憶
- 特徴：中国原産の落葉樹。長く垂れ下がった枝いっぱいに黄色い花が咲き溢れる。花が下向きにつくシナレンギョウ、朝鮮から渡来したチョウセンレンギョウなどがある。

DATA
学　名	*Forsythia suspensa*
科／属名	モクセイ科レンギョウ属
原産地	中国
分　布	日本全国
花　色	◯
草丈(茎長)	2〜3m
花　径	2.5cm
花　期	3〜4月
生育環境	耐寒性　排水良
殖やし方	さし木
用　途	庭木

MEMO（栽培メモ）
日なた〜半日陰の湿り気がある肥沃地に栽培する。11〜3月の落葉期に植えつける。せん定は花が終わった後に行う。

① レンギョウの群生
② チョウセンレンギョウ
③ シナレンギョウ

ローダンセ
ヒメカイザイク、ヒロハノハナカンザシ ／1年草

- 識別ポイント：ドライフラワーに向く
- 名前の由来：本種を紹介した「マンゲルス」の名にちなむ
- 花ことば：同情から始まる愛情
- 特徴：細長い茎先にキクのような花が咲く。花びらに見えるのは総苞片で、2〜3列放射状に並ぶ。花は中心部に黄色い小花が集まる。

DATA
学　名	*Helipterum manglesii*
科／属名	キク科ヘリプテラム属
原産地	アフリカ、オーストラリア
花　色	● ● ◯
草丈(茎長)	30〜50cm
花　径	1〜2cm
花　期	5〜7月
生育環境	半耐寒性〜耐寒性
殖やし方	種子まき
用　途	切花、花壇、ドライフラワー

MEMO（栽培メモ）
種子まきは春か秋に行い、発芽温度は15〜20℃。本葉4〜5枚で定植する。

可憐な花色

march to may

PART 1 早春から陽春に咲く花

ロケア

ロシェア ／多年草

- 識別ポイント 鉢植えにして葉と花を観賞する
- 名前の由来 属名からつけられた
- 花ことば 知性
- 特徴 南アフリカ原産の多肉植物。花は紅色、茎の先にやや肉厚の星状形を多数つける。

DATA
- 学　名 *Rochea coccinea*
- 科／属名 ベンケイソウ科ロケア属
- 原産地 南アフリカ
- 分　布 山岳地帯
- 花　色 ●
- 草丈(茎長) 30〜60cm
- 花　径 4cm前後
- 花　期 5〜7月
- 生育環境 半耐寒性
- 殖やし方 種子まき、さし芽
- 用　途 鉢植え

MEMO (栽培メモ)
高温多湿をきらうため、水やりを控えて雨に当たらないよう気をつける。生育期は日当たり、夏は半日陰で栽培する。

ロケア・コッキネア

ロニセラ

スイカズラ ／つる性常緑、落葉低木

- 識別ポイント つるは右に巻く
- 名前の由来 ドイツの植物学者の名にちなむ
- 花ことば 栄耀栄華
- 特徴 スイカズラの仲間。葉は対生の単葉。花は漏斗形または鐘形で芳香がある。果実は液果で紅熟する。(スイカズラ P.110, P.253参照)

DATA
- 学　名 *Lonicera*
- 科／属名 スイカズラ科スイカズラ属
- 原産地 ヨーロッパ、アジア
- 花　色 ●●●○
- 草丈(茎長) 30cm〜1m (つる性)
- 花　径 1〜5cm
- 花　期 5〜9月
- 生育環境 耐寒性〜半耐寒性
- 殖やし方 さし木、実生
- 用　途 鉢植え、庭植え、生垣

MEMO (栽培メモ)
つるを伸ばして生育するため、あんどん仕立てや、垣根に誘引する。実生による繁殖方法もあるが、多くはさし木でよく殖える。

日本での栽培は比較的少ない

ワスレナグサ

忘れな草 ミオソティス ／1年草

- **識別ポイント** 切花にも利用される
- **名前の由来** ヨーロッパの伝説に由来
- **花ことば** 私を忘れないで
- **特　徴** 本来は多年草だが、1年草として扱われることが多い。葉は幅の狭いタマゴ形で基部のものは長さ約10cm。4〜5月、青、ピンク、白色の可愛らしい花を咲かせる。

DATA

学　名	*Myosotis*
科／属名	ムラサキ科ワスレナグサ属
原産地	温帯、ヨーロッパ、アジア
花　色	○○○○○
草丈(茎長)	15〜40cm
花　径	2〜4mm
花　期	4〜5月
生育環境	耐寒性
殖やし方	種子まき
用　途	切花、鉢植え、花壇

MEMO（栽培メモ）

日なた〜半日陰の水はけが良い多湿土壌で栽培する。うどんこ病に侵されやすいため注意する。

①② ワスレナグサの大花壇
③ 花の拡大

march to may

PART 1 早春から陽春に咲く花

ワックスフラワー
カメラウキウム／常緑低木

識別ポイント	花弁はワックスをかけたような光沢がある
名前の由来	花びらに光沢があることから
花ことば	繊細
特　徴	葉は線形で長さ2〜4cm、先端はかぎ状になる。花は紫、紅または白色、梅に似た小花で光沢がある。切花として人気が高い。

DATA

学　名	*Chamelaucium*
科／属名	フトモモ科カメラウキウム属
原産地	オーストラリア
分　布	オーストラリア固有の植物
花　色	●　○
草丈(茎長)	30〜60cm
花　径	1cm
花　期	4〜6月
生育環境	半耐寒性〜非耐寒性
殖やし方	さし木、種子まき
用　途	切花、鉢植え

MEMO (栽培メモ)
日当たり、排水が良い弱アルカリ性の砂質土壌を好む。生育期は適度に水やり、月に1度液肥を与える。

①② 花色も様ざま

march to may

ワトソニア
ヒオウギズイセン／球根植物(多年草)

識別ポイント	グラジオラスに似た花形
名前の由来	植物学者「ワトソン」の名にちなむ
花ことば	指導力
特　徴	南アフリカ原産で約50種の原種がある。古くから栽培されるボルボニカ、耐寒性のあるアラートロイデス、矮性種のコクネア、芳香があるマルギナータなど種類が多い。

DATA

学　名	*Watsonia*
科／属名	アヤメ科ワトソニア属
原産地	南アフリカ
花　色	●　●　○
草丈(茎長)	30〜100cm
花　径	3〜4cm
花　期	4〜6月
生育環境	非耐寒性、秋植え
殖やし方	分球
用　途	切花、鉢植え、花壇

MEMO (栽培メモ)
秋植え球根植物。水はけが良い日なたを選び、10cm四方に1球植えつける。庭植えでは冬に霜よけをする。

'ピンクハーモニー'

初夏から盛夏に咲く花

6月〜8月ごろ咲く花

▲アサガオ

▶アジサイ

PART 2 初夏から盛夏に咲く花

アーティチョーク
チョウセンアザミ／1年草、多年草

- **識別ポイント** アザミに似た花
- **名前の由来** 総苞の刺がイヌの歯に似ることから、ギリシャ語で「イヌ」の意味
- **花ことば** 傷心の乙女
- **特徴** ギリシャ・ローマ時代から栽培され、若い花蕾を食用にする品種と観賞用の品種がある。6～9月太い花茎の先にこぶしほどの大形の花を咲かせる。

DATA
学　名	*Cynara scolymus*
科／属名	キク科チョウセンアザミ属
原産地	地中海沿岸、カナリア諸島
花　色	● ●
草丈(茎長)	1.5～2m
花　径	10～15cm
花　期	6～9月
生育環境	耐寒性
殖やし方	種子まき
用　途	花壇、食用、切花、庭木

MEMO (栽培メモ)
日当たり、水はけが良い場所で栽培する。寒さに弱いため、生育適温は18℃前後。アリマキがつきやすいため駆除が必要。

大形の花を咲かせる

june to august

アガパンサス
ムラサキクンシラン／球根植物(多年草)

- **識別ポイント** 青紫色の小花が花房をつくる
- **名前の由来** ギリシャ語「愛らしい花」に由来
- **花ことば** 愛しい人
- **特徴** 南アフリカ原産の多年草。花は紫色系の濃淡があり、直立した茎先に多数集まって、房状につく。栽培は容易で花形が美しいことから、花壇や庭植えに多用される。

DATA
学　名	*Agapanthus* spp.
科／属名	ユリ科アガパンサス属
原産地	南アフリカ
花　色	● ○ ●
草丈(茎長)	40～80cm
花　径	10～20cm
花　期	6～8月
生育環境	耐寒性　日なた～半日陰
殖やし方	株分け
用　途	切花、花壇、鉢植え

MEMO (栽培メモ)
性質は強健で、水はけが良い場所なら日なた～半日陰まで土質を選ばず良く育つ。病虫害対策も不要。

①② アガパンサス・プラエコクス

アカリファ
エノキグサ、ベニヒモノキ、サンデリー／多年草、小低木

- **識別ポイント** 夏にひものような花を咲かせる
- **名前の由来** イラクサに似ていることから、イラクサのギリシャ名に由来
- **花ことば** 誠の救世主
- **特徴** 熱帯性の観葉植物。葉縁が黄白色のキフクリンアカリファ、緑地に濃黄と赤の模様が入るニシキアカリファ、黄白色の斑が入るホフマニーなどがある。

DATA
学　名	*Acalypha wilkesiana*
科／属名	トウダイグサ科アカリファ属
原産地	熱帯〜亜熱帯
分　布	日本全国
花　色	● ●
草丈(茎長)	10cm
花　径	4〜6cm（花穂）
花　期	6〜10月
生育環境	非耐寒性　日当たり良
殖やし方	さし木、株分け
用　途	鉢植え　花壇

MEMO（栽培メモ）
日当たり・水はけが良く、有機質に富んだ土壌を好む。寒さに弱いため、8〜10℃で越冬する。

① アカリファ・ヒスピダ
② ホソバキフクリンアカリファ
③ 'ホフマニー'

june to august

アカンサス
ハアザミ、ベアーズブリーチ／多年草

- **識別ポイント** ギリシャ建築の代表的な模様になっている
- **名前の由来** 別名「ハアザミ」は葉がアザミの葉に似ているため
- **花ことば** 信じ難い生命力
- **特徴** 明治時代に渡来した多年草。葉は長さ60cmほどの大形で、品種によって草丈が変わる。まっすぐ伸びた花柄に淡紫色または白色の花が穂状に咲く。イングリッシュガーデンには欠かせない植物のひとつ。

DATA
学　名	*Acanthus* spp.
科／属名	キツネノマゴ科アカンサス属
原産地	地中海沿岸
分　布	地中海沿岸、熱帯アジア、熱帯アフリカ
花　色	●
草丈(茎長)	30cm〜1.5m
花　径	2〜3cm
花　期	8〜9月
生育環境	寒さに強い　日当たり良　水はけ良
殖やし方	種子まき、株分け
用　途	庭植え

MEMO（栽培メモ）
栽培は容易、日当たりを好むが半日陰でもよく育つ。アブラムシがつきやすいため、粒状の農薬を埋め込む。

花茎は葉の上に長く伸びる

PART 2 初夏から盛夏に咲く花

アサガオ
朝顔 ニホンアサガオ、ケンゴシ、ジャパニーズ・モーニングローリー／1年草

識別ポイント	日本を代表する草花のひとつ
名前の由来	「朝の美女」の意味から
花ことば	はかない恋
特　　徴	奈良時代の遣唐使が伝え、多くの園芸品種が生まれた。つる性の丈夫で育てやすい1年草。大輪〜小輪、草丈、花形、花色も多種多様で、中には昼過ぎまで咲いているものもある。

DATA
学　　名	*Pharbitis*
科／属名	ヒルガオ科アサガオ属
原産地	熱帯アメリカ
分　　布	日本各地
花　　色	●○●●●
草丈(茎長)	10〜50cm
花　　径	5〜7cm
花　　期	7〜9月
生育環境	非耐寒性
殖やし方	種子まき
用　　途	花壇、鉢植え、垣根仕立てなど

MEMO (栽培メモ)
種子は一晩水につけてからまくと良い。発芽温度20〜25℃で管理する。花芽がついたら追肥することを忘れずに。

① 曜白大輪'富士の紫'
② 赤の丸咲き
③ 江戸紫/丸咲
④ 紫吹掛絞/丸咲/大輪
⑤ 青堺渦打込蜻蛉葉/青丸咲
⑥ 栗皮茶/丸咲/大輪
⑦ 紅縞/丸咲き/大輪
⑧ 淡藤爪覆輪釆咲
⑨ 台咲/牡丹
⑩ 台咲/牡丹
⑪ 紅乱菊咲
⑫ 変化アサガオの図柄のうちわ

june to august

アサガオ

伝統の朝顔
変化朝顔

june to august

205

PART 2 初夏から盛夏に咲く花　　　　　　　　　　　　　　　　　　　　　　　　　　アジサイの仲間

アジサイの仲間
紫陽花　ガク、ハマアジサイ、ハイドランジア、シチダンカ、テマリバナ、シチヘンゲ／落葉低木

識別ポイント	花はふっくらと球状に咲く
名前の由来	青い花が集まって咲く様子からアツ（集）サイ（藍）の転訛
花ことば	冷たいあなた
特　徴	日本固有の植物で、鬱陶しい梅雨時期を彩る美しい花。葉は先がとがったタマゴ形、ふちにはギザギザがある。花びらに見えるのは萼片で、雄しべと雌しべは退化したため実はつかない。多くの品種が栽培されている。

DATA
学　名	*Hydrangea* spp.
科／属名	ユキノシタ科アジサイ属
原産地	日本、東南アジア、ヨーロッパ
分　布	日本各地
花　色	●●● その他
草丈(茎長)	1〜2m
花　径	3〜6cm
花　期	6〜8月
生育環境	やや日陰
殖やし方	さし木
用　途	庭木、鉢植え、生け花

MEMO（栽培メモ）
丈夫な性質をもち、ひどい乾燥地以外では土質を選ばずよく育つ。用土の酸度によって花色が変わるものが多い珍しい植物。酸性土では青、中性、弱アルカリではピンク、赤になる。

june to august

▲ 公園に映える

▲ ガクアジサイ　額紫陽花・別名／ガク、ガクソウ、ガクバナ
名前の由来／両性花を囲む装飾花を額に見立てて
花色／白〜紫・草丈／2〜3m・花径／装飾花：3〜5cm　両性花：1cm以下

▲ セイヨウアジサイ
西洋紫陽花
ハイドランジア
名前の由来／西洋から逆輸入されたアジサイ
花色／淡紅、青
草丈／30〜100cm
花径／15〜25cm

▲ 'ミセス・クミコ'

アジサイの仲間

▶ タマアジサイ　玉紫陽花
名前の由来／開花前の総苞が
丸い玉のように見えるため
花色／紫、白
草丈／1～2m
花径／
　散房花序：径10～15cm
　装飾花：径2～3cm

▲ カシワバアジサイ
　柏葉紫陽花
　名前の由来／カシワの葉に似た葉形から
　花色／白
　草丈／1～2m
　花径／15～25cm

▲ ヤマアジサイ　山紫陽花　サワアジサイ
　名前の由来／山地に多く自生するアジサイなので
　花色／白～淡青～淡紅
　草丈／1～2m
　花径／装飾花：1.5～3cm・両性花：1cm以下

▲ ノリウツギ　糊空木　ノリノキ、サビタ
　名前の由来／樹皮の内側の粘液で製紙用の糊をつくることから
　花色／白　草丈／2～5m　花房／10～20cm
▲ ツルアジサイ　蔓紫陽花　ゴトウヅル、ツルデマリ
　名前の由来／つる性のアジサイ
　花色／黄、白　草丈／つる性　花径／装飾花：3～5cm・両性花：2mm

june to august

PART 2 初夏から盛夏に咲く花　　　　　アスター／アストランティア・マヨール

アスター
エゾギク、サツマギク／1年草、多年草

- **識別ポイント** 花色は変化に富む
- **名前の由来** ギリシャ語「星」に由来
- **花ことば** 追憶
- **特徴** お盆には欠かせない花のひとつ。花形が豊富で一重、半八重、八重咲き、ポンポン咲き、スパイダー咲きなどがある。マーガレット咲きの巨摩、ポンポン咲きのくれない、極小輪のヒメアスターなど種類が多い。

DATA
学　名	*Callistephus chinensis*
科／属名	キク科カリステフス属
原産地	中国　朝鮮半島、西チベット
花　色	●●●●○
草丈(茎長)	15〜60cm
花　径	2〜15cm
花　期	6〜10月
生育環境	非耐寒性　日なた　水はけ良
殖やし方	種子まき
用　途	切り花　鉢植え　花壇

MEMO (栽培メモ)
日当たりと水はけが良い肥沃地に種子をまき、発芽温度は15〜20℃。5〜7日で発芽する。過湿をきらうため、水の与えすぎに気をつける。

① ② 夏の切花には欠かせない

アストランティア・マヨール
多年草

- **識別ポイント** 苞は白または淡桃色
- **名前の由来** 属と種名から
- **花ことば** 哀れな結末
- **特徴** 葉は長さ8〜15cm、根出するロゼット葉できょ歯がある。苞に囲まれた小花が多数集まり散形花序をつくる。ドライフラワーにも最適。

DATA
学　名	*Astrantia major*
科／属名	セリ科アストランティア属
原産地	中央・西部ヨーロッパ
花　色	●○●
草丈(茎長)	50〜100cm
花　径	2cm
花　期	6〜8月
生育環境	耐寒性　日当たり〜半日陰
殖やし方	株分け
用　途	切花、花壇

MEMO (栽培メモ)
日なた〜半日陰の有機質に富んだ肥沃な湿地で育てる。ナメクジやカタツムリに注意する。

① アストランティア・マヨール'ロマ'
② アストランティア・マヨールの白花種

アベリア

ハナツクバネウツギ／半落葉低木・半常緑低木

- 識別ポイント：たくさんの小花が長期間咲き続ける
- 名前の由来：イギリスの植物学者「エイブル」にちなむ
- 花ことば：恋多き人生
- 特徴：活着すると樹勢が強い花木。花期が長く、せん定に耐えるため公園、校庭、道路沿いなどに植栽される。フイリアベリア、ハナゾノツクバネウツギ、ベニバナアベリアなどがある。

DATA
- 学名：*Abelia* spp.
- 科／属名：スイカズラ科ツクバネウツギ属
- 花色：● ○
- 草丈(茎長)：1～2m
- 花径：1cm
- 花期：6～10月
- 生育環境：耐寒性
- 殖やし方：さし木
- 用途：庭植え、生垣

MEMO（栽培メモ）
耐寒性、耐暑性があり、乾燥にも強いため、育てやすい花木。寒地では落葉性、暖地では常緑性になる。

たくさんの小花をつける

アメリカフヨウ

アメリカ芙蓉 クサフヨウ／多年草

- 識別ポイント：紅色系の大輪花が花茎の先端に開く
- 名前の由来：アメリカ原産のフヨウの仲間なので
- 花ことば：華やかな性格
- 特徴：花は1日花で朝開いて夕方閉じるが、次つぎと新しい花を咲かせ、長期間楽しめる。

DATA
- 学名：*Hibiscus moscheutos* cvs.
- 科／属名：アオイ科ヒビスクス属
- 原産地：北アメリカ
- 花色：● ● 紅白
- 草丈(茎長)：50cm～2m
- 花径：10～30cm
- 花期：8～10月
- 生育環境：非耐寒性　日なた
- 殖やし方：種子まき
- 用途：花壇、鉢植え

MEMO（栽培メモ）
日当たりが良い肥沃地を好むが、乾燥に弱いため夏は半日陰に置く。茎が太く、丈の高いしっかりした苗ほど大きな花がつく。

①次つぎと新しい花を咲かせる
②花の拡大

june to august

PART 2 初夏から盛夏に咲く花

アラマンダ
アリアケカズラ／常緑低木

- **識別ポイント** 次つぎと咲き続ける黄色の花
- **名前の由来** スイス人の植物学者「アラマンダ」にちなむ
- **花ことば** 楽しい追憶
- **特 徴** 生育旺盛なつる性植物。葉は披針形で長さ10～15cm、3、4枚が輪生する。大輪の花を咲かせるアリアケカズラと、花が小さいヒメアリアケカズラがある。花はラッパ状で一重と八重咲きがある。

DATA
学 名	*Allamanda*
科／属名	キョウチクトウ科アラマンダ属
原産地	中南米の熱帯域
花 色	🟡
草丈(茎長)	5～6m（つる性）
花 径	5～7cm
花 期	6～10月
生育環境	非耐寒性
殖やし方	株分け
用 途	鉢植え、花壇

MEMO（栽培メモ）
寒さに弱いため、越冬には10℃以上必要。鉢植えの場合、冬は室内に入れて管理する。

ヒメアリアケカズラ

アルテルナンテラ
アキランサス、アルテルナンセラ、モヨウビユ、ツルノゲイトウ／多年草

- **識別ポイント** 赤斑品種と黄斑品種がある
- **名前の由来** 雄しべの性質から、ラテン語の「交互」、ギリシャ語の「やく」に由来
- **花ことば** 静寂
- **特 徴** 熱帯～亜熱帯の森林に分布する宿根草。葉は線形～倒卵形で対生、縁にはギザギザがある。花は目立たず、秋に色づく美しい葉を楽しむ観葉植物。

DATA
学 名	*Alternanthera*
科／属名	ヒユ科アルテルナンテラ属
原産地	メキシコ～南米
花 色	🔴 🟡
草丈(茎長)	10～50cm
花 径	花は観賞しない
花 期	8～10月
生育環境	非耐寒性　日なた
殖やし方	さし木、株分け
用 途	鉢植え、吊り鉢、グランドカバー

MEMO（栽培メモ）
寒さに弱いため日当たりが良い室内で管理し、越冬温度は5℃以上必要。霜が降りない地域では、屋外でも栽培可能。6月以降にさし木によって殖やす。

① アルテルナンテラ・フィコイデア
②③ アルテルナンテラ・ポリゲンス（センニチコボウ）

アロエ
ロカイ、キボウホウロカイ

／多肉性多年草　低木

識別ポイント	民間薬として一般家庭でも広く栽培される
名前の由来	葉に苦い汁液があることから、アラビア語で「苦味がある」の意味
花ことば	壮健
特　徴	アフリカ原産の多肉植物。やけど、切り傷などに塗布するほか、生食、化粧品の原料にも利用する万能薬。キダチロカイ、チヨダニシキ、アロエ・ベラなどが多く出回っている。

DATA
学　名	*Aloe*
科／属名	ユリ科アロエ属
原産地	アフリカ東南部
花　色	●●●○
草丈(茎長)	30～200cm
花　径	5～70cm（花房）
花　期	6～10月
生育環境	耐寒性～半耐寒性
殖やし方	株分け、さし木
用　途	鉢植え、食用

MEMO（栽培メモ）
日当たり、風通しが良い場所で栽培する。乾燥に強いため、水やりは控えめに。

june to august

① キダチアロエ
② アロエ・エクスケルサ
③ アロエ'ミクロスティグマ'
④ ケープアロエ
⑤ アロエ・アフリカーナ
⑥ '青鰐'
⑦ 'アンドンゲンシス'

PART 2 初夏から盛夏に咲く花　　　　　　　　　　　　　　　　　　　　　　　　　　　　アンスリュウム／イソトマ

アンスリュウム
ベニウチワ、オオベニウチワ／多年草

識別ポイント	赤い仏炎苞は光沢があり造花のような質感
名前の由来	花が集まった肉穂花序が尾のようになることから、ギリシャ語で「花・尾」の意味
花ことば	尽くす愛
特徴	熱帯性植物で花を観賞する品種と葉を鑑賞する品種がある。花弁に見えるのは仏炎苞と呼ばれ、花は中央から突き出た細長い部分。花が美しいアンスリウム・アンドレアナム、大形花のアンスリウム・シェリツェリアヌム、葉脈が美しいアンスリウム・マグニフィクムなどがある。

DATA
学　名	*Anthurium*
科／属名	サトイモ科アンスリウム属
原産地	熱帯アメリカ、西インド諸島
花　色	●● ○
草丈(茎長)	10〜60cm
花　径	2〜20cm（花序）
花　期	6〜9月
生育環境	非耐寒性　高温多湿
殖やし方	株分け
用　途	切花、鉢植え

①'グリーンミッキーマウス'
②園芸品種
③アンスリウム・アンドレアヌム
④'シモフリ'

MEMO（栽培メモ）
高温多湿を好むが夏の直射日光は強すぎるため、盛夏は半日陰で育てる。冬は温室内で15〜25℃を保つ。

イソトマ
ラウレンティア、ヒッポブロマ／多年草

識別ポイント	切り口から出る液に猛毒が含まれる
名前の由来	刺激的なアルカロイドを含む液をもつことからラテン語「馬が酔う」の意味
花ことば	狂愛
特徴	葉は単葉で、縁にはギザギザがある。花柄に咲く花は、萼が5枚の星形。汁液に触れるとかぶれることがあるので注意する。花色は白またはピンク色。果実は頂部で裂開するサク果。

DATA
学　名	*Hippobroma*
科／属名	キキョウ科ヒッポブロマ属
原産地	熱帯、オーストラリア
花　色	● ○
草丈(茎長)	50〜60cm
花　径	4cm
花　期	7〜11月
生育環境	非耐寒性　日なた　水はけ良
殖やし方	種子まき、さし木、株分け
用　途	花壇、鉢植え

'ピンクスター'

MEMO（栽培メモ）
日当たりと風通しが良い場所で育てる。低温をきらうため、冬は温室に入れる。多肥を避け、追肥は薄めの液肥を与える程度で良い。

イレシネ
マルバビユ、ケショウビユ ／多年草、観葉植物

- **識別ポイント**：カラーリーフを楽しむ
- **名前の由来**：ギリシャ語「祭礼用のオリーブ枝」に由来
- **花ことば**：密かな想い
- **特徴**：品種によって赤紫、緑など多彩な葉色に葉脈が目立ち、美しい模様を鑑賞できる。光に当てると葉色が増すため、初夏〜秋にかけて屋外で育てると良い。イレシネ・ハーブスティーは、ハート形で3〜4cmの葉が対生につく。

DATA
- 学名：*Iresine*
- 科／属名：ヒユ科イレシネ属
- 原産地：ブラジル
- 花色：● ●
- 草丈(茎長)：20〜30cm
- 花径：0.5cm
- 花期：7〜9月
- 生育環境：非耐寒性
- 殖やし方：さし木、茎ざし、実生
- 用途：花壇、鉢植え

MEMO (栽培メモ)
土が乾いたら水を多めに与える。高温、乾燥で発生するアカダニを防ぐため、薬かけを忘れずに行う。繁殖は、さし木、茎ざし、実生による。

①②③花よりも多彩な葉色が魅力的

インパチェンス
アフリカホウセンカ ／1年草、多年草

- **識別ポイント**：赤、桃、白、紫など鮮やかな花が咲き溢れる
- **名前の由来**：成熟した果実に触れるとパッとはじけることから、ラテン語「我慢できない、耐えられない」の意味。
- **花ことば**：明朗快活
- **特徴**：種子まき後、約2ヵ月で花を咲かせ、開花期が長い。花色が豊富など多くの長所をもつため、1970年以降脚光を浴びるようになり、様ざまな場所で目にするようになった。

DATA
- 学名：*Impatiens*
- 科／属名：ツリフネソウ科インパティエンス属
- 原産地：熱帯アフリカ
- 花色：● ● ● ○
- 草丈(茎長)：30〜60cm
- 花径：2.5〜5cm
- 花期：6〜10月
- 生育環境：非耐寒性　日なた〜半日陰
- 殖やし方：種子まき
- 用途：花壇、鉢物、吊り鉢

MEMO (栽培メモ)
3〜4月に種子をまき、夏の西日を避けて栽培する。花が枯れた後、根元4〜5cmを残して切り戻すと、翌年また花が楽しめる。

①花は鮮やか
②ニューギニアのインパチェンス
③遅咲き種

PART 2 初夏から盛夏に咲く花

ウォーターポピー
ミズヒナゲシ、キバナトチカガミ、ミズウチワ／多年草

識別ポイント 水面に出た花梗の先につく3弁花は鮮黄色で美花
名前の由来 属名はギリシャ語「水中の障害物」の意味から
花ことば 水魚之交
特徴 昭和初期に日本に渡来。水中に伸び、葉は楕円状のハート形で長さ6〜8cm。花弁は丸く花形がケシに似る上、ケシと同様一日花なので、ウォーターポピーと呼ばれる。

DATA
学名	*Hydrocleys*
科／属名	ハナイ科ヒドロクレイス属
原産地	ブラジル、ベネズエラ
花色	〇
草丈(茎長)	10〜30cm
花径	2〜5cm
花期	7〜10月
生育環境	日なた
殖やし方	株分け
用途	鉢植え、水槽、池

MEMO (栽培メモ)
光が不足すると、葉色が悪く花も咲かないので、日当たりが良い場所で育てる。適温は25〜28℃だが、5〜33℃の水温まで耐えられる。

鮮黄色の美花

エキザカム
ベニヒメリンドウ、エクサクム／1・2年草、多年草

識別ポイント 可愛らしい花が葉を覆うように咲く
名前の由来 解毒作用があると考えられたことから、ギリシャ語で「外へ追い出す」の意味
花ことば 復帰
特徴 1928年頃日本に渡来した。白色や青紫色の小花が次つぎと長期間咲き続ける。花びらは5枚で芳香がある。

DATA
学名	*Exacum*
科／属名	リンドウ科エクサクム属
原産地	インド洋・ソコトラナ島
花色	● 〇
草丈(茎長)	20〜30cm
花径	1〜4cm
花期	6〜9月
生育環境	非耐寒性 清涼地
殖やし方	種子まき、さし木
用途	鉢植え、花壇

MEMO (栽培メモ)
熱帯原産だが暑さ・寒さに弱いため、管理しやすい鉢植えに向く。腐植質に富んだ水はけが良い用土に植え、開花期にはたっぷり水を与える。多湿をきらうが、日光不足だと開花しないので気をつける。

① 青紫花種
② 白花種

エキナセア

バレンギク、ムラサキバレンギク、パープルコーンフラワー／多年草

識別ポイント	花茎の先にキクに似た花を咲かせる
名前の由来	花床につく尖った鱗片からギリシャ語で「ハリネズミ」の意味
花ことば	積極的
特徴	ハーブの一種で性質は強健。たいがいどこでもよく育ち、植えっぱなしでも多くの花を咲かせる。

DATA
学名	*Echinacea*
科／属名	キク科エキナセア属
原産地	北アメリカ東部
花色	●●●○
草丈(茎長)	50cm〜1.2m
花径	3〜5cm
花期	6〜10月
生育環境	耐寒性　日当たり良　通風良
殖やし方	種子まき、株分け
用途	切花、花壇、鉢植え

MEMO（栽培メモ）
暑さ・寒さに強く、大きく育つので庭植えに好適。鉢植えにする場合は大鉢に植えつける。

① エキナセア・プルプレア
② エキナセア・パラドクサ

エキノプス

ルリタマアザミ／多年草

識別ポイント	アザミに似た球状の青紫花
名前の由来	頭状花が球状になることから、ギリシャ語で「ハリネズミに似る」の意味
花ことば	傷心
特徴	地中海沿岸や中央アジアを中心に約100種分布する。花は小形で分枝が多いベッチーズブルー、濃い紫色花を咲かせるブルーグローなどがある。ドライフラワーにも向く。

DATA
学名	*Echinops*
科／属名	キク科エキノプス属
原産地	ヨーロッパ〜西アジア
分布	九州
花色	●●
草丈(茎長)	70〜80cm
花径	4〜5cm
花期	7〜8月
生育環境	耐寒性
殖やし方	種子、株分け
用途	切花、花壇

MEMO（栽培メモ）
種子の寿命は短く、5〜6月に水はけが良い弱アルカリ土壌へ種子をまき、秋に定植する。庭植えにすれば大きく生長する。

①② 球状の頭状花

june to august

PART 2 初夏から盛夏に咲く花

① 葉も美しい
② 花の拡大

エスキナンサス

リップスティックプランツ、トリコスポルム、ハナツルグサ／つる性低木、観葉植物

識別ポイント	観葉植物のひとつ
名前の由来	花が赤いことから、ギリシャ語で「恥じらい・花」の意味
花ことば	恥辱
特徴	茎はつる性で広がり垂れ下がる性質をもつため、つり鉢仕立てに適する。葉は多肉性。花は紅色系の筒状で先が浅く5裂する。

DATA

学名	*Aeschynanthus*
科／属名	イワタバコ科エスキナンサス属
原産地	インド～熱帯アジア
花色	●●●
草丈(茎長)	20～50cm
花径	3cm
花期	6～8月
生育環境	非耐寒性　日当たり良　水はけ良
殖やし方	さし木、株分け
用途	鉢植え、吊り鉢

MEMO（栽培メモ）
過湿に弱いが、乾燥に強く、5～10℃の低温にも耐えられる。繁殖はかたまった部分の茎を切り取り、5～7本さし木にして植えつける。

'ブルーガティー'

エリンジウム

マツカサアザミ、エレンギウム、エリンゴ／多年草

識別ポイント	独特な花形・花色
名前の由来	ギリシャ語の古名「eryggion」にちなむ
花ことば	傷ついた恋心
特徴	地中海沿岸を中心に多くの種類が分布する多年草。葉や花には刺がある。代表的品種のエリンジウム・プラナムのほか、緑花のエリンジウム・ギガンテウム、苞がレース状に広がるエリンジウム・アルピナムなどがある。

DATA

学名	*Eryngium*
科／属名	セリ科エリンジウム属
原産地	バルカン半島
花色	●●○
草丈(茎長)	30cm～1.5m
花径	6～10cm
花期	6～8月
生育環境	耐寒性　水はけ良
殖やし方	種子まき
用途	切花、花壇

MEMO（栽培メモ）
乾燥地の植物で高温多湿をきらうため、水はけが良い砂質土に植える。草丈に変化があるため、小形種は鉢植え、大形種は庭植えに利用する。

オカトラノオ

岡虎の尾 リシマキア ／多年草

- 識別ポイント：白い花房の先はやや垂れ下がる
- 名前の由来：丘に生え、花房の形をトラの尾にたとえたことから
- 花ことば：輝く我等
- 特徴：アジア原産の宿根草。葉は先がとがるタマゴ状披針形で、長さ約10cm。7〜8月に咲く花は、皿形で密集して先が細くなり、長さ10〜20cmの総状花序になる。

DATA
学 名	*Lysimachia*
科／属名	サクラソウ科オカトラノオ属
原産地	日本、朝鮮半島、台湾
分 布	日本全国、朝鮮、中国、インドシナ
花 色	○
草丈(茎長)	70cm〜1m
花 径	径8〜12mm
花 期	7〜8月
生育環境	耐寒性　日当たり良　水はけ良
殖やし方	株分け、実生
用 途	切花、花壇

MEMO（栽培メモ）
日当たりと水はけ、風通しが良い土地に植えつける。病虫害に侵されやすいため、注意が必要。

① 群生
② 蝶もよってくる

オジギソウ

お辞儀草、含羞草 ミモザ、ネムリグサ ／1年草、多年草

- 識別ポイント：別名はミモザ
- 名前の由来：葉に触れるとおじぎのような運動をすることから
- 花ことば：三枝之礼
- 特徴：ブラジル原産の草花。葉や葉柄は敏感で、触れると葉をたたみおじぎをしたようになる。花は球形、ピンク色でブラシ状になる。

DATA
学 名	*Mimosa pudica*
科／属名	マメ科ネムリグサ属
原産地	ブラジル
花 色	●
草丈(茎長)	1.5〜2m
花 径	1〜2cm
花 期	7〜9月
生育環境	非耐寒性　日なた
殖やし方	種子まき
用 途	花壇、鉢植え

MEMO（栽培メモ）
5〜6月、日当たり、水はけが良い場所へ種子をまく。庭植えではこぼれ種子で翌年も生えてくる。

① 可憐なピンク色の花
② 花の拡大

june to august

PART 2 初夏から盛夏に咲く花

オミナエシ
女郎花 アワバナ、ボンバナ／多年草

識別ポイント	秋の七草のひとつ
名前の由来	オトコエシに対して「女郎花」
花ことば	女らしさ
特徴	日本各地の日当たりが良い山野に自生している草花。葉は羽状に分かれて対生する。上部で分枝した花茎の先に、小形の黄花を散房状に多数つける。

DATA
学名	*Patrinia scabiosifolia* Fisch. ex Trevir.
科／属名	オミナエシ科オミナエシ属
原産地	東アジア、日本
分布	日本全国
花色	〇〇
草丈(茎長)	60〜100cm
花径	3〜4mm
花期	6〜11月
生育環境	耐寒性
殖やし方	株分け、さし芽
用途	切花、花壇、鉢植え

MEMO (栽培メモ)
丈夫で栽培しやすい植物。花茎が伸びすぎると姿が悪くなるため、茎が伸び始めたら先端を切り取る。

① 群生
② 花の拡大

オリーブ
オレイフ、オーレア／常緑小高木

識別ポイント	花には芳香がある
名前の由来	英名による
花ことば	歓迎
特徴	江戸時代に渡来した常緑樹。黄白色の鐘形の小花が10〜30集まり花房をつくる。果実は品種によって丸形、タマゴ形になり、黒熟した果実はピクルスやオリーブ油に利用される。

DATA
学名	*Olea europaea*
科／属名	モクセイ科オリーブ属
原産地	地中海沿岸
分布	関東以南
花色	〇
草丈(茎長)	30cm〜8m
花径	0.5〜1cm
花期	6月
生育環境	半耐寒性　耐霜性
殖やし方	実生、さし木、つぎ木
用途	庭植え、食用

MEMO (栽培メモ)
日当たりと水はけが良い乾燥地に適する。

① 開花
② 果実

オレガノ

ハナハッカ、ワイルドマジョラム ／多年草

識別ポイント	甘い芳香があるハーブ
名前の由来	属名からつけられた
花ことば	医食同源
特徴	ギリシャ時代から薬用・香辛料として多用されてきた。7～8月、枝先に小花が集まって咲き、観賞用としても楽しめる。乾燥葉を料理に加えたり、ドライフラワーにしてポプリなどに使う。

DATA

学名	*Origanum vulgare*
科／属名	シソ科オレガノ属
原産地	ヨーロッパ　地中海沿岸
花色	◉
草丈(茎長)	20～50cm
花径	0.5cm
花期	6～10月
生育環境	耐寒性　日当たり　水はけ良
殖やし方	種子まき、株分け、さし木
用途	食用、薬用、ポプリ、防虫剤など

MEMO (栽培メモ)

春または秋に種子をまき、肥料は控えめに与える。耐寒性、耐暑性があり、丈夫で育てやすいハーブのひとつ。

① ハーブの一種
② 花の拡大

june to august

ガーデニア

クチナシ、ヤエクチナシ ／常緑低木

識別ポイント	白い花は芳香がある
名前の由来	果実は熟しても開かないので「口無し」
花ことば	信念
特徴	初冬に熟す果実は、食品の着色に利用される。また花は、消炎、止血、解熱などの薬効が認められている。花は一重咲き～八重咲き種、四季咲き種、矮性種など園芸種が多い。

DATA

学名	*Gardenia*
科／属名	アカネ科クチナシ属
原産地	台湾、中国、日本西部
分布	関東南部、四国、九州、沖縄
花色	○ ◯
草丈(茎長)	20～80cm
花径	5～6cm
花期	6～8月
生育環境	耐寒性　日当たり良
殖やし方	さし木
用途	庭木、花木、切花、鉢植え

MEMO (栽培メモ)

5～7月につぼみがしっかりした苗木を植えつける。粘質土をきらい、水はけが良い肥沃地を好む。日当たりが良い場所を好み、日光が不足すると開花しないこともある。

① クチナシ
② 八重クチナシ
③ 果実

PART 2 初夏から盛夏に咲く花

ガイラルディア
テンニンギク、オオテンニンギク、ヤグルマテンニンギク／多年草

識別ポイント 明るい色彩の草花

名前の由来 フランス人「ガイアール・ド・シャラントノー」にちなむ

花ことば 天真爛漫

特徴 栽培種には大輪のオオテンニンギク、小花のテンニンギク、線形の葉をもつホソバテンニンギク、変種には赤花のアカバナテンニンギク、舌状花を欠いた黄花のヤグルマテンニンギクがある。切花や花壇に利用される。

DATA
学 名	*Gaillardia pulchella*
科／属名	キク科テンニンギク属
原産地	北アメリカ、メキシコ
花 色	● ● ●
草丈(茎長)	30〜90cm
花 径	6〜10cm
花 期	7〜10月
生育環境	耐寒性 日当たり良 水はけ良
殖やし方	種子まき、さし芽、根伏せ、株分け
用 途	切花、花壇

MEMO (栽培メモ)
乾燥をきらうので、腐葉土を混ぜ生育期は水を多めに与える。咲き終わった花は、こまめに摘み取る。

① ガイラルディア・アリスタータ'ビジョウ'

② オオテンニンギク　③④ ヤグルマテンニンギクの名で親しまれている

ガウラ
ヤマモモソウ、ハクチョウソウ／多年草

- **識別ポイント** 別名のとおり白い蝶形の小花が並ぶ
- **名前の由来** 美しい花から、ギリシャ語で「堂々たる・華麗な」の意味
- **花ことば** 我慢できない
- **特徴** 北アメリカ原産の多年草。初夏〜秋にかけて、細長い花茎の先につく独特の形をした白〜淡桃色の花を長期間楽しめる。園芸品種はほとんど育成されていない。

DATA
学 名	*Gaura*
科／属名	アカバナ科ヤマモモソウ属
原産地	北アメリカ〜メキシコ
花 色	●●●○
草丈(茎長)	30〜100cm
花 径	1〜1.5cm
花 期	6〜11月
生育環境	耐寒性　日当たり良　排水良
殖やし方	株分け、種子まき、実生
用 途	鉢植え、花壇

MEMO (栽培メモ)
種子は厳冬期以外いつでもまくことができ、日当たりと水はけが良い場所で栽培する。性質が強く育てやすい草花で根張りも大きくなる。

june to august

① 花は長く楽しめる
② 花の拡大
③ ガウラ・リンドハイメリー'サンビーム'
④ 桃色花種

PART 2 初夏から盛夏に咲く花

ガマ
蒲 タイファ、ミスクサ／多年草

識別ポイント	池や沼の周りに強壮な植生地をつくる
名前の由来	むしろなどの材料になるので、朝鮮語で「カマ」（材料の意味）に由来
花ことば	杓子定規
特 徴	水際に水生する雌雄同株の宿根草。太い根茎を広げ、長い線形の葉と棒状の褐色の花穂を密生する。花穂はドライフラワーに利用される。

DATA
学 名	*Typha*
科／属名	ガマ科ガマ属
原産地	北半球温帯
分 布	北海道、本州、四国、九州
花 色	●●
草丈(茎長)	1〜2m
花 径	10〜20cm（雄花穂）
花 期	7〜8月
生育環境	耐寒性　肥沃な粘質土壌
殖やし方	株分け、種子まき
用 途	切花、鉢植え、花壇、池植え

MEMO（栽培メモ）
種子は水中に入れた鉢土にまく。根が長く伸びるため、深く広い水中で栽培する。繁殖は春に株分けを行う。

① ガマの群生
② コガマ（子蒲）
③ ヒメガマ（姫蒲）
④ ほおけた穂

カライトソウ
唐糸草 バーネット、トウウチソウ／多年草

識別ポイント	細長い花穂が下向きに垂れ下がる
名前の由来	花形を中国の絹糸（唐糸）に見立てて
花ことば	多生之縁
特徴	日本原産の高山性種。葉は小判形、縁にきょ歯がある。花茎の先に紅色の小花が集まり、長さ10cmのネコジャラシのような花房をつくる。

DATA
学名	*Sanguisorba hakusanensis*
科／属名	バラ科ワレモコウ属
原産地	日本（白山）
分布	日本の北部・中部
花色	● ○
草丈(茎長)	60～90cm
花径	5～10cm（花穂）
花期	7～10月
生育環境	耐寒性　日当たり良　通風良
殖やし方	株分け
用途	切花、鉢植え、花壇

MEMO（栽培メモ）
日当たり、風通しが良くやや湿り気がある肥沃地に適する。花後地上部はほとんど枯れるが、地際の芽や地下茎が越冬する。

① みごとな群落
② 花糸が房状になる
③ 花糸の拡大

カラジュウム
ハイモ、ニシキイモ、ハニシキ、ヒメハニシキ／多年草

識別ポイント	独特な模様の葉を楽しむ
名前の由来	葉の形状からギリシャ語の「カップ・盆」に由来
花ことば	孤独な想い
特徴	熱帯アメリカ原産の観葉植物。白地に緑色の葉脈が入るキャンディダム、紅地に縁が緑色のフリーダヘンプル、3角形の紅色葉レッドフリルなどがある。

DATA
学名	*Caladium*
科／属名	サトイモ科カラディウム属
原産地	アマゾン川沿岸
花色	● ○
草丈(茎長)	20～30cm
花径	3～5cm
花期	8～10月
生育環境	非耐寒性　日なた～半日陰
殖やし方	分球
用途	鉢植え、花壇、観葉

MEMO（栽培メモ）
4～5月に定植し、栽培する。高温性植物なので、春～秋は日光に当て冬は10℃以上保つ。

① 涼を呼ぶ葉
② 'フリーダ・ヘンプル'

PART 2 初夏から盛夏に咲く花

カラマツソウ
唐松草 タリクトラム ／多年草

- **識別ポイント** 細長い茎先に花弁の細い花が集まって咲く
- **名前の由来** 細い花弁がカラマツの葉に似ているため
- **花ことば** 小さな恋
- **特　徴** 山野草の一種で多年草。小形のヒメカラマツソウ、ハスの葉に似たハスノハカラマツソウ、ツクシカラマツ、ヤクシマカラマツ、キバナカラマツソウなどがある。

DATA
学　名	*Thalictrum*
科/属名	キンポウゲ科カラマツソウ属
原産地	北半球の温帯
分　布	北海道、本州、四国、九州
花　色	●●●○
草丈(茎長)	70cm〜1.2m
花　径	2〜5mm
花　期	6〜8月
生育環境	耐寒性　日なた〜日陰
殖やし方	株分け、実生
用　途	切花、鉢植え、花壇

MEMO (栽培メモ)
日当たりの良い湿った肥沃地を好むが、日陰でも良く育ち、栽培は容易。毎年植え替えする。

①釧路湿原に咲く
②アキカラマツ
③シキンカラマツ
④ミヤマカラマツ
⑤ツクシカラマツ
⑥バイカカラマツ
⑦ボタンカラマツ

カレープラント
エバーラスティング ／常緑低木

- 識別ポイント：カレーに似た刺激臭をもつ
- 名前の由来：茎葉にカレーの匂いがあるため
- 花ことば：独創的
- 特徴：ハーブの一種。黄色い小花が茎先に集まり、複数の花房をつくる。花後は長い茎を半分に切りつめ、倒れるのを防ぐ。

DATA
- 学名：*Helichrysum*
- 科／属名：キク科ヘリクリスム属
- 原産地：ヨーロッパ、アジア、アフリカなど
- 分布：ヨーロッパ、南アフリカ、オーストラリアなど広域分布
- 花色：●●
- 草丈(茎長)：30〜40cm
- 花径：2〜6cm
- 花期：6〜9月
- 生育環境：日当たりと水はけの良い土壌
- 殖やし方：さし木
- 用途：花壇、切り花、防虫剤、クラフト

MEMO（栽培メモ）
日当たり、水はけの良いやや痩せた土地に適する。発芽温度は13〜16℃。うどんこ病に注意する。

ヘリクリスム・アングスティフォリア

カンナ
ダンドク、ハナカンナ ／球根植物（多年草）

- 識別ポイント：花弁に見えるのは雄しべが変化したもの
- 名前の由来：茎の形状から、ギリシャ語の「杖・脚」に由来
- 花ことば：美涙沙女
- 特徴：春植え球根植物。園芸用に栽培されているものはすべて改良品種。矮性種は鉢植え、高性種は庭植えに向き、食用を目的とする品種エデュリスもある。花色は赤、桃、橙、黄、模様が入るものなど様ざま。

DATA
- 学名：*Canna*
- 科／属名：カンナ科カンナ属
- 原産地：熱帯アメリカ
- 花色：○●●●● 黄に赤点
- 草丈(茎長)：50cm〜1.2m
- 花径：3〜20cm
- 花期：7〜10月
- 生育環境：半耐寒性〜非耐寒性
- 殖やし方：分球、株分け
- 用途：切花、花壇、鉢植え

MEMO（栽培メモ）
乾燥を嫌うため、適度に水を与える。寒さに弱く、霜が降りると地上部は枯れるので、刈り取って枯れ草で根株を覆い防寒する。

① ほかの花に交じって咲き競う
② 'トロピカルレッド'
③ 'アンフーファン'

PART 2 初夏から盛夏に咲く花

キキョウ

桔梗 キチコウ、アリノヒフキ、オカトトキ、
バルーンフラワー ／多年草

識別ポイント	秋の七草のひとつ
名前の由来	中国名「桔梗」を和音読みにした
花ことば	品行方正
特　徴	茎先に5つの切れ込みが入った鐘形の花を咲かせる。花色は青紫、桃、白色など涼しげな秋の風情が感じられる。根は太く多肉質で乾燥させ、漢方薬に利用されてきた。

DATA

学　名	*Platycodon*
科／属名	キキョウ科キキョウ属
原産地	日本、朝鮮半島、中国
分　布	日本全国
花　色	● ● ○
草丈(茎長)	20〜60cm
花　径	2〜3cm
花　期	6〜9月
生育環境	非耐寒性
殖やし方	種子まき、株分け、実生
用　途	切花、鉢植え、花壇

MEMO (栽培メモ)
有機質の多いやや粘質用土を好む。晩秋に地上部は枯れるが、春になると芽を出し茎葉を伸ばす。

① よく分枝する
②③ 花の拡大

june to august

キバナコスモス

キバナアキザクラ ／1年草

識別ポイント	秋に花を咲かせるコスモスより早生
名前の由来	黄色系の花を咲かせるコスモスなので
花ことば	幼い恋心
特　徴	一重咲き、八重咲き、絞り咲き、アネモネ咲きがあり、群植すると花壇をにぎやかに彩る。矮性種のロード、中性種にサニー、高性種のイエローラッフル、サンセットなどがある。

DATA

学　名	*Cosmos sulphureus*
科／属名	キク科コスモス属
原産地	メキシコ
花　色	● ●
草丈(茎長)	20〜30cm(矮性種) 1〜2m(高性種)
花　径	5〜6cm
花　期	6〜9月
生育環境	非耐寒性　日当たり、水はけが良い土地
殖やし方	種子まき
用　途	花壇

MEMO (栽培メモ)
4〜6月に種子をまき、約2ヵ月で花を楽しめる。寒さに弱いため冬に枯れてしまう。

① いっせいに咲き乱れる
② 'サンセット'

ギボウシ
擬宝珠、葱法師 ギボシ、ギボジュ、ギボウシュ、シガク

／多年草（宿根草）

- **識別ポイント** 根生葉は品種によって葉形が異なる
- **名前の由来** つぼみの形が「擬宝珠」に似ているため
- **花ことば** 隠忍自重
- **特　徴** 葉に特徴がある品種が多く、スカルプチュラルプランツ（ユニークな形の植物）の一つ。日陰に育ち、相対照度10％でも生長する。花は筒形で先端が6つに裂け、雄しべ雌しべが花びらの外へ伸びている。

DATA
- 学　名　*Hosta*
- 科／属名　ユリ科ホスタ属
- 原産地　東アジア
- 分　布　日本全国の山地
- 花　色　●○
- 草丈(茎長)　10～50cm
- 花　径　2～5cm
- 花　期　6～9月
- 生育環境　耐寒性、日陰～日なた
- 殖やし方　株分け、実生
- 用　途　花壇、鉢植え、切り花

MEMO （栽培メモ）
耐陰性が強い草花で、夏の直射日光は避ける。晩秋～早春の休眠期に植え替えする。

june to august

① オオバギボウシ
② カピタンギボウシ
③ オオギボウシ
④ イワギボウシ
⑤ フリリントクダマギボウシ
⑥ コバギボウシ
⑦ ヒメミズギボウシ

キルタンサス

キルタンツス ／球根植物（多年草）

- 識別ポイント：花には芳香があり、切花にも利用される
- 名前の由来：花形から、ギリシャ語「曲がった花」の意味
- 花ことば：気まぐれな恋
- 特徴：品種によって夏咲き種、秋咲き種、冬咲き種があり、花形も様ざま。夏～秋咲き系はコリーナス、クラバタス、カペンシスなど、冬咲き系にはマッケニー、バルビフォラス、オブリエニーなどがある。

DATA
学名	*Cyrtanthus*
科／属名	ヒガンバナ科キルタンツス属
原産地	南アフリカ
花色	〇〇〇〇〇
草丈(茎長)	30～50cm
花径	1～10cm
花期	7～8月
生育環境	耐寒性
殖やし方	分球、実生
用途	庭植え、鉢植え

MEMO（栽培メモ）
開花期に合わせて球根を選ぶ。水はけが良い土壌へ植えつけ、覆土は約2cm。

キルタンサス・サンギネウス

キンケイギク

金鶏菊 コレオプシス ／1年草

- 識別ポイント：花色は鮮やかな黄色
- 名前の由来：属名は果実がナンキンムシに似ていることから、ギリシャ語で「ナンキンムシ」の意味。
- 花ことば：新鮮な恋の始まり
- 特徴：キク科の植物で世界各地に分布している。日本には明治時代に渡来した。花は初夏～秋まで長期間楽しめる。よく出回っている品種はオオキンケイギクが多い。

DATA
学名	*Coreopsis drummondii*
科／属名	キク科コレオプシス属（ハルシャギク属）
原産地	アメリカ
分布	世界各地
花色	〇
草丈(茎長)	20～50cm
花径	3～6cm
花期	7～9月
生育環境	耐寒性　日当たり良、水はけ良
殖やし方	種子まき
用途	切花、鉢植え、花壇

MEMO（栽培メモ）
春に種子をまき、夏に花を咲かせる。1年草だが、1度育つとこぼれ種で発芽するため、翌年も楽しめる。

黄金色豊か

キンモクセイ
金木犀 モクセイ、タンケイ／常緑小高木

- **識別ポイント** 秋に咲く花は強い芳香がある
- **名前の由来** 黄色い花を金色に見立てた
- **花ことば** 官能美
- **特徴** 中国から渡来したギンモクセイの変種。開花期には広範囲に甘い香りが漂う。雌雄異株だが、日本には雄株しかないため結実しない。

DATA
学名	*Osmanthus fragrans* var. *aurunfiacus*
科／属名	モクセイ科モクセイ属
原産地	中国
分布	日本各地
花色	🟡🟠
草丈(茎長)	3〜10m
花径	4〜5mm
花期	6〜10月
生育環境	耐寒性
殖やし方	さし木
用途	庭木

MEMO（栽培メモ）
大気汚染がひどい場所では、花つきが悪くなる。刈り込みに耐えるので、生垣にも利用される。

①② 庭木として最適
③ 公園樹としても向く
④ 花の拡大

june to august

PART 2 初夏から盛夏に咲く花

クフェア

メキシコハナヤナギ、タバコソウ ／1年草、多年草、常緑低木

識別ポイント	葉も花も小形
名前の由来	萼の形が曲がっていることから、ギリシャ語で「曲がる」に由来
花ことば	せつない想い
特　徴	明治〜大正時代に約10種が渡来。草花と小低木があるので用途に合わせて栽培する。紅〜紅紫または黄色の小花が葉のわきに多数並んで咲く。

DATA

学　名	Cuphea
科／属名	ミソハギ科クフェア属
原産地	アメリカ、メキシコ
花　色	●●●○
草丈(茎長)	30cm〜1m
花　径	1cm
花　期	7〜10月
生育環境	非耐寒性。日当たりと水はけが良い土地
殖やし方	種子まき、実生、株分け、さし木
用　途	花壇、鉢植え

MEMO (栽培メモ)

日当たり、水はけが良い場所で育て、冬は室内で5℃以上で管理する。室温を15℃以上に保てば冬でも花が楽しめる。

①② いろいろな種類がある
③ クフェア・ヒソッピフォリア

グラスペディア

ゴールドスティック、イエローボール ／1年草

識別ポイント	ドラムスティックのような珍しい草姿
名前の由来	丸い花形から、学名「球状」に由来
花ことば	芸術肌
特　徴	長いしなやかな花茎の先に球状花が一つ咲く。花もちが良く切花やドライフラワーにも利用される。過湿をきらうが丈夫で育てやすい草花。

DATA

学　名	Craspedia globosa
科／属名	キク科グラスペディア属
原産地	オーストラリア、ニュージーランド
花　色	●
草丈(茎長)	30〜50cm
花　径	2〜3cm
花　期	6〜8月
生育環境	半耐寒性
殖やし方	種子まき
用　途	切花、庭植え

①② グラスペディア・グロボーサ

MEMO (栽培メモ)

寒地では春に種子をまき、夏〜秋に開花、暖地では秋まきで春に花を咲かせる。日当たり、水はけ、通風が良い場所を好む。

クルクマ

ハルザキウコン、ヒドンリリー、ウコン／球根植物（多年草）

識別ポイント	花より紅色系の苞を鑑賞する
名前の由来	根茎に黄色の色素を含んでいることから、アラビア語「黄色」に由来
花ことば	強い個性
特　徴	春植え球根植物。花のように見えるのは苞で、1つの苞に黄花が2〜3輪咲く。観賞用のほか、地下茎は食用、薬用、染料に利用される。

DATA

学　名	*Curcuma petiolata*
科／属名	ショウガ科クルクマ属
原産地	熱帯アジア
分　布	熱帯アジア、オーストラリア
花　色	● ● ○
草丈(茎長)	50cm〜1m
花　径	1cm（花）、20cm（花序）
花　期	7〜9月
生育環境	非耐寒性
殖やし方	種子まき、株分け、分球
用　途	切花、鉢植え、花壇

MEMO（栽培メモ）
高温多湿、保水・排水の良い肥沃地に栽培する。鉢植え向きの品種と庭植え向きの品種がある。

①'シャローム'
②'サワンチエンマイ'
③ クルクマ・ペティオラータ

june to august

クレオメ

セイヨウフウチョウソウ、スパイダーフラワー／1年草

識別ポイント	夕涼みに似合うユニークな花形
名前の由来	科名は、花形を蝶の舞う姿に見立てて
花ことば	舞姫
特　徴	アメリカ原産の宿根草。葉は3〜7出葉。花びらには細い柄があり、蝶が飛んでいる姿を連想させる。花は夕方に開くため、受粉はガの媒介による。

DATA

学　名	*Cleome*
科／属名	フウチョウソウ科クレオメ属
原産地	アメリカ
花　色	● ○
草丈(茎長)	80cm〜1m
花　径	2cm（花房10cm）
花　期	6〜8月
生育環境	非耐寒性　日当たり良、水はけ良
殖やし方	種子まき
用　途	花壇

MEMO（栽培メモ）
移植をきらうため、4月に花壇などに直まきする。発芽温度は18℃。丈夫な草花で多少条件が悪くても栽培しやすい。

① 風に舞う蝶のよう
② 花の拡大

PART 2 初夏から盛夏に咲く花　　　　　　　　　　　　　　　　　　　　　　　グロキシニア／クロコスミア

グロキシニア
シンニンギア、オオイワギリソウ／多年草

識別ポイント　花形は一重咲き〜八重咲きなど様ざま
名前の由来　命名者の名にちなむ
花ことば　愛の喜び
特徴　春植え球根植物。初夏〜秋にかけてビロード状でラッパ形の美花を咲かせる。赤に白覆輪のエンペラーフレデリック、紫に白覆輪のエンペラーウィリアム、八重咲きのブローケイドなどがある。

DATA
学　名	*Sinningia speciosa*
科／属名	イワタバコ科シンニンギア属
原産地	ブラジル
花　色	🟠🩷🟣⚪
草丈(茎長)	20〜30cm
花　径	約5cm
花　期	6〜10月
生育環境	非耐寒性
殖やし方	種子まき、葉ざし、芽ざし、実生
用　途	鉢植え、花壇

MEMO (栽培メモ)
多湿を好み、暑さや強光に弱いため、夏越は半日陰で。根腐れしやすいので適度に水やりする。

① グロキシニア・シルバティカ
②③ 鉢物の女王といわれる

クロコスミア
ヒメヒオウギズイセン、モントブレチア／球根植物(多年草)

識別ポイント　グラジオラスに似た草姿
名前の由来　別名は、ヒオウギ(緋扇)とスイセン(水仙)に似ていることから
花ことば　気品
特徴　春植え球根植物。葉は脈が目立つ直立、線状披針形で長さ60〜100cm。黄花のオーレア、赤花のルシファ、橙花のマソノラムなどがある。切花にも利用される。

DATA
学　名	*Crocosmia*
科／属名	アヤメ科クロコスミア属
原産地	南アフリカ
花　色	🔴🩷🟡
草丈(茎長)	30cm〜1.2m
花　径	3〜8cm
花　期	7〜8月
生育環境	耐寒性　日当たり良　水はけ良
殖やし方	分球、株分け
用　途	切花、庭植え

MEMO (栽培メモ)
3〜4月に深さ5cm、6cm^{2}に1球植えつける。極度の乾燥をきらうため、こまめに水やりする。アカダニ類に注意。

① 夏空に映える
② 花の拡大

クロサンドラ

ジョウゴバナ、ヘリトリオシベ、キツネノヒガサ／多年草、常緑低木

- **識別ポイント** 花色は橙、黄または白色
- **名前の由来** 雄しべの形状から、ギリシャ語で「房飾り・雄」の意味
- **花ことば** かたい友情
- **特徴** 約50種が熱帯地方の森林周縁に自生する。葉はタマゴ形～披針形で長さ5～12cm、輪生する。扇形の花は、花筒が長く5裂する。

DATA

学名	*Crossandra*
科／属名	キツネノマゴ科クロサンドラ属
原産地	アフリカ、マダガスカル
分布	アラビア、熱帯アフリカ、マダガスカル、スリランカ、インド
花色	橙 黄 白
草丈(茎長)	20～80cm
花径	2～5cm
花期	6～10月
生育環境	非耐寒性　日当たり良　排水良
殖やし方	種子まき、さし木
用途	鉢植え

MEMO（栽培メモ）
日当たり、水はけが良い有機質に富んだ肥沃地に植える。乾燥に強いが過湿に弱いため、水の与えすぎに注意。

①② 漏斗状の花

グロッバ

ガローバ、シャムの舞姫／多年草

- **識別ポイント** 総状花序は垂れ下がる
- **名前の由来** インドネシア・アンボン島での俗名がひろがった
- **花ことば** 一目惚れ
- **特徴** アジア原産の根茎をもつ宿根草。夏～秋にかけて分枝する茎先に、紅色の目立つ苞と黄色い小花を咲かせる。苞は長さ約10cm、花は2～4cm。

DATA

学名	*Globba*
科／属名	ショウガ科グロッバ属
原産地	インド、東南アジア
花色	橙 黄 白
草丈(茎長)	50～80cm
花径	9～12cm（花序）
花期	7～10月
生育環境	非耐寒性
殖やし方	株分け
用途	切花、鉢植え

MEMO（栽培メモ）
高温多湿を好み、冬越は温室内で15℃以上を保つ。日本の気候では地植えは難しいため、鉢植えで楽しむ。

① グロッバ・ウィニティー

PART 2 初夏から盛夏に咲く花　　　グロリオーサ／ゲッカビジン

グロリオーサ

ツルユリ、キツネユリ、ユリグルマ、アカバナキツネユリ／球根植物(多年草)

- **識別ポイント** 珍しい花形
- **名前の由来** 花の美しさから、ラテン語「光栄・見事」に由来。
- **花ことば** 高貴な心
- **特　徴** 茎葉は細長く、先端が巻きひげになっている。花は下向きにつき、ひだがある花びらが反転する独特の花形。濃紅に縁が黄色い花を咲かせるロスチャイルディアナ、黄白花のスーパーバなどがある。

DATA

学　名	*Gloriosa*
科／属名	ユリ科グロリオーサ属
原産地	アフリカ、熱帯アジア
花　色	●●○
草丈(茎長)	50cm～3m(つる性)
花　径	5～10cm
花　期	6～8月
生育環境	非耐寒性
殖やし方	分球
用　途	切花、鉢植え

MEMO (栽培メモ)

春植え球根植物。寒さに弱いため、5℃以上で越冬する。

① グロリオサ・ロスチャイルディアナ
② 黄花種

ゲッカビジン

月下美人　ダッチマンズパイプ／多年草、サボテン類

- **識別ポイント** 大輪の白花には芳香がある
- **名前の由来** 夜の闇に浮かぶ純白の美しい花をたとえた
- **花ことば** 神秘的
- **特　徴** 着生サボテンの一種。白い大輪の花が夜になると数時間のみ美しい姿を現し、朝にはしぼんでしまう。花には特有の香りがある。

DATA

学　名	*Epiphyllum oxypetalum*
科／属名	サボテン科エピフィルム属
原産地	メキシコ～ブラジル
花　色	○
草丈(茎長)	1～3m
花　径	20～30cm
花　期	6～10月
生育環境	非耐寒性
殖やし方	さし木、さし芽
用　途	鉢植え

MEMO (栽培メモ)

高温の明るい日陰で栽培する。花つきを良くするために、2週間に1度液肥を与える。

① みごとな群開
② 花の拡大

ケイトウ

鶏頭 セロシア、カラアイ ／1年草

識別ポイント	草丈、花色、花形はバリエーションに富む
名前の由来	花色、花形から、ギリシャ語「燃焼」に由来
花ことば	狂愛
特　徴	熱帯～亜熱帯原産の1年草。日本には中国から渡来した。花は大きな花房になるため、群植すると鮮明な色彩が楽しめる。切花やドライフラワーとしても人気。

DATA

学　名	*Celosia*
科／属名	ヒユ科ケイトウ属
原産地	アジア、アメリカ、アフリカの熱帯～亜熱帯
花　色	● ● ● ●
草丈(茎長)	20cm～1m
花　径	10～40cm(花穂)
花　期	7～10月
生育環境	非耐寒性
殖やし方	種子まき
用　途	切花、鉢植え、花壇

MEMO (栽培メモ)

移植をきらうため、日当たり、水はけが良い弱酸性土壌に直まきする。

① ウモウケイトウ
② クルメケイトウ
③ トサカケイトウ
④ 'ローズベリーパフェ'
⑤ ヒモゲイトウ（ヒユ属でケイトウ属ではない）

june to august

PART 2 初夏から盛夏に咲く花

ゲッキツ
月橘 ／常緑低木〜常緑小高木

識別ポイント	白い花と赤い果実を観賞
名前の由来	中国名「月橘」を和音読みにしたもの
花ことば	清純な心
特　徴	葉は奇数羽状複葉で、小葉の長さは2〜4cm。6〜9月、枝先に白い5弁花が多数まとまって開花する。花には芳香がある。

DATA
学　名	Marraya paniculata
科／属名	ミカン科ゲッキツ属
原産地	インド、スリランカ
分　布	奄美大島〜沖縄
花　色	○
草丈(茎長)	1〜8m
花　径	2cm
花　期	6〜9月
生育環境	非耐寒性
殖やし方	さし木
用　途	庭木、生垣

MEMO (栽培メモ)
暖地では庭木として栽培されるが、寒さに弱いため寒地では温室内で冬越する。繁殖はさし木による。

実が特に美しい

ゲットウ
月桃 アルピニア、ハナミョウガ ／多年草

識別ポイント	花は穂状の花房が垂れ下がる
名前の由来	属名はイタリアの植物学者「アルピニ」に由来
花ことば	依存
特　徴	観葉植物のひとつ。葉は披針形で長さ30〜50cm、幅10〜15cmの大形。葉脈が目立つもの、斑入りのもの、美しい花を咲かせるものなど種類が多い。

DATA
学　名	Alpinia zerumbet
科／属名	ショウガ科アルピニア属
原産地	インド
分　布	熱帯地方
花　色	○ ● ●
草丈(茎長)	1〜2m
花　径	3〜10cm
花　期	7〜8月
生育環境	非耐寒性　明るい半日陰
殖やし方	株分け
用　途	鉢植え、花壇

MEMO (栽培メモ)
粘質性の用土に適する。

① 斑入り種
② 'タイワンゲットウ'
③ 'タチバナゲットウ'

ケナフ
洋麻 ガンボアサ、アンバリアサ ／1年草

識別ポイント	繊維製品はジュートの名で知られる
名前の由来	英名からつけられた
花ことば	行動力
特徴	アフリカ原産の繊維植物。葉は手のひら状で3裂または7裂し、長さ約15cm。漏斗形の花は単生または複数が総状花序に咲く。

DATA
学名	*Hibiscus cannabinus*
科／属名	アオイ科ヒビスクス属
原産地	インドネシア
分布	温帯、亜熱帯、熱帯
花色	● ○
草丈(茎長)	1〜3m
花径	8〜15cm
花期	8〜9月
生育環境	半耐寒性
殖やし方	種子まき
用途	鉢植え、庭植え

MEMO (栽培メモ)
日当たり、水はけが良い肥沃地に育てる。特に温室の場合はアブラムシ、カイガラムシ、コナカイガラムシなどに注意。

ケナフの花

コキア
ホウキギ、ニワクサ、ホウキグサ ／1年草

識別ポイント	紅葉が美しい
名前の由来	ドイツの植物学者「コッホ」の名にちなむ
花ことば	夫婦円満
特徴	春〜夏にかけて葉が球状に生育し、こんもりとした草姿をつくる。薄緑色の花は小さくて目立たない。果実・トンブリは「畑のキャビア」と呼ばれている。

DATA
学名	*Kochia scoparia*
科／属名	アカザ科ホウキギ属
原産地	中国、ユーラシア大陸
花色	● 秋は ●
草丈(茎長)	80cm〜1m
花径	0.1〜0.2cm
花期	7〜10月
生育環境	非耐寒性
殖やし方	種子まき
用途	庭植え

MEMO (栽培メモ)
4〜5月に種子をまき、発芽温度は15℃くらい。移植をきらうため直まきする。

①'マリコ'の紅葉 ②鉢植え ③夏期の状態

PART 2 初夏から盛夏に咲く花

コスモス
秋桜 アキザクラ、オオハルシャギク
／1年草

識別ポイント	日本の秋を代表する草花
名前の由来	花の美しさからギリシャ語で「飾り・美」の意味
花ことば	美麗
特徴	メキシコ原産の春まき1年草。最近多く出回っている品種はセンセーション。早咲き大輪で花色は紅、桃、白色がある。切花や花壇に多用される。

DATA
学 名	*Cosmos bipinnatus*
科／属名	キク科コスモス属
原産地	南北アメリカ
花 色	●●●●○
草丈(茎長)	30〜80cm
花 径	4〜8cm
花 期	6〜10月
生育環境	非耐寒性 日当たり良 水はけ良
殖やし方	種子まき
用 途	切花、鉢植え、花壇

MEMO （栽培メモ）
多肥は避け、やせ地くらいの方が良い花をつける。性質は強健で1年草だが、こぼれ種子で毎年殖える。

① 大群生
② 'キャンバスイエロー'
③ 白花種
④ 赤花種
⑤ マーガレット・コスモス（スティロディスクス属）

june to august

コムラサキ

小紫 コシキブ、コムラサキシキブ ／落葉低木

- **識別ポイント** 紫色の熟果が枝いっぱいにつく
- **名前の由来** 同属のムラサキシキブより小形なので
- **花ことば** 聡明
- **特徴** 山野の湿地に自生する落葉低木。ムラサキシキブに比べ、草丈、花形、葉形が小さい。紫色の筒状小花が葉のわきに多数集まってつく。

DATA
学 名	*Callicarpa dichotoma*
科／属名	クマツヅラ科ムラサキシキブ属
原産地	日本、朝鮮、中国
分 布	本州、九州、四国、沖縄
花 色	●○
草丈(茎長)	30cm〜2m
花 径	約4mm
花 期	6〜7月
生育環境	日なた〜半日陰
殖やし方	つぎ木
用 途	庭木、鉢植え、切り花

MEMO（栽培メモ）
日なた〜半日陰、土質を選ばずよく育つ。乾燥をきらうため、こまめに水を与える。

① 花より果実が美しい
② 花の拡大
③ 果実が白色のシロシキブ

コリアンダー

チャイニーズパセリ、コエンドロ ／1年草、多年草

- **識別ポイント** ポルトガル人によって伝えられた草花
- **名前の由来** 属名は葉や未熟果にナンキンムシの香りがあることに由来
- **花ことば** 隠された才能
- **特徴** ハーブの一種。6〜7月に咲く小花は、白またはピンク色。乾燥させた果実や若葉は、薬用、香辛料に使われる。

DATA
学 名	*Coriandrum sativum*
科／属名	セリ科コエンドロ属
原産地	地中海沿岸
花 色	●●○
草丈(茎長)	30〜50cm
花 径	0.5cm
花 期	6〜7月
生育環境	非耐寒性　日当たり良　水はけ良
殖やし方	種子まき
用 途	食用、鉢植え、花壇

MEMO（栽培メモ）
日当たり、水はけが良い場所で栽培する。酸性をきらうため、石灰を土壌に入れて耕す。

ハーブで楽しむ

june to august

PART 2 初夏から盛夏に咲く花

① ② ④ 葉形は変化に富む
③ 花

コリウス
キンランジソ、ニシキジソ ／1年草、多年草（栄養系）

識別ポイント	鮮やかで強烈な葉色を鑑賞する
名前の由来	雄しべの形からギリシャ語「鞘」に由来
花ことば	善良な家柄
特　徴	観葉植物のひとつ。多様な品種があり、レインボー系、フリンジド系、ケアフリー系、セーバー系に分けられる。

DATA
学　名	*Coleus*
科／属名	シソ科コリウス属
原産地	アジアの熱帯、亜熱帯、アフリカ
花　色	● ○ 葉色：● ● ● ●
草丈(茎長)	10〜30cm
花　径	0.5〜1cm
花　期	6〜10月
生育環境	非耐寒性
殖やし方	種子まき（栄養系：さし木）
用　途	花壇、鉢植え

MEMO (栽培メモ)
春に種子をまき、発芽温度は25〜30℃。強風や直射日光の当たる場所は避けて管理する。

コンボルブルス・トリコロル

コンボルブルス
セイヨウヒルガオ、サンシキヒルガオ ／多年草

識別ポイント	別名のとおり三色の花
名前の由来	つる性であることからラテン語の「巻きつく」に由来
花ことば	楽しい思い出
特　徴	春まき1年草。初夏〜晩夏にかけて、アサガオに似た花が咲き溢れる。花は昼間に開花し、夜や雨天時は閉じてしまう。

DATA
学　名	*Convolvuls*
科／属名	ヒルガオ科サンシキヒルガオ属
原産地	地中海沿岸、熱帯〜温帯
花　色	● ● ○
草丈(茎長)	20〜40cm
花　径	径6cm
花　期	6〜8月
生育環境	非耐寒性〜耐寒性　日なた
殖やし方	種子まき
用　途	鉢植え、花壇

MEMO (栽培メモ)
種子は移植をきらうため、鉢や花壇に直まきする。酸性をきらうため、石灰を混ぜて中和させる。

サギソウ

鷺草 ／球根植物（多年草）

- **識別ポイント** シラサギが翼を広げたような美しい花
- **名前の由来** 花形がシラサギが飛ぶ姿に似ているため
- **花ことば** 神秘的な愛
- **特徴** サギソウの仲間は距が特に長くて目立ち、その中に虫を呼ぶための甘い蜜が入っている。シラサギに見える部分は唇弁で、その上に雄しべと雌しべ、後ろに2枚の花びらがある。

DATA
学 名	*Habenaria radiata*
科／属名	ラン科ハベナリア属
原産地	日本
分 布	本州、四国、九州
花 色	○
草丈（茎長）	20〜30cm
花 径	3cm
花 期	7〜8月
生育環境	日当たり良
殖やし方	分球
用 途	鉢植え

MEMO（栽培メモ）
日照不足だと徒長するため、風通しが良い日なたで育てる。細い地下茎を伸ばし、その先に新しい球茎をつくって殖える。

①湿原に舞う優雅な花姿
②③シラサギが両翼を広げた姿に似る

サワギキョウ

沢桔梗 ミゾカクシ、宿根ロベリア ／多年草

- **識別ポイント** 花は花弁が細く、穂状になる
- **名前の由来** 沢などに生育するキキョウなので
- **花ことば** 繊細
- **特徴** 葉は披針形で縁にはギザギザがある。園芸品種には、葉幅の広いヒロハサワギキョウ、純白花のシロバナサワギキョウ、紅花のベニバナサワギキョウなどがある。

DATA
学 名	*Lobelia sessilifolia*
科／属名	キキョウ科ロベリア属
原産地	日本、朝鮮、中国
分 布	北海道、本州、四国、九州
花 色	●●●
草丈（茎長）	40cm〜1m
花 径	3〜5cm
花 期	8〜9月
生育環境	耐寒性　日当たり良
殖やし方	種子まき、株分け
用 途	切花、鉢植え、花壇

MEMO（栽培メモ）
乾燥をきらい、日当たりが良く水分の多い肥沃地を好む。性質は強健で栽培しやすい。

①水辺を彩る
②ベニバナサワギキョウ
③宿根サワギキョウ

PART 2 初夏から盛夏に咲く花

サボテン類
仙人掌／多肉植物

識別ポイント	長い乾期に備えて水を蓄えるため、茎が肥大して独特の形
名前の由来	シャボン（石けん）からの転訛とされる
花ことば	傷心
特　徴	太陽の子ともいわれる多肉植物のひとつ。ほとんどの品種はトゲを持っていて、動物に食べられないため、太陽光を反射させて温度の上昇を防ぐ、水を集める役目などがある。

DATA
学　名	*Cactaceae*
科／属名	サボテン科
原 産 地	南北アメリカ
分　布	熱帯地方
花　色	● ● ● ● ● ● ●
草丈(茎長)	2cm～5m
花　径	1～18cm
花　期	7～9月
生育環境	日なた
殖やし方	実生、さし木、接ぎ木
用　途	鉢植え

MEMO （栽培メモ）
日照不足では育たない。培養土の過湿をきらうため、鉢土の表面が乾いてもすぐに水を与えない。

june to august

①'キンヒモ' ②'エキノケレウス' ③'黄彩玉' ④'石晃' ⑤'剣恋玉' ⑥'雪晃' ⑦ウチワサボテンの花

サンスベリア

トラノオ、アツバチトセラン／多年草　観葉植物

識別ポイント	美しい葉色を楽しむ
名前の由来	イタリアの王子「サンセビエロ」を記念して名づけられた
花ことば	追憶
特徴	熱帯地方原産の観葉植物。葉から取れる繊維は、弓などの素材として利用されている。マイナスイオンを発散する（空気の浄化）。

DATA

学名	*Sansevieria trifasciata*
科／属名	リュウゼツラン科サンスベリア属
原産地	熱帯アフリカ、マダガスカル
葉色	● ○
草丈(茎長)	10cm〜1m
花径	1〜2cm
花期	8〜10月
生育環境	耐寒性
殖やし方	さし木、株分け
用途	切花、鉢植え

MEMO（栽培メモ）
春〜秋はたっぷり水を与え、冬は控えめにする。越冬温度は13〜15℃以上。葉ざしをすると斑がなくなる。

① 'ローレンティー'
② 'シルバーハニー'

サンダーソニア

クリスマスベル、チャイニーズランタン／球根植物（多年草）

識別ポイント	つり鐘状の可憐な花
名前の由来	発見者「サンダーソン」の名にちなむ
花ことば	愛らしい
特徴	南アフリカ原産の春植え球根植物。葉はヒメユリの葉に似た大形で、互生する。細長い花茎の先につり鐘状の花が垂れ下がってつく。

DATA

学名	*Sandersonia aurantiaca*
科／属名	ユリ科サンダーソニア属
原産地	南アフリカ
花色	●
草丈(茎長)	30〜60cm
花径	2〜3cm
花期	6〜7月
生育環境	非耐寒性　日当たり良　排水良
殖やし方	分球、種子まき
用途	切花、鉢植え

MEMO（栽培メモ）
3月に日当たり、水はけの良い土壌へ植えつける。過湿に弱く、乾燥に強い。

釣鐘状の小花

PART 2 初夏から盛夏に咲く花　　　　　　　　　　　　　　　　　　ジニア／シペルス

ジニア

ヒャクニチソウ ／1年草、多年草

識別ポイント	開花期が長いことから別名「百日草」
名前の由来	ドイツの植物学者「ツイン」の名にちなむ
花ことば	薄らぐ想い
特徴	江戸時代末期に渡来。品種改良によりダリア咲き、カクタス咲き、高性種、矮性種、巨大輪系、大輪系、小輪系と様ざまな種類がある。

DATA

学名	*Zinnia elegans*
科／属名	キク科ジニア属
原産地	メキシコ
花色	青を除く全色、複色
草丈(茎長)	30～90cm
花径	5～12cm
花期	6～10月
生育環境	非耐寒性　日当たり良　水はけ良
殖やし方	種子まき
用途	鉢植え、花壇

MEMO (栽培メモ)
肥料を多めにすき込んだ日当たりの良い場所で栽培する。花後はこまめに摘み取ると、美しい花が長く楽しめる。

① ジニア・リネアリス（ホソバヒャクニチソウ）（ジニアの仲間）
② ジニア・メランポジウム
③ 'プロフュージョン'
④ 赤色、白色種

シペルス

カヤツリグサ、カヤツリソウ ／1年草、多年草

識別ポイント	葉のような苞を鑑賞する
名前の由来	属名からつけられた
花ことば	哀悼
特徴	カヤツリグサの仲間は、日本にも30種近く自生している。線状の葉のような苞が観賞の対象になる。カミガヤツリ（シペルス・パピルス）は、古代エジプトの紙の原料。

DATA

学名	*Cyperus*
科／属名	カヤツリグサ科シペルス属
原産地	熱帯～亜熱帯
分布	乾燥地～湿地まで約700種
苞色	🟢
草丈(茎長)	60～120cm
花径	0.2～1cm
花期	8～10月
生育環境	半耐寒性～非耐寒性
殖やし方	株分け
用途	鉢植え

MEMO (栽培メモ)
日当たりの良い場所に栽培する。水を好むため、鉢のまま水槽や池に入れて楽しむこともできる。越冬は温室内で5℃以上必要。

水を好む

シュウカイドウ

秋海棠 ヨウラクソウ／多年草

- 識別ポイント 花は小さく芳香がある
- 名前の由来 種名のエバンシアーナは人名による
- 花ことば 素朴
- 特徴 17世紀、長崎に渡来した草花。ベゴニア属の中で唯一耐寒性があり、露地栽培が可能。葉はタマゴ形で長さ約10cm、縁にはギザギザがある。花は白または淡桃色、集散花序をつくり茎に吊り下がって咲く。

DATA
学　名	*Begonia evansiana*
科／属名	シュウカイドウ科ベゴニア属
原産地	中国、マレー半島
分布	日本各地
花色	● ○
草丈(茎長)	30～50cm
花径	2～3cm
花期	8～10月
生育環境	耐寒性　湿り気　半日陰
殖やし方	種子まき、さし芽、分球、株分け
用途	鉢植え、花壇、グランドカバー

MEMO (栽培メモ)
有機質に富んだ半日陰の湿地を好む。耐寒性が強いため、屋外で越冬可能。

① 半陰地を彩る
② 白花種

シュウメイギク

秋明菊 キブネギク、ジャパニーズアネモネ／多年草

- 識別ポイント 株全体が白い毛で覆われている
- 名前の由来 秋に咲くキクなので「秋明菊」
- 花ことば 耐え忍ぶ愛
- 特徴 中国から渡来した多年草。名前にキクとつくが、キク科の植物ではない。花びらに見えるのはガク片で、一重咲き、半八重咲き、八重咲きになる。

DATA
学　名	*Anemone hupehensis* var.
科／属名	キンポウゲ科アネモネ属
原産地	中国、日本
分布	本州、四国、九州
花色	● ● ○
草丈(茎長)	50～80cm
花径	3～5cm
花期	8～10月
生育環境	耐寒性　日なた～半日陰
殖やし方	株分け、根伏せ
用途	切花、鉢植え、花壇

MEMO (栽培メモ)
水はけ、水もちの良い腐植質に富んだ肥沃地に適する。シンクイムシの食害に注意する。

① 白花種
② 桃色花種
③ 紅色花種

PART 2 初夏から盛夏に咲く花　　　　　　　　　　　　　　　宿根アスター類／ジンジャー

宿根アスター類
多年草

識別ポイント	紅色系の花が咲き溢れる
名前の由来	花形からアスターは「星形」を意味する
花ことば	損得勘定
特徴	世界各地に約500種自生するアスターの中でも、強健で栽培しやすい宿根草。北アメリカ原産のユウゼンギク、花もちが良いシロクジャク、葉に粘液を含むネバリノギクなど園芸品種が多い。

DATA
学名	*Aster tataricus*
科/属名	キク科アスター属
原産地	北アメリカ
分布	本州中国地方、九州
花色	●●●○
草丈(茎長)	70〜120cm
花径	1.5〜3cm
花期	6〜11月
生育環境	耐寒性　日なた〜半日陰
殖やし方	さし木、株分け
用途	切花、鉢植え、花壇

MEMO（栽培メモ）
水はけ、水もちが良く、西日が避けられる場所へ植えつける。花後、枯れた花穂を取り除き、種子を実らせないようにする。

① ミケルマス・ピンク
② 淡桃色種
③ 桃紅色種

ジンジャー
シュクシャ／多年草

識別ポイント	強い芳香がある
名前の由来	属名は甘い芳香がある純白の花にちなんで、ギリシャ語で「甘い雪」の意味
花ことば	誘惑
特徴	7〜10月、太い茎葉の先に白い蝶のような花が、甘美な香りとともに開花する。黄花のガードネリアナム、淡桃花のカーネウム、白花のコロナリウムを原種に多くの改良品種がつくられた。

DATA
学名	*Hedychium*
科/属名	ショウガ科ヘディチウム属
原産地	東南アジア〜インド
花色	●●●○
草丈(茎長)	1〜2m
花径	5〜10cm
花期	7〜10月
生育環境	非耐寒性
殖やし方	分球
用途	切花、鉢植え、花壇

MEMO（栽培メモ）
春植え球根植物。乾燥しにくい土地を好み、40cm四方に1株植えつける。梅雨が明けた頃、化学肥料などを施す。

① 白い蝶のような花
② 園芸品種が多い
③ 'ベニサキガケ'

シンフォリカルフォス

セッコウボク、シラタマヒョウタンボク、シンフォリカルポス／落葉低木

識別ポイント	白い果実を観賞する
名前の由来	果実が房状につくことからギリシャ語で「共に生ずる・果実」の意味。
花ことば	安楽な生活
特徴	中国～アメリカの森林、平野などに約17種が自生する。花は釣鐘形～漏斗形、蜜が多いため蜂が集まりやすい。花後、枝先に白い果実が5～10個まとまってつく。

DATA

学名	*Symphoricarpos albus*
科／属名	スイカズラ科シンフォリカルポス属
原産地	北アメリカ
花色	○
草丈(茎長)	30～50cm
花径	3mm
花期	7～9月
生育環境	耐寒性　日当たり良
殖やし方	さし木
用途	切花、鉢植え、庭木

MEMO (栽培メモ)
適度に水はけが良い肥沃地で栽培する。乾燥に弱いため、多めに水を与える。

① 花と実
② 果実は6～8mmの白色球形

june to august

ストケシア

ルリギク／多年草

識別ポイント	花色は紫色のほか、青、桃、淡黄、白などがある
名前の由来	イギリスの植物学者「ストークス」の名にちなむ
花ことば	たくましさ
特徴	北アメリカ原産の多年草。花茎の先が3～4本に分かれ、先端にヤグルマギクに似た頭状花を1輪ずつ咲かせる。花壇や切花に多用される。

DATA

学名	*Stokesia*
科／属名	キク科ストケシア属
原産地	北アメリカ
花色	●●●●○
草丈(茎長)	30～80cm
花径	約8cm
花期	6～10月
生育環境	耐寒性　日当たり良　水はけ良
殖やし方	種子まき、株分け
用途	切花、鉢植え、花壇

MEMO (栽培メモ)
日当たり、水はけが良い土壌を好む丈夫で育てやすい草花。繁殖力が旺盛なので、大株になったら株分けにより植え替える。

① 花期には次つぎ花を咲かせる
② "シルバームーン"
③ 花の拡大

PART 2 初夏から盛夏に咲く花

セージ類
セイヨウセージ、ヤクヨウサルビア、ガーデンセージ／多年草

識別ポイント	香りが強いハーブ
名前の由来	英名からつけられた
花ことば	意気軒昂
特徴	ハーブの一種。初夏に咲く花は筒状の小花が集まり穂状につく。紫色花のパープルセージ、草丈1mにもなるクラリーセージ、黄色い斑入りのゴールデンセージのほか、コモンセージ、ペインテッドセージなど多くの種類がある。

DATA
学 名	*Salvia*
科／属名	シソ科サルビア属
原産地	地中海沿岸、南ヨーロッパ
花 色	●●●●○
草丈(茎長)	40cm〜1m
花 径	1cm前後
花 期	7〜10月
生育環境	耐寒性
殖やし方	種子まき、さし芽、取り木
用 途	鉢植え、庭植え、食用

MEMO (栽培メモ)
種子は春と秋に苗床や鉢に点まきする。葉や花を乾燥させて、料理や入浴剤、ポプリ、殺菌などに利用される。

① メキシカンブッシュセージ　② パイナップルセージ
③ ウッドセージ　④ チェリーセージ　⑤ トリカラーセージ
⑥ ガーデンセージ　⑦ コモンセージ

ゼフィランサス

サフランモドキ、タマスダレ、レインリリー ／球根植物(多年草)

- **識別ポイント** 直立した花茎の先に可愛らしい花をつける
- **名前の由来** 西半球に自生するため、ギリシャ語の「西風・花」に由来
- **花ことば** 清純な愛
- **特徴** 春植え球根植物。最も多く栽培されるカンジダ、大輪の桃色花カリナタ、大輪の純白花ペタンクラタ、白花の矮性種メキシカン・鮮黄花のシトリナなどがある。

DATA
学 名	*Zephyranthes*
科／属名	ヒガンバナ科ゼフィランサス属
原産地	ジャマイカ、キューバ、メキシコ
分 布	本州東北地方以南、四国、九州、沖縄
花 色	●●●●○
草丈(茎長)	10〜30cm
花 径	3〜4cm
花 期	6〜10月
生育環境	耐寒性〜半耐寒性　日なた〜半日陰
殖やし方	種子まき、分球、株分け
用 途	鉢植え、花壇

MEMO (栽培メモ)
小球根だが、強くたくましく育つ品種。日当たり、水はけが良い肥沃地に栽培する。

①② 雨後に花を咲かせる

センニチコウ

千日紅 センニチソウ、グローブアマランス ／1年草

- **識別ポイント** 長期間花を楽しめる
- **名前の由来** ジニア(百日草)やサルスベリ(百日紅)より花期が長いため「千日紅」
- **花ことば** 不老長寿
- **特徴** 世界の熱帯地域に約100種が分布する1年草。花は両性花で径2〜4cm、茎の先に球形の頭状花が咲く。切花にもよく利用される。

DATA
学 名	*Gomphrena globosa*
科／属名	ヒユ科センニチコウ属
原産地	熱帯アフリカ(熱帯アメリカ？)
花 色	●●●●○
草丈(茎長)	20〜50cm
花 径	2mm　2〜4cm(花房)
花 期	7〜10月
生育環境	非耐寒性　日なた
殖やし方	種子まき
用 途	切花、鉢植え、花壇

MEMO (栽培メモ)
2〜4月、日当たりが良い腐植土壌へ種子をまく。

①②③ 庶民的な親しみがもたれている花

june to august

PART 2 初夏から盛夏に咲く花　　　　ダイモンジソウ／タチアオイ

ダイモンジソウ
大文字草／多年草

識別ポイント	花色は白のほか、桃、淡紅、淡黄色などがある
名前の由来	岩に自生することから、属名はギリシャ語「岩・割る」に由来
花ことば	夢幻泡影
特徴	日本各地に広く分布している山野草のひとつ。花をよく観察すると上に3枚の花弁、下に2枚の長い花弁があり、漢字の「大」の字に見える。枝分かれした花茎の先に、小さな花を咲かせる。

DATA
学名	*Saxifraga fortunei*
科／属名	ユキノシタ科サキシフラガ属
原産地	日本、朝鮮
分布	北海道、本州、四国、九州
花色	○ ● ●
草丈(茎長)	15cm前後
花径	1〜1.5cm
花期	8〜11月
生育環境	耐寒性　半日陰〜日陰
殖やし方	株分け
用途	鉢植え

MEMO (栽培メモ)
半日陰〜日陰の岩の苔むした場所に自生する植物なので、夏の直射日光が当たらないよう注意する。湿地を好むため、水は多めに与える。

① みごとな群生
② '舞姫'
③ '紅富士'
④ 紅花ダイモンジソウ
⑤ ヤクシマダイモンジソウ

タチアオイ
立葵　ホリホック、ハナアオイ／1・2年草、多年草

識別ポイント	花はハイビスカスに似る
名前の由来	属名は古代ギリシャ語で「治療する」の意味
花ことば	快癒
特徴	花色は赤、桃、黄、白、褐色など多彩。一重咲き〜八重咲き、矮性種〜高性種まである。根には薬効があり、胃腸薬などにされる。

DATA
学名	*Alcea rosea*
科／属名	アオイ科タチアオイ属
原産地	地中海沿岸〜アジア
花色	● ● ○ ● ●
草丈(茎長)	1〜2m
花径	10cm前後
花期	7〜9月
生育環境	耐寒性　日なた　排水良
殖やし方	種子まき
用途	花壇

MEMO (栽培メモ)
本来は多年草だが、春に種子をまき、夏に開花する1年草が多くなっている。丈夫で育てやすい草花。

① 'ホリホッグ'（園芸品種）
② 黒花種
③ 薄黄色花種

ダリア

テンジクボタン ／1年草、球根植物

- **識別ポイント** 初夏〜秋に大形の美花を咲かせる
- **名前の由来** スウェーデンの植物学者「ダール」の名にちなむ
- **花ことば** 豊かな愛情
- **特徴** ダリアは約30000種があるといわれ、多彩な花色、花形、草丈の品種が栽培されている。シングル咲き、ボール咲き、ピオニー咲き、カクタス咲き、オーキッド咲きなどがある。

DATA
学名	*Dahlia*
科/属名	キク科ダリア属
原産地	メキシコ
花色	●●●●○
草丈(茎長)	20cm〜2m
花径	4〜25cm
花期	7〜10月
生育環境	半耐寒性
殖やし方	種子まき、分球、さし芽
用途	切花、花壇、鉢植え

MEMO (栽培メモ)
日当たり、水はけが良い場所を好み、化学肥料や有機質肥料を十分施してから植えつける。病虫害に侵されやすいため、注意が必要。

june to august

① ダリアの花壇
② 'サマーダンス'
③ '大黄錦'
④ '炎冠'
⑤ 'ロキシー'
⑥ ポンポン咲き

251

PART 2 初夏から盛夏に咲く花　　　　　　ダンギク／チャービル

ダンギク

段菊 ランギク、カリオプテリス、ブルースパイア ／1年草、多年草

識別ポイント	紫色の花が段状に咲く
名前の由来	花が段を成して咲くので
花ことば	翻弄
特徴	東アジアに分布する草花。筒形の紫色の小花が多数集まってつく。性質が強いため東京近郊では露地でもよく生長する。切花は水あげを良くするため、湯あげまたは煮あげする。

DATA

学　名	*Caryopteris incana*
科／属名	クマツヅラ科カリオプテリス属
原産地	日本、朝鮮半島、中国、台湾
分　布	九州
花　色	●●○
草丈(茎長)	30～60cm
花　径	0.2～0.5cm
花　期	8～9月
生育環境	耐寒性　日当たり良
殖やし方	種子まき、株分け
用　途	切花、花壇、鉢植え

MEMO (栽培メモ)
4～5月に水はけが良い肥沃地に種子をまく。－5℃まで耐え、九州では自生が見られる。

芳香がある小さな花が茎を取り巻く

チャービル

ウイキョウゼリ、セルフィーユ ／1年草

識別ポイント	レース状の白い花
名前の由来	フランス料理に利用するハーブ名に由来
花ことば	保護
特徴	明治時代に渡来したハーブの一種。花は白色、茎先にまとまって咲き、花びらは5枚。料理に加えたり、発汗作用があるため紅茶にして飲んだり、そのほか消化作用や高血圧にも効能がある。

DATA

学　名	*Anthriscus cereifolium*
科／属名	セリ科シャク属
原産地	アジア西部、ヨーロッパ、ロシア南部
花　色	○
草丈(茎長)	20～60cm
花　径	2～3.5mm
花　期	6～7月
生育環境	日なた～半日陰
殖やし方	種子まき
用　途	鉢植え、庭植え

MEMO (栽培メモ)
種子は春と秋に半日陰の涼しい場所へ直まきする。花芽をこまめに摘み取りながら栽培する。

葉にはパセリに似た甘い香りがある

チューベローズ
ポリアンサス、月下香、夜来香 ／球根植物

識別ポイント	香り高い草花
名前の由来	種名からつけられた
花ことば	光風霽月
特徴	メキシコ原産の球根植物。一重咲き～八重咲きがあり、白またはピンク色の花が15～20輪穂状に咲く。花は下から咲き上がり、切花としても人気がある。

DATA
学名	*Polianthes tuberosa*
科／属名	リュウゼツラン科ポリアンテス属
原産地	メキシコ
花色	● ○
草丈(茎長)	90cm
花径	3cm
花期	8～9月
生育環境	半耐寒性
殖やし方	分球
用途	鉢植え、切花

MEMO（栽培メモ）
肥料を多めにすき込んだ耕土に適する。球根は10cm平方に1球植えつけ、覆土は5cmくらい。たっぷり水を与える。

① 香りが高い月下香
② 太い茎に咲く芳香花

ツキヌキニンドウ
突抜忍冬 ／つる性常緑低木

識別ポイント	枝先に数花がまとまって咲く
名前の由来	茎が葉を突き抜いているように見えるため
花ことば	言い表せない想い
特徴	明治時代初期に渡来したつる性植物。花は朱赤色で、長さ3～4cmの細長い筒状、先が5裂する。果実は径5～6mmの球形で、秋に赤く熟す。（P.110, P.198参照）

DATA
学名	*Lonicera sempervirens*
科／属名	スイカズラ科スイカズラ属
原産地	北アメリカ
花色	●
草丈(茎長)	5～6m
花径	3～4cm（花長）
花期	6～9月
生育環境	日なた
殖やし方	さし木
用途	庭植え、鉢植え

MEMO（栽培メモ）
日当たり、水はけがよい肥沃地に栽培する。つるを伸ばすため、支柱を立てて誘引する。

① 塀にからませたり、アーチをつくる
② 花の拡大

june to august

PART 2 初夏から盛夏に咲く花

ツキミソウ
月見草 オオマツヨイグサ、マツヨイグサ ／1・2年草、多年草

- **識別ポイント** 黄、淡紅、白色の4弁花
- **名前の由来** 夕方になると花が開くことから
- **花ことば** 魅力的
- **特　徴** 本来は夕方に開花して翌朝しぼむが、昼咲き種もある。花径約1cmのヒメツキミソウ、5cmくらいのオオマツヨイグサ、8cmくらいの大輪ツキミソウがある。

DATA
学　名	*Oenothera erythrosepala*
科／属名	アカバナ科マツヨイグサ属
原産地	南北アメリカ
花　色	〇 ● 〇
草丈(茎長)	20〜50cm
花　径	1〜8cm
花　期	7〜9月
生育環境	耐寒性
殖やし方	種子まき、さし芽
用　途	鉢植え、花壇

MEMO（栽培メモ）
水はけが良い砂質土壌を好む。性質は強健で、繁殖力が強い草花。

① モモバナヒメツキミソウ
② 大輪ツキミソウ
③ シロバナツキミソウ
④ ヒルザキツキミソウ

ツルマサキ
蔓柾、蔓正木 リュウキュウマサキ ／常緑低木

- **識別ポイント** つるを伸ばして生育する
- **名前の由来** つる性で葉がマサキに似ているため
- **花ことば** 気長に待つ
- **特　徴** 葉は広楕円形で長さ約5cm、縁にはギザギザがある。白または金色の斑入り種もある。黄緑色の小花が多数集まりつるとともによじ登る様は見応えがある。果実は白色で径6mmの球状。

DATA
学　名	*Euonymus fortunei* var.*radicans*
科／属名	ニシキギ科ニシキギ属
原産地	日本、朝鮮半島、中国
分　布	日本全国
花　色	〇
草丈(茎長)	60cm〜5m（つる性）
花　径	2〜5mm
花　期	6〜7月
生育環境	日なた〜半日陰
殖やし方	さし木
用　途	庭植え、垣根、グランドカバー

MEMO（栽培メモ）
水はけが良いやせ地を好み、日なた〜半日陰に生育可能。カイガラムシに注意する。

① 葉脈から集散花序を出す
② 斑入り種
③ 果実

ツンベルギア
ヤハズカズラ、タケダカズラ／常緑低木

- 識別ポイント：花色は黄橙系が多い
- 名前の由来：スウェーデンの植物学者「ツンベリー」の名にちなむ
- 花ことば：気持ちの決着
- 特徴：1879年に渡来した暖地性植物。葉はタマゴ状三角形で長さ8cm以下、縁にはギザギザがある。7～10月、単生の皿状花が側枝につく。

DATA
- 学名：*Thunbergia alata*
- 科／属名：キツネノマゴ科ツンベルギア属
- 原産地：熱帯アジア、アフリカ、マダガスカル
- 花色：● ● ● ● ● ○
- 草丈(茎長)：1～2m
- 花径：1～2cm
- 花期：7～10月
- 生育環境：非耐寒性
- 殖やし方：種子まき、さし木、取り木
- 用途：鉢植え、庭木

MEMO（栽培メモ）
3～4月に日当たり、排水が良い土壌へ種子をまき、5月に定植する。寒さに弱く、生育最低温度は7～10℃。

① ツンベルギア・マイソレンシス
② 花の拡大

デュランタ
ハリマツリ、ジュランカツラ／常緑低木

- 識別ポイント：球形の果実は黄色い液果
- 名前の由来：ローマの植物学者「デュランテス」の名にちなむ
- 花ことば：独り善がり
- 特徴：熱帯地域の森林に自生する常緑樹。葉はタマゴ形で単葉、縁にはギザギザがある。周年咲き続ける花は円錐花序につき、枝先から垂れ下がる。

DATA
- 学名：*Duranta repens*
- 科／属名：クマツヅラ科ハリマツリ属
- 原産地：熱帯地方　北アメリカ南部
- 花色：● ● ○
- 草丈(茎長)：30cm～1m
- 花径：1～1.5cm
- 花期：7～9月
- 生育環境：半耐寒性～非耐寒性
- 殖やし方：さし木
- 用途：切花、鉢植え、庭植え

MEMO（栽培メモ）
水はけが良い肥沃地を好み、高温～半日陰で生育可能。刈り込みに強く、せん定に耐える。

① 鉢植えでも楽しめる
② 果実
③ デュランタレペンス'バイオレット'

PART 2 初夏から盛夏に咲く花　　　　　　　　　　　　　　　　　　　　　　　トケイソウ

トケイソウ
時計草 パッシフロラ／常緑低木

識別ポイント	時計のような変わった花形
名前の由来	花が時計の文字盤に似ているため
花ことば	奇抜
特　徴	ブラジル、ペルー原産のつる性植物。7〜8月、わん形の花が咲き、副花冠には紫、青、白色の帯がある。果実を食用するクダモノトケイソウ、赤花のベニバナトケイソウなど種類が多い。

DATA
学　名	*Passiflora*
科／属名	トケイソウ科トケイソウ属
原産地	ブラジル、ペルー
花　色	● ● ● ○
草丈(茎長)	30〜80cm
花　径	6〜10cm
花　期	7〜8月
生育環境	非耐寒性
殖やし方	種子まき、さし木
用　途	鉢植え、庭植え

MEMO (栽培メモ)
土質は選ばないが、日当たり、水はけが良い場所を好む。春に種子まき、夏にさし木によって殖やす。

① パッシフロラ・カエルレア ② パッシフロラ・アラタ ③ クダモノトケイソウ ④ ベニバナトケイソウ(パッシフロラ・コッキネア) ⑤ 'アメジスト' ⑥ パッシフロラ・カエルノア

june to august

トリトマ
シャグマユリ、トーチリリー／多年草

- **識別ポイント** 長い花茎の先に花が穂状に咲く
- **名前の由来** ドイツの植物学者「クニホフ」にちなむ
- **花ことば** 切ない恋心
- **特徴** アフリカ原産の植物だが、耐寒性に強く北海道でも屋外で越冬可能。欧米で多く栽培されるオオトリトマは、つぼみは紅色で花が開くと黄色になるため花穂は2色に見える。日本で多く出回っているヒメトリトマは、全体に小形でつぼみは橙色、花は黄色。

DATA
学名	*Kniphofia*
科／属名	ユリ科クニフォフィア属
原産地	熱帯アフリカ、南アフリカ
花色	●●●
草丈(茎長)	30cm〜1m
花径	0.3〜0.5cm
花期	6〜10月
生育環境	耐寒性　日なた
殖やし方	種子まき、株分け
用途	切花、庭植え

MEMO (栽培メモ)
春に有機化成肥料を施した水はけが良い土壌へ植えつける。強健な性質の草花で、繁殖力も強い。

① 特異な花形　② ヒメトリトマ

トルコギキョウ
トルコ桔梗　リシアンサス、ユーストマ／1・2年草

- **識別ポイント** 花はサテンのような質感をもつ
- **名前の由来** 花形をトルコ人のターバンに見立てて
- **花ことば** 誠実な恋
- **特徴** 葉はタマゴ形〜長楕円形で長さ約8cm、灰緑色で葉脈が目立つ。8〜9月、釣鐘形の花が長い茎先に単生または房状に咲く。切花にも利用される。

DATA
学名	*Eustoma grandiflorum*
科／属名	リンドウ科ユーストマ属
原産地	北アメリカ
花色	●●●○
草丈(茎長)	30〜80cm
花径	3〜7cm
花期	8〜9月
生育環境	非耐寒性
殖やし方	種子まき
用途	切花、鉢植え、庭植え

MEMO (栽培メモ)
秋に種子をまき、発芽温度13〜16℃で管理する。生育期にはたっぷりと水を与え、バランスの良い液肥を施す。

① '東の漣'
② '八重ピンク'

PART 2 初夏から盛夏に咲く花

トレニア

ナツスミレ、ツルウリグサ、ハナウリグサ ／1年草、多年草

識別ポイント	花色は淡紫、青、白、ピンクなど
名前の由来	スウェーデンの牧師「トレン」の名にちなむ
花ことば	華奢
特 徴	多花性で色彩豊かな花が次つぎ咲き続けて花壇をにぎやかに彩る。エディブルフラワーにも利用される。園芸品種には小形のクラウンシリーズ、極小形のパンダシリーズなどがある。

DATA

学 名	*Torenia*
科／属名	ゴマノハグサ科トレニア属
原産地	熱帯アジア〜アフリカ
花 色	●●●○
草丈(茎長)	20〜30cm
花 径	3〜4cm(花長)
花 期	6〜9月
生育環境	非耐寒性　排水良
殖やし方	種子まき、さし芽
用 途	鉢植え、庭植え

MEMO (栽培メモ)

こぼれ種で毎年春になると発芽する。生育温度は15〜25℃、風通しが良い日なたで育てる。

① 大群生
② 鉢植え
③ 花の拡大

ナツツバキ

夏椿　シャラノキ ／落葉低木〜高木

識別ポイント	ツバキに似た白い花
名前の由来	夏に咲く花がツバキに似ていることから
花ことば	哀愁
特 徴	森林地帯に自生する落葉樹。葉はタマゴ形で長さ4〜10cm、裏面には毛がある。花は杯形で白色、花びらは5枚で縁には切れ込みがある。仲間には小形のヒメシャラ、遅咲き種のヒコサンヒメシャラなどがある。

DATA

学 名	*Stewartia pseudo camellia*
科／属名	ツバキ科ナツツバキ属
原産地	本州東北地方以南、四国、九州、沖縄
花 色	○
草丈(茎長)	50cm〜15m
花 径	2〜7cm
花 期	6〜7月
生育環境	半日陰
殖やし方	さし木
用 途	庭木

MEMO (栽培メモ)

湿潤地を好むため腐葉土を多めにすき込む。せん定は落葉期の1〜2月に、不要な枝は必ず付け根から切り取り、自然の樹形を損なわないようにする。

ツバキに似ている花

ニーレンベルギア

ギンパイソウ、アマモドキ、カップフラワー ／1年草、多年草

識別ポイント	開花期が長く、花壇やロックガーデンに最適
名前の由来	スペインの植物学者「ニーレンベルグ」の名にちなむ
花ことば	輝映
特　徴	マット状に広がり、茎から発根する宿根草。葉は丸形で長さ約3cm、互生する。初夏〜晩夏にかけて咲く花は釣鐘形、花色は青、紅紫、白色などがある。

DATA
学　名	*Nierembergia*
科／属名	ナス科ニーレンベルギア属
原産地	熱帯〜亜熱帯地方、アルゼンチン
花　色	● ● ○
草丈(茎長)	10〜20cm
花　径	2〜5cm
花　期	6〜9月
生育環境	非耐寒性　日当たり良　水はけ良
殖やし方	種子まき、株分け、さし芽
用　途	鉢植え、花壇

MEMO（栽培メモ）
耐暑性が強く、越冬は0℃以上保つ。生育期はたっぷりと水を与え、月に1度バランスの良い液肥を施す。

①② 地味だが清楚な花姿

ネペンテス

ウツボカズラ ／多年草

識別ポイント	代表的な食虫植物
名前の由来	薬効があるとされたことから、ギリシャ語「うれいを払う」に由来
花ことば	同化
特　徴	捕虫袋を観賞する食虫植物。葉の先が袋状に変形し、その中に取り込んだ昆虫などを消化吸収する。花被のない小さな雄花と雌花が総状花序につく。

DATA
学　名	*Nepenthes*
科／属名	ウツボカズラ科ネペンテス属
原産地	熱帯アジア
花　色	●
草丈(茎長)	30〜60cm
花　径	5〜8mm
花　期	6〜8月
生育環境	非耐寒性　日なた〜半日陰
殖やし方	さし木、取り木
用　途	鉢植え

MEMO（栽培メモ）
湿度の高い場所を好むため、湿っぽく通気性がある腐葉土へ植えつける。コナカイガラムシに注意する。

① サーウィリアム・ティティダイヤー
② 'ウィッティ'

june to august

PART 2 初夏から盛夏に咲く花

ノウゼンカズラ
凌霄花 チャイニーズトランペットフラワー ／落葉低木

識別ポイント	新梢の先にラッパ状の花を咲かせる
名前の由来	弓形の雄しべから、ギリシャ語「曲がる」に由来
花ことば	執着心
特徴	中国原産のつる性落葉樹。橙赤色の小形の花を咲かせるアメリカノウゼンカズラ、つる性ではなく株状に生育するヒメノウゼンカズラなど品種が多い。

DATA
学 名	*Campsis grandiflora*
科／属名	ノウゼンカズラ科ノウゼンカズラ属
原産地	中国
分 布	関東地方以南
花 色	●●●
草丈(茎長)	30cm～10m（つる性）
花 径	4～8cm
花 期	7～8月
生育環境	耐寒性
殖やし方	さし木
用 途	鉢植え、庭木

MEMO (栽培メモ)
土質は選ばないため、日当たり、排水が良い場所に植えつける。11～3月に前年に伸びた部分を切り取って整える。

①③ つる性で生育が早い　② 花の拡大
④ アメリカノウゼンカズラ　⑤ ヒメノウゼンカズラ

バーバスカム

ニワタバコ、モウズイカ、ビロードモウズイカ／2年草

識別ポイント	1花の寿命は短いが多花性で次つぎと咲き続ける
名前の由来	全草に毛があることから、ラテン語「ひげ」に由来
花ことば	集団行動
特　徴	世界各地に約360種が分布する2年草で、栽培されているものはほとんど園芸品種。根出葉は互生し、縁にはギザギザがありやわらかい。花は直立した茎の先に小花が集まり、長い穂状の花房を形成する。

DATA
学　名	*Verbascum thapsus*
科／属名	ゴマノハグサ科バーバスカム属
原産地	北アフリカ、地中海沿岸
花　色	○ ●
草丈(茎長)	50cm～1.5m
花　径	2cm前後
花　期	7～8月
生育環境	耐寒性　耐霜性　水はけ良
殖やし方	種子まき、株分け
用　途	鉢植え、花壇、ロックガーデン

MEMO（栽培メモ）
日当たりが良いアルカリ性の土地を好む。種子まきは晩春～初夏に、株分けは春に行う。

次つぎと花を咲かせる

ハエマンツス

マユハケオモト
球根植物

識別ポイント	独特な花形
名前の由来	属名からつけられた
花ことば	愛惜
特　徴	秋植え球根植物。夏咲きのコッキネウス、春咲きのマグニフィカス、赤花のムルチフロルスは別名線香花火、白花のアルビフロルスなど品種が多い。

DATA
学　名	*Haemanthus*
科／属名	ヒガンバナ科ハエマンツス属
原産地	南アフリカ、熱帯アフリカ
花　色	● ○
草丈(茎長)	30cm～1m
花　径	5～15cm
花　期	6～10月
生育環境	非耐寒性
殖やし方	分球
用　途	切花、鉢植え

MEMO（栽培メモ）
10月に植えつけ、冬は5℃以上を保ち、夏は半日陰の涼しい場所で栽培する。乾燥気味に管理して、寒い日は水やりを控える。

葉は厚く花茎は太い

june to august

ハギ
萩 ヤマハギ ／落葉低木

- **識別ポイント** 秋の七草のひとつ
- **名前の由来** 秋の転訛説がある
- **花ことば** 懐かしい想い出
- **特徴** 多くの品種があり、それぞれ分布や樹高が異なる。日本全国に生育するヤマハギは、高さ1～2mで紅紫色の花が枝先にまとまって咲く。本州に分布するミヤギノハギは、枝先が垂れ下がる半低木。そのほか、マルバハギ、ツクシハギ、キハギなどが植栽される。

DATA
学　名	*Lespedeza bicolor*
科／属名	マメ科ハギ属
原産地	アジア東部
分　布	日本全国
花　色	🌸🟣
草丈(茎長)	1～3m
花　径	1cm前後
花　期	7～9月
生育環境	耐寒性　日なた　水はけ良
殖やし方	さし木
用　途	鉢植え、庭植え、庭木

MEMO (栽培メモ)
日当たり、水はけが良い肥沃地で栽培する。せん定は基部近くまで花がついた茎を切り戻す。

①ミヤギノハギ　②ヤマハギ　③'エドシボリ'

バジル

メボウキ ／1年草、多年草

- **識別ポイント** ハーブの一種
- **名前の由来** ギリシャの古名に由来
- **花ことば** 強壮
- **特徴** 葉は表面に光沢がある緑色。7〜9月に白い唇形の花を咲かせる。食欲をそそる強い芳香があり、パスタ、サラダ、スープなど特にイタリア料理に欠かせないハーブ。

DATA

学名	*Ocimum basilicum*
科／属名	シソ科メボウキ属
原産地	インド、マレーシア
花色	● ○
草丈(茎長)	30cm〜1m
花径	0.5〜2cm　5〜10cm(花穂)
花期	7〜9月
生育環境	非耐寒性
殖やし方	種子まき
用途	鉢植え、庭植え、食用

MEMO (栽培メモ)

熱帯原産植物で寒さに弱いため、生育適温は23〜28℃。種子は日当たりが良い肥えた土壌へ直まきする。

june to august

① 'アメリカン・ブルーバジル'
② 'ダークオパール'
③ 花の拡大
④ シナモン・バジル
⑤ スイート・バジル
⑥ パープル・バジル

PART 2 初夏から盛夏に咲く花

ハナキリン
花麒麟　ユーフォルビア　／多肉植物

識別ポイント	花が美しい多肉植物のひとつ
名前の由来	花茎の形をキリンの首に見立てて
花ことば	別居
特徴	マダガスカル原産の植物。茎には刺があり、多くの枝をつける。葉は暗緑色の長卵形で長さ約4cm。赤、紅、黄、白などの総苞をもつ花が中央部に密集する。

DATA
学　名	*Euphorbia milii* var.*splendens*
科／属名	トウダイグサ科ユーフォルビア属
原産地	マダガスカル
花　色	●●●○
草丈(茎長)	20〜90cm
花　径	1〜3cm
花　期	6〜10月
生育環境	非耐寒性　日なた　排水良
殖やし方	さし木
用　途	鉢植え

MEMO (栽培メモ)
乾燥には強いため、水やりは控えめにする。冬は室内に入れて、7〜10℃以上を保つ。

june to august

① 花びらは紅唇を想わせる
② ユーフォルビア・ミリー・スプレンデンス
③ 悪魔のような植物ともいわれる
④ キバナハナキリン
⑤ 淡黄色花種

ヒガンバナ
彼岸花 リコリス、マンジュシャゲ

／球根植物（多年草）

- **識別ポイント** 細長い花弁は反転する
- **名前の由来** 秋の彼岸の頃、花を咲かせるため
- **花ことば** 蘇る思い出
- **特　徴** 中国から渡来した球根植物。直立した花茎の先に花柄が放射状に出て、複数花をつける。花びらは6枚で縁が波打つ。（リコリスP.290参照）

DATA
学　名	*Lyconis traubii*
科／属名	ヒガンバナ科リコリス属
原産地	日本、中国
分　布	日本全国
花　色	●●○
草丈(茎長)	20〜40cm
花　径	3〜5cm
花　期	7〜9月
生育環境	日なた〜半日陰
殖やし方	分球
用　途	切花、鉢植え、庭植え

MEMO（栽培メモ）
春に水はけが良い場所へ球根を植えつける。地上部が枯れる夏の間に球根を分ける。

① 花被片は外側に反り返る
② リコリス・アフリカーナ
③ 'サンギネア'
④ シロバナマンジュシャゲ
⑤ 土手を一面に飾る

june to august

PART 2 初夏から盛夏に咲く花　　　ビデンス／ヒペリクム

ビデンス
センダングサ ／多年草

識別ポイント	花は白色、黄色が多い
名前の由来	果実に2本の刺があることから、ラテン語「2・歯」に由来
花ことば	忍耐力
特徴	メキシコ原産の多年草。葉は対生する羽状複葉。花は茎の先に集散花序につき、舌状花と筒状花がある。

DATA
学名	*Bidens laevis*
科／属名	キク科センダングサ属
原産地	メキシコ〜アメリカ
花色	🟡 ⚪
草丈(茎長)	50〜90cm
花径	3〜4cm
花期	6〜11月
生育環境	耐寒性
殖やし方	種子まき、株分け、さし木
用途	鉢植え、花壇

MEMO (栽培メモ)
日当たり、水はけが良い場所を好む。寒さに強く−5℃まで耐えられる。

① ビデンス・ヘテロヒラ
② 'イエローキューピット'

ヒペリクム
ヒペリカム、キンシバイ、ビョウヤナギ ／1年草、多年草、半常緑小低木

識別ポイント	黄色の雄しべが目立つ
名前の由来	祭典で悪魔よけの像の上に置かれたことから、ギリシャ語「像の上」に由来
花ことば	きらめき
特徴	本種の中で多く出回っている品種はビョウヤナギとキンシバイ。どちらも枝先につく花は黄色、花びらは5枚。ビョウヤナギの方が花径が大きい。

DATA
学名	*Hypericum*
科／属名	オトギリソウ科ヒペリクム属
原産地	中国
花色	🟡 🟠
草丈(茎長)	30cm〜1m
花径	2〜6cm
花期	6〜9月
生育環境	耐寒性　日なた〜半日陰
殖やし方	種子まき、さし木
用途	切花、鉢植え、庭植え

MEMO (栽培メモ)
水はけが良くやや湿り気がある腐植土壌に栽培する。強光を避けたほうが生育が良い。

① ヒペリクム・キネンセ(ビョウヤナギ)
② ヒペリクム・アンドロ・サエムムの果期

ヒマワリ

向日葵 ヒグルマ、ニチリンソウ、サンフラワー／1年草

識別ポイント	真夏を謳歌する花
名前の由来	花が日に向いて回るとされているため
花ことば	活潑潑地
特　　徴	矮性種と高性種があり、花形も大輪〜小輪と様ざま。巨大輪高性種のロシア、花粉が出ないサンリッチ、赤褐色の花を咲かせるベルベットクイーン、小輪種のヒメヒマワリ、八重咲き種のサンゴールドなど種類が多い。

DATA

学　名	*Helianthus*
科／属名	キク科ヒマワリ属
原産地	北アメリカ
花　色	●●●
草丈(茎長)	30cm〜3m
花　径	5〜30cm
花　期	8〜10月
生育環境	非耐寒性
殖やし方	種子まき
用　途	切花、鉢植え、庭植え

MEMO（栽培メモ）
日当たり、水はけが良い土壌に適する。性質は強健で育てやすい人気の植物。

①旅人の目を和ませるヒマワリ畑
　（福島県舘岩村）
②'サンリッチオレンジ'
③'フロリスタン'
④'ベルベットクイーン'
⑤'サンゴールド'
⑥ヒメヒマワリ

june to august

PART 2 初夏から盛夏に咲く花　　　　　　　　　　　　　　　　　　フウセンカズラ／フウラン

フウセンカズラ
風船蔓　バルーンバイン　／1・2年草

- **識別ポイント** 風船状のさく果を観賞する
- **名前の由来** 果実が風船状になり、カズラはつる性を表す
- **花ことば** 期待
- **特徴** 熱帯地域に分布するつる性植物。葉は淡緑色でセリに似ている。花後、径3cmの球状の果実が次つぎと大きくなり、8～11月頃まで楽しめる。

DATA
学　名	*Cardiospermum halicacabum*
科／属名	ムクロジ科フウセンカズラ属
原産地	熱帯地方、北アメリカ南部
花　色	○
草丈(茎長)	1～3m
花　径	0.5cm
花　期	7～9月
生育環境	非耐寒性　日当たり良　水はけ良
殖やし方	種子まき
用　途	鉢植え、花壇

MEMO (栽培メモ)
病虫害もなく、丈夫で栽培しやすい植物。つるがよく伸びるため、鉢植えのあんどん仕立てや生垣、支柱に絡ませて栽培する。

① 愛嬌がある風変わりな果実
② 花は白く目立たない
③ さく果は次第に大きくなる

フウラン
風蘭　ネオフィネティア　／ラン類(多年草)

- **識別ポイント** 珍しい花形
- **名前の由来** 風通しが良い場所を好むラン
- **花ことば** 異端児
- **特徴** 着生ランの一種。花は下に垂れ下がる唇弁、側裂片、中裂片、反転する3枚の花弁からなる変わった形をしている。花色は白色または淡桃色。

DATA
学　名	*Neofinetia falcata*
科／属名	ラン科ネオフィネティア属
原産地	日本、朝鮮半島、中国
分　布	本州関東以南、四国、九州
花　色	○ ●
草丈(茎長)	10cm前後
花　径	約1cm
花　期	6～7月
生育環境	非耐寒性
殖やし方	株分け
用　途	鉢植え、庭植え

MEMO (栽培メモ)
日当たり、風通しが良い場所で栽培する。水苔を盛り上げて植えつけるのも良い。冬は水やりを控えて管理する。

古典園芸植物のひとつ(江戸時代から愛好された)

フェイジョア
パイナップルグァバ、アナナスガヤバ／常緑低木

- 識別ポイント 果実は熟すと落果する
- 名前の由来 属名からつけられた
- 花ことば はずむ心
- 特徴 葉は長めのタマゴ形で長さ5〜7cm、革質で表面には光沢がある。花は綿毛に覆われ、中心には赤い雄しべと雌しべが多数直立する。タマゴ形の果実は、独特の香りと甘味があり、生食できる。

DATA
学名	*Feijoa sellowiana*
科／属名	フトモモ科フェイジョア属
原産地	ブラジル、アルゼンチン、ウルグアイ
花色	🔴
草丈(茎長)	3〜5m
花径	約4cm
花期	6〜7月
生育環境	耐寒性
殖やし方	実生、さし木、つぎ木
用途	鉢植え、庭木、食用

MEMO (栽培メモ)
耐寒性がある樹木だが、果実は寒さに弱いため結実期には温度管理が必要。

① 'トライアンフ'　② 果実は食べられる

フェスッカ
ウシノケグサ／宿根草

- 識別ポイント 花は目立たず葉を鑑賞する
- 名前の由来 属名からつけられた
- 花ことば 秘かな想い
- 特徴 約400種もの常緑または落葉植物が、世界各地に分布する。葉は披針形で青緑〜青灰色、形は品種によって様ざま。ボーダー花壇やロックガーデンに利用される。

DATA
学名	*Festuca*
科／属名	イネ科ウシノケグサ属
原産地	ヨーロッパ
草丈(茎長)	15〜45cm
花期	8〜10月
生育環境	耐寒性
殖やし方	種子まき、株分け
用途	鉢植え、庭植え

MEMO (栽培メモ)
日当たり、排水が良いやせた乾燥地に適する。2〜3年ごとに株分けまたは移植をする。

フェスッカ・グラウカ

PART 2 初夏から盛夏に咲く花

フェニックス
ロベレニー、ロベ／常緑低木・高木

識別ポイント	花は黄色い穂状になる
名前の由来	ギリシャ語の古名から
花ことば	躍動感
特　徴	観葉植物のひとつ。常緑葉は濃緑色、光沢があって美しい。花は先端がとがったかたい針葉のわきに、穂状にまとまってつく。

DATA
学　名	*Phoenix robelenii*
科／属名	ヤシ科フェニックス属
原産地	熱帯〜亜熱帯
花　色	🟡 🟠 🟢
草丈(茎長)	10〜15m
花　径	30〜50cm
花　期	8〜9月
生育環境	耐寒性　日当たり良
殖やし方	さし木、株分け
用　途	鉢植え

MEMO (栽培メモ)
本種はヤシ類の中でも光を好むため、窓際やバルコニーに置いて育てる。越冬は室内に入れて3℃以上を保つ。

①② フェニックス・カナリエンシス(カナリーヤシ)

フジバカマ

藤袴 エウパトリウム、ランソウ、ヒヨドリバナ／多年草

- **識別ポイント** 葉は桜餅のような香りがある
- **名前の由来** 花は藤色、筒状の苞を袴に見立てて
- **花ことば** 恋のキューピッド
- **特徴** 生育地は乾燥地～湿地まで様ざま。花は、花茎の先に小花がまとまって咲く。花には蜜が豊富に含まれ、蜂や蝶が寄ってくる。

DATA
学　名	*Eupatorium japonicum*
科／属名	キク科ヒヨドリバナ属
原産地	日本、中国、朝鮮、アメリカ、メキシコなど
花　色	●●○
草丈(茎長)	1～1.5m
花　径	5mm
花　期	8～10月
生育環境	耐寒性～非耐寒性
殖やし方	株分け、さし木
用　途	切花、庭植え、薬用

MEMO (栽培メモ)
日当たり、水はけが良い土壌に栽培する。アジア・アメリカ原産種は耐寒性が強く、メキシコ原産種は耐寒性が弱い。

① かぐわしい秋の草花
② シロバナ・フジバカマ
③ 花の拡大
④ フジバカマが咲く公園
⑤ 鉢植え

june to august

PART 2 初夏から盛夏に咲く花

フヨウ
芙蓉 コットンローズ、モクフヨウ
／落葉低木

- **識別ポイント** 大輪の美花を楽しむ
- **名前の由来** 漢名の「芙蓉」を和音読みにした
- **花ことば** 妖艶
- **特徴** 丸形の果実は表面に毛があり、熟すと5つに裂ける。紅花のベニバナフヨウ、白花のシロバナフヨウ、八重咲き種のスイフヨウがある。

DATA
学 名	*Hibiscus mutabilis*
科／属名	アオイ科フヨウ属（ヒビスクス属）
分 布	本州～沖縄
花 色	● ● ○
草丈(茎長)	1～4m
花 径	10～14cm
花 期	8～10月
生育環境	半耐寒性 日なた
殖やし方	さし木
用 途	鉢植え、庭植え

MEMO (栽培メモ)
2～3月、排水が良い腐植用土へ植えつける。寒冷地では冬に地上部が枯れるが、地下部だけで越冬して春に再生する。

①1日花 ②③④⑤花色は清楚なイメージ ⑥実の断面

ブロワリア
ルリマガリバナ ／1年草

- **識別ポイント** 星形の可愛らしい花
- **名前の由来** スウェーデンの植物学者「ブロヴァル」の名にちなむ
- **花ことば** 穢れの無い心
- **特　徴** コロンビア原産の1年草。花色は青紫系または白色。花期が長く、花壇や鉢植え、吊り鉢にも利用される。

DATA
学　名	*Browallia*
科／属名	ナス科ブロワリア属
原産地	コロンビア
花　色	🟣🔵⚪
草丈(茎長)	30〜60cm
花　径	2〜4cm
花　期	7〜10月
生育環境	非耐寒性
殖やし方	種子まき、さし芽
用　途	切花、鉢植え、吊り鉢、花壇

MEMO (栽培メモ)
日当たり、水はけが良い土壌に適する。高温多湿をきらうため、夏は冷涼な場所に移して育てる。

① 'マリンベルズ'
② 'ホワイトベルズ'

ベニバナ
紅花 サフラワー、スエツムハナ ／1年草

- **識別ポイント** アザミに似た球状の花
- **名前の由来** 古くから紅の染料として利用されたため
- **花ことば** 情熱
- **特　徴** 花は咲き始めは黄色だが、開花が進むにつれて橙、赤色に変化する。性質は丈夫で、栽培しやすい草花。

DATA
学　名	*Carthamus tinctorius*
科／属名	キク科カルタムス属
原産地	アジア、ヨーロッパ
花　色	🟠🟠🟡
草丈(茎長)	80cm〜1m
花　径	3〜4cm
花　期	7〜8月
生育環境	非耐寒性〜半耐寒性
殖やし方	種子まき
用　途	切花、庭植え

MEMO (栽培メモ)
寒地では春に、暖地では秋に種子まきする。水はけが良い乾燥地を好み、酸性をきらうため石灰などで中和する。アブラムシに注意。

① 山形県天童市のベニバナ
② 花の拡大

PART 2 初夏から盛夏に咲く花

ヘリアンサス

ヒメヒマワリ ／1年草、多年草

識別ポイント	ヒマワリを小さくしたような花形
名前の由来	属名はヒマワリ・太陽の花の意味
花ことば	活発
特徴	アメリカ原産の植物。太い茎は力強く分枝して、綿毛に覆われる。葉はタマゴ形で長さ5～14cm、光沢がある。8～9月、ヒマワリのような頭状花がやや下向きに咲く。

DATA
学　名	*Helianthus debilis*
科／属名	キク科ヘリアンサス属
原産地	北アメリカ
花　色	○○
草丈(茎長)	50cm～1.5m
花　径	3～5cm
花　期	8～9月
生育環境	耐寒性　耐霜性
殖やし方	種子まき
用　途	鉢植え、庭植え、切花

MEMO（栽培メモ）
排水、保水性が良い腐植質に富んだ肥沃土壌へ植えつける。生育期はたっぷり水を与える。

① 小形のヒマワリといわれている
② 'ゴールデンピラミッド'

ベンケイソウ

弁慶草 カランコエ、ハチマンソウ／多年草　多肉植物

識別ポイント	常緑の葉を楽しむ観葉植物のひとつ
名前の由来	強い性質を「弁慶」にたとえた
花ことば	賢者
特徴	葉はタマゴ形で対生、多肉質で縁にはギザギザがある。花は茎の先に小花が集まり花房状に咲く。花色はピンク、赤、橙、黄、白色など多彩。

DATA
学　名	*Hylotephium erythrostictum*
科／属名	ベンケイソウ科ヒロテレフィウム属
原産地	熱帯地方
分　布	アフリカ、マダガスカル
花　色	○○○○○
草丈(茎長)	10～30cm
花　径	0.5～1cm
花　期	8～10月
生育環境	耐寒性
殖やし方	実生、さし芽
用　途	鉢植え

MEMO（栽培メモ）
サボテンと同様、過湿に弱いが乾燥に強い。アオムシがつきやすいため、防除する。

① ピンクの花
② 花の拡大
③ オオベンケイソウ

ホウセンカ

鳳仙花 ツマベニ、ツマクレナイ／1年草

- **識別ポイント** 花は葉軸に多数集まって咲く
- **名前の由来** 別名「ツマベニ」は、女性のようにマニキュアで爪を赤くしたようなので
- **花ことば** 合縁奇縁
- **特　徴** 園芸品種は、草丈・花形によって、高性八重咲き種、高性一重咲き種、中・矮性八重咲き種に分類される。花色は赤、ピンク、紫、白など変化が多い。

DATA
学　名	*Impatiens balsamina*
科／属名	ツリフネソウ科インパチェンス属
原産地	東南アジア
花　色	● ● ● ○
草丈(茎長)	20〜60cm
花　径	3〜4cm
花　期	6〜9月
生育環境	非耐寒性　日なた
殖やし方	種子まき
用　途	庭植え

MEMO (栽培メモ)
種子は春にまき、発芽温度15〜20℃に保てば、5日くらいで芽を出す。有機質に富んだ湿地に適する。

① 夏中咲き続ける花
② 鮮やかな赤色
③ 白色花種
④ 種子は飛び散る
⑤ 桃色花種

june to august

PART 2 初夏から盛夏に咲く花　　　ボタンウキクサ／ホヤカルノーサ

ボタンウキクサ
牡丹浮草 ウォーターレタス　／常緑　水生宿根草

- 識別ポイント：水に浮かぶレタスのよう
- 名前の由来：不明
- 花ことば：風来坊
- 特徴：常緑、浮遊性の水生植物。葉はクサビ形で長さ約20cm、半直立して水面にロゼットを形成する。花は管状で葉脈の仏炎苞につき、あまり目立たない。

DATA
学名	*Pistia stratiotes*
科／属名	サトイモ科ボタンウキクサ属
原産地	熱帯～亜熱帯、熱帯アメリカ
花色	●
草丈(茎長)	10cm
花径	5mm
花期	6～9月
生育環境	非耐寒性
殖やし方	株分け
用途	水生植物

MEMO (栽培メモ)
日当たりが良い暖かい池で栽培する。水温は15～22℃に保ち、高温の方が生長が早くなる。降霜地域では冬は水から出して、10℃以上で越冬する。

水面全体を覆う

june to august

ホヤカルノーサ
サクララン　／常緑低木

- 識別ポイント：花には芳香がある
- 名前の由来：イギリス人「ホイ」の名にちなむ
- 花ことば：円満な日々
- 特徴：観葉植物の一種。葉はタマゴ形で長さ約8cm、濃緑色でかたい多肉質。7～8月に咲く花は赤い副冠をもつ星形、密生して散形花序に咲く。

DATA
学名	*Hoya*
科／属名	ガガイモ科ホヤ属
原産地	アジア東部～オーストラリア
花色	○ ●
草丈(茎長)	1～3m(つる性)
花径	1cm
花期	7～8月
生育環境	非耐寒性　日なた～半日陰
殖やし方	種子まき、さし木、取り木
用途	鉢植え

MEMO (栽培メモ)
夏の直射日光をきらうため、遮光するか半日陰で管理する。温室内ではコナカイガラムシが発生しやすい。

花はろう細工のよう

マツバボタン

松葉牡丹 ポーチュラカ ／1年草

識別ポイント	花は半日花だが次つぎと咲き続ける
名前の由来	葉がマツバ、花がボタンに似るため
花ことば	家柄が良い
特　徴	文久年間に渡来した1年草。改良品種が多く、一重咲き〜八重咲きまであり、花色も豊富。多肉質で線形の葉をもち、地面をはって横に広がる。

DATA

学　名	*Portulaca glandiflora*
科／属名	スベリヒユ科ポルチュラカ属
原産地	南アメリカ
花　色	●●●●○
草丈(茎長)	10cm
花　径	3.5〜4cm
花　期	6〜9月
生育環境	非耐寒性
殖やし方	種子まき、さし芽
用　途	鉢植え、吊り鉢、庭植え

MEMO（栽培メモ）

耐暑性があり、乾燥気味の日なたで栽培する。繁殖力が強いため、こぼれ種子でどんどん殖える。

① 夏の花壇
② 道路の縁を彩る
③④⑤⑥ 花色も豊富

june to august

PART 2 初夏から盛夏に咲く花

マリーゴールド
センジュギク、マンジュギク、クジャクソウ
／1年草

識別ポイント	黄橙色の花が花壇を眩しく彩る
名前の由来	聖母マリアの黄金という意味
花ことば	濃厚な愛情
特　徴	高温多湿、乾燥どちらにも強い育てやすい草花。小形のフレンチ種と大形のアフリカン種があり、コンパニオンプランツとして花壇や鉢植えに混植される。

DATA

学　名	*Tagetes* spp.
科／属名	キク科タゲテス属
原産地	中央アメリカ
花　色	🟠🟠⚪
草丈(茎長)	50〜60cm
花　径	1〜10cm
花　期	6〜10月
生育環境	非耐寒性
殖やし方	種子まき、さし芽
用　途	切花、鉢植え、花壇

MEMO (栽培メモ)
日当たり、排水性が良い肥沃地を好み、多肥をきらう。土壌中の害虫であるネマトーダを寄せつけない効果がある。

① 'アフリカンドール'
② フレンチマリーゴールド
③ アフリカンマリーゴールド
④ 'ハーレークィーン'
⑤ 'スパンゴールド'

june to august

278

マツムシソウ

松虫草 スカビオーサ ／1・2年草、多年草

- **識別ポイント** 蝶や蜂が好んで寄ってくる
- **名前の由来** マツムシが鳴く頃、花を咲かせることから
- **花ことば** 失恋の痛手
- **特徴** 1・2年草、宿根草が世界各地に約80種分布している。葉は羽状中裂葉または羽状全裂葉。8～10月、直立した茎の先に頭状花序をつける。切花にも利用される。

DATA

学名	*Scabiosa*
科／属名	マツムシソウ科スカビオーサ属
原産地	地中海沿岸
花色	●●○●
草丈(茎長)	30～80cm
花径	3～8cm
花期	8～10月
生育環境	耐寒性 耐霜性
殖やし方	種子まき
用途	切花、鉢植え、花壇

MEMO (栽培メモ)

春に種子をまき、発芽温度は6～12℃。日当たりが良い弱アルカリ性の肥沃地を好む。枯れた花はこまめに摘み取ると、次つぎ花を楽しめる。

① 高原で出会いたい花　② 赤花種

マロー

ゼニアオイ、ウスベニアオイ ／1・2年草、多年草

- **識別ポイント** 漏斗形の5弁花をハーブティーなどで楽しむ
- **名前の由来** 粘液に緩和作用があることから、ギリシャ語「軟化する」に由来
- **花ことば** 悩殺
- **特徴** 美しい花を咲かせるため、観賞用としても利用されるハーブのひとつ。葉は円形で長さ約10cm、縁は浅く3～9に裂ける。花は紅紫または薄紫色、芳香がある。

DATA

学名	*Malva sylvestris*
科／属名	アオイ科ゼニアオイ属
原産地	西南アジア、ヨーロッパ
花色	●●
草丈(茎長)	60cm～1.5m
花径	3cm
花期	7～9月
生育環境	耐寒性
殖やし方	種子まき
用途	鉢植え、花壇、食用

MEMO (栽培メモ)

移植をきらうため、日当たり、排水が良い土壌に種子を直まきする。さび病やカビに気をつける。

濃い紅紫色の花が次つぎに咲く

PART 2 初夏から盛夏に咲く花　　　　　　　　　　　　　　　マンリョウ／ミズヒキ

マンリョウ

万両／多年草、常緑低木

- **識別ポイント**　赤い果実と濃緑葉のコントラストが美しい
- **名前の由来**　果実が美しく万両の価値があるとされたため
- **花ことば**　大富豪
- **特　徴**　7月に1cm弱の白い小花が散房状につく。夏の終わり頃から赤熟する球形の果実を鑑賞する。黄色い果実のキミノマンリョウ、白色果実のシロミノマンリョウもある。

DATA
学　　名	*Ardisia crenata*
科／属名	ヤブコウジ科ヤブコウジ属
原産地	アジア、アメリカ
分　　布	本州関東地方以南〜沖縄
花　　色	○
草丈(茎長)	30〜100cm
花　　径	8mm
花　　期	7月
生育環境	半耐寒性〜耐寒性　半日陰
殖やし方	実生
用　　途	切花、鉢植え、庭植え

MEMO（栽培メモ）
4〜5月、水はけが良い有機質に富んだ肥沃土壌へ植えつける。高温乾燥に弱いため、直射日光は避ける。風通しが悪いとカイガラムシが発生するため、注意が必要です。

①実が美しい　②花

ミズヒキ

水引 ミズヒキグサ／多年草

- **識別ポイント**　花は細長い穂状花序に咲く
- **名前の由来**　紅白の細長い花穂を水引に見立てて
- **花ことば**　素のままの自分
- **特　徴**　葉はタマゴ形〜楕円形で長さ8〜25cm、斑入りの品種もある。仲間には黄色の萼がつくキンミズヒキ、白い花が咲くギンミズヒキ、葉に斑が入るフイリミズヒキなどがある。

DATA
学　　名	*Polygonum filiforme*
科／属名	タデ科タデ属
原産地	熱帯アジア
花　　色	●○○
草丈(茎長)	20〜40cm
花　　径	1mm
花　　期	8〜10月
生育環境	耐寒性　耐霜性
殖やし方	株分け、さし芽
用　　途	切花、鉢植え、庭植え

MEMO（栽培メモ）
日なた〜半日陰の湿り気がある場所で栽培する。繁殖は、春に種子まき、夏に株分けを行う。ナメクジやカタツムリがつきやすい。

①細長く伸びる
②小さい花

ミソハギ

禊萩、みそ萩 ボンバナ／多年草

- **識別ポイント** お盆の切花に利用される
- **名前の由来** 同種の花色から、ギリシャ語「黒い血」に由来
- **花ことば** 悲愴
- **特徴** 北半球の温帯地域に分布する宿根草。葉はタマゴ形～線形で、葉柄はなく軟毛が生えている。まっすぐ伸びた茎の先に紅紫色の小花が多数集まり、細長い穂状花序をつくる。

DATA
学名	*Lythrum anceps*
科／属名	ミソハギ科ミソハギ属
原産地	日本、朝鮮
花色	●●
草丈(茎長)	60cm～1m
花径	1～2cm
花期	7～8月
生育環境	耐寒性
殖やし方	株分け、さし芽
用途	切花、庭植え

MEMO（栽培メモ）
水辺など湿地に自生する。春か秋に株分けまたはさし芽で殖やす。ナメクジやカタツムリが若い茎に害を与えるため早めに駆除する。

①② 上部の葉のわきに3～5個の花が集まる

ミントブッシュ

プロスタンテラ／半常緑低木

- **識別ポイント** 葉には芳香がある
- **名前の由来** ミントのような芳香があるため
- **花ことば** 清涼感
- **特徴** オーストラリア原産の樹木。6～7月に咲く花は釣鐘形、2唇弁花で花びらの先が5つに裂ける。花色はピンク、白、青、淡紫、黄、緑白などがある。

DATA
学名	*Prostanthera*
科／属名	シソ科プロスタンテラ属
原産地	オーストラリア
花色	●●●●●●
草丈(茎長)	30cm～1m
花径	0.5～1cm
花期	6～7月
生育環境	半耐寒性
殖やし方	さし木
用途	鉢植え、花壇

MEMO（栽培メモ）
日に当てると花つきが良くなるため、日照、水はけが良い場所に植える。生育期にはたっぷりと水を与え、バランスが良い液肥を施す。

ハーブの一種

PART 2 初夏から盛夏に咲く花

ミント類

ハッカ、メンタ／多年草

識別ポイント	清涼感がある香りを楽しむ人気のハーブ
名前の由来	ギリシャ神話の妖精「ミント」の名にちなむ
花ことば	爽快感
特　徴	東洋種には日本産のサヤカゼ、ホクト、ワセナミなど、西洋種にはペパーミント、コルシカミント、アップルミントなどがある。紅茶や料理のほか、入浴剤、化粧品など用途が多い。

DATA

学　名	*Mintha*
科/属名	シソ科ハッカ属
原産地	ヨーロッパ、地中海
花　色	●●○
草丈(茎長)	30〜90cm
花　径	3mm前後
花　期	6〜8月
生育環境	日なた
殖やし方	種子まき、さし木、株分け
用　途	食用、薬用、鉢植え、庭植え

MEMO (栽培メモ)

夏の高温多湿に弱いため、風通しが良い場所で栽培する。春か秋に有機質に富んだ土壌に種子をまく。

① キャットミント
② ペニーロイヤルミント
③ マウンテンミント
④ パイナップルミント
⑤ オーデコロンミント
⑥ ホースミント
⑦ ミントの咲く花壇
⑧ ペパーミント
⑨ カーリーミント
⑩ ウォーターミント
⑪ エンペラーズミント
⑫ アップルミント
⑬ ジンジャーミント

ミント類

⑦

june to august

⑧ ⑨ ⑩

⑪ ⑫ ⑬

283

PART 2 初夏から盛夏に咲く花

ムクゲ
木槿 ハチス、キハチス　/落葉低木

- **識別ポイント**　1日花が次つぎと咲き溢れる
- **名前の由来**　中国名「木槿」の和音読み
- **花ことば**　強い精神力
- **特　徴**　フヨウの仲間で多くの品種がある。8〜9月、本年枝の葉のわきに平開する鐘形の5弁花が咲く。仲間には紅紫花の八重咲きヤエムクゲ、白花の一重咲きシロバナムクゲなどがある。

DATA
学　名	*Hibiscus syriacus*
科／属名	アオイ科ヒビスクス属
原産地	中国
分　布	北海道、本州、四国、九州
花　色	●○●
草丈(茎長)	3〜4m
花　径	5〜10cm
花　期	8〜9月
生育環境	耐寒性
殖やし方	さし木
用　途	切花、鉢植え、庭木

MEMO（栽培メモ）
日当たり、排水が良い肥沃地を好むが、半日陰でも良く育つ生育旺盛な樹木。花芽は新梢につくため、多めに切り詰めて良い。

① ムクゲは一日花
② ヒノマルムクゲ
③ 薄紫色の花
④ 白色花種

june to august

メコノプシス
ヒマラヤの青いケシ　/1年草、多年草

- **識別ポイント**　葉や茎には毛が生える
- **名前の由来**　花形から、ギリシャ語「ケシに似る」に由来
- **花ことば**　神秘的
- **特　徴**　花が美しいため、花の万博で一躍有名になった。最も多く栽培されるメコノプシス・ベトニキフォリア、黄花のメコノプシス・インテグリフォリア、濃赤花のメコノプシス・プニセアなど種類が多い。

DATA
学　名	*Meconopsis*
科／属名	ケシ科メコノプシス属
原産地	中国〜ヒマラヤ
分　布	北海道
花　色	●●●●
草丈(茎長)	30〜50cm
花　径	6.5〜7cm
花　期	6〜8月
生育環境	耐寒性　非耐暑性
殖やし方	種子まき
用　途	鉢植え

MEMO（栽培メモ）
多湿で腐植質に富んだ中性〜弱酸性の用土に適する。耐暑性に弱いため、夏越は難しい。雨に当たらないよう注意する。

① メコノプシス・グランディス(ヒマラヤの青いケシ)
② 'ホリドゥラ'
③ メコノプシス・グランディス

メディニラ
オオバノヤドリボタン／常緑低木

- **識別ポイント** 花は基部から先端に向かって咲く
- **名前の由来** マリアナ諸島の知事「メディニーリャ」の名にちなむ
- **花ことば** 温和
- **特徴** 約150種が熱帯雨林に自生する。葉は大形で革質の光沢があり、太い葉脈が目立つ。6〜7月に咲く小花は、大きな苞とともに下垂する円錐花序をつくる。

DATA
- 学名　*Medinilla*
- 科／属名　ノボタン科メディニラ属
- 原産地　熱帯アフリカ
- 花色　●
- 草丈(茎長)　2m
- 花径　約50cm(花房)
- 花期　6〜7月
- 生育環境　非耐寒性
- 殖やし方　さし木
- 用途　鉢植え

MEMO (栽培メモ)
日当たり、水はけが良い有機土壌を好む。夏は半日陰で育て、たっぷりと水を与える。

① メディニラ・マグニフィカ
② 'スペキオサ'
③ メディニラ・マグニフィカ(花の拡大)

モルセラ
カイガラサルビア／1年草

- **識別ポイント** 花より黄緑色の萼が目立つ
- **名前の由来** 本種の原産地がモルッカ諸島と誤解されたため
- **花ことば** 助け合う
- **特徴** 地中海沿岸原産の1年草。茎は地際から分枝して、まっすぐに伸びる。各葉腋につく白色の花は、芳香がある。径約3cmの杯状の萼が、小花を包み込む特異な形状。

DATA
- 学名　*Moluccella laevis*
- 科／属名　シソ科モルセラ属
- 原産地　地中海沿岸
- 花色　○
- 草丈(茎長)　40〜80cm
- 花径　2cm
- 花期　7〜10月
- 生育環境　半耐寒性
- 殖やし方　種子まき
- 用途　切花、花壇、ドライフラワー

MEMO (栽培メモ)
日当たり、水はけが良い乾燥した場所で育てる。種子は移植をきらうため直まきして、発芽温度12〜15℃を保つ。

①②③ 貝殻のような緑色の萼をもった花を咲かせる

june to august

PART 2 初夏から盛夏に咲く花

モナルダ
タイマツバナ、ヤグルマハッカ
／1年草、多年草

- **識別ポイント** 茎や葉には芳香があり、ハーブにも利用される
- **名前の由来** スペインの植物学者「モナルデス」の名にちなむ
- **花ことば** 燃える恋
- **特 徴** 長く伸びた茎先に紅色系の花が集まり花房をつくる。観賞用の品種には、モナルダ・ディディマ、モナルダ・フィスツローサ、モナルダ・プンクタータなどがある。

DATA
学　名	*Monarda sp.*
科／属名	シソ科モナルダ属
原産地	北アメリカ
花　色	●●●○
草丈(茎長)	50cm～1m
花　径	5～8cm
花　期	6～10月
生育環境	耐寒性
殖やし方	種子まき、株分け、さし芽
用　途	切花、花壇

MEMO (栽培メモ)
耐寒性、耐暑性に強い栽培しやすい草花で、花壇に最適。半日陰でも繁殖力は衰えない。

① モナルダ・ディディマ。花の苞が松明のよう
② 大群生
③ 白花種

june to august

ユウギリソウ

夕霧草 スロートウォート、トラチェリウム／1・2年草、多年草

- **識別ポイント** 花には芳香がある
- **名前の由来** 密集して咲く小花を夕霧に見立てて
- **花ことば** 嘲笑
- **特徴** 本来は多年草だが、園芸上1年草として扱われる。葉は先のとがったタマゴ形で長さ約8cm、縁にはギザギザがある。長い花茎の先に小花が密集して、ドーム形の散房花序をつくる。

DATA
学名	*Trachelium caeruleum*
科／属名	キキョウ科トラチェリウム属
原産地	南ヨーロッパ、北アメリカ、地中海沿岸
花色	●●○
草丈(茎長)	50cm〜1m
花径	2mm
花期	6〜9月
生育環境	半耐寒性
殖やし方	種子まき
用途	切花、鉢植え、庭植え

MEMO (栽培メモ)
9〜10月に水はけが良い用土へ種子をまき、冬は霜よけをする。茎が長く生長したら倒伏しないよう支柱を立てる。

小花が密集する

ユーコミス

パイナップルリリー／球根植物(多年草)

- **識別ポイント** 花はパイナップルのよう
- **名前の由来** ギリシャ語「美しい髪毛」に由来
- **花ことば** 深い思いやり
- **特徴** 南アフリカ原産の春植え球根植物。花茎の先に淡黄色の6弁花が30〜50輪穂状につく。純白花のビカラー、黄白花のオータムナリス、白花のコモサなどがある。

DATA
学名	*Eucomis*
科／属名	ユリ科ユーコミス属
原産地	南アフリカ
花色	○
草丈(茎長)	30〜50cm
花径	2cm
花期	6〜10月
生育環境	耐寒性　日当たり良　排水良
殖やし方	分球
用途	切花、鉢植え、庭植え

MEMO (栽培メモ)
春に水はけが良い粘質土壌へ球根を植えつける。開花後の球根は、越冬後3月に掘り上げる。

① ユーコミス・コモサ
② ユーコミス・アウツムナリス

june to august

PART 2 初夏から盛夏に咲く花　　　　　　　　　　　　　　ユウゼンギク／ユーフォルビア

ユウゼンギク

友禅菊 シノノメギク、ニューヨークアスター、ミカエルマス・デージー／多年草

識別ポイント	紫色系の花弁と黄色い萼のコントラストが美しい
名前の由来	属名はギリシャ語「星形」の意味
花ことば	夏の憂鬱
特　徴	宿根アスターの一種。細長い枝がよく分枝する。葉は披針形で長さ5〜10cm、葉柄がなく緑色。8〜10月、頭状花が集まって径10〜30cmの円錐花序につく。

DATA

学　名	*Aster novibelgii*
科／属名	キク科アスター属
原産地	カナダ、メキシコ、アメリカ
分　布	欧米
花　色	●●●●
草丈(茎長)	30cm〜1.5m
花　径	2〜6cm
花　期	8〜10月
生育環境	半耐寒性
殖やし方	株分け
用　途	切花、鉢植え、花壇

MEMO (栽培メモ)
日当たり、水はけが良い場所で栽培する。カイガラムシ、ほこりダニの虫害に気をつける。

花は星の形

june to august

ユーフォルビア

1・2年草、低木

識別ポイント	花より葉を鑑賞する
名前の由来	アフリカの王の名にちなむ
花ことば	多情多恨
特　徴	ユーフォルビアは、広範囲の生育環境に適応可能で、大きさも生長の形も多種多様。横に広がるほふく性の品種〜直立する樹木まである。

DATA

学　名	*Euphorbia*
科／属名	トウダイグサ科ユーフォルビア属
原産地	メキシコ
花　色	●●●○
草丈(茎長)	1〜2m
花　径	1cm
花　期	7〜9月
生育環境	耐寒性〜非耐寒性
殖やし方	さし木
用　途	切花、鉢植え

MEMO (栽培メモ)
品種によって耐寒性〜非耐寒性まであるため、性質を調べてから栽培すると良い。種子は春に直まき、宿根草は春に株分け、樹木は春〜初夏にさし木で殖やす。

① 仲間は世界中に2000種以上あるといわれる
② ユーフォルビア・アミグダロイデス・ロビアエ

ラムズイヤー
スタキス／多年草

- **識別ポイント** 葉は長楕円形で肉厚、銀白色の毛に覆われる
- **名前の由来** 別名スタキスは、ギリシャ語「穂」に由来
- **花ことば** 自制
- **特徴** ハーブの一種。銀白色の軟毛に覆われた宿根草で小山状に生育する。花は7〜8月、紅紫色の穂状花序につく。

DATA
学名	*Stachys byzantina*
科／属名	シソ科スタキス属
原産地	コーカサス〜イラン
花色	●
草丈(茎長)	20cm〜1m
花径	5〜7mm
花期	7〜8月
生育環境	耐寒性　日当たり良　水はけ良
殖やし方	種子まき、株分け
用途	鉢植え、花壇、ドライリーフ

MEMO (栽培メモ)
日当たり、水はけが良い肥沃土壌で栽培する。冬は霜除けが必要。うどんこ病にかかりやすい。

紅紫色の花を穂状につける

リアトリス
キリンギク／球根植物(多年草)

- **識別ポイント** 槍咲きと玉咲きがある
- **名前の由来** 別名ユリアザミは、葉がユリ、花がアザミに似ていることから
- **花ことば** 厳格
- **特徴** 北アメリカに約30種が分布する多年草。花茎の先に紫または白い小花が多数集まり、穂状花序をつくる。最も多く栽培されるキリンギクのほか、タマザキリアトリス、マツカサギク、ユリアザミなどがある。

DATA
学名	*Liatris*
科／属名	キク科リアトリス属
原産地	北アメリカ東部
花色	○ ●
草丈(茎長)	80cm〜1m
花径	30cm(花穂)
花期	7〜8月
生育環境	耐寒性
殖やし方	種子まき、株分け
用途	切花、花壇

MEMO (栽培メモ)
日当たり風通しが良い場所に適する。種子から育てる場合は、春にまいて秋に定植する。連作をきらう。

花は穂状に咲く

PART 2 初夏から盛夏に咲く花　　　　　　　リコリス／ルコウソウ

リコリス
ヒガンバナ、キツネノカミソリ、ナツズイセン、ショウキズイセン ／球根植物（多年草）

- 識別ポイント：ヒガンバナの一種
- 名前の由来：ギリシャ神話の「海の女神」に由来
- 花ことば：感傷に浸る
- 特徴：秋の彼岸時期に咲く植物。花色は赤、橙、黄、白など色彩豊か。細長い花弁は縁が波打ち反り返る。

（ヒガンバナP.265参照）

DATA
- 学　名：*Lycoris*
- 科／属名：ヒガンバナ科リコリス属
- 原産地：中国
- 分　布：日本各地
- 花　色：● ● ● ○
- 草丈(茎長)：30〜70cm
- 花　径：3〜5cm
- 花　期：7〜10月
- 生育環境：耐寒性〜半耐寒性
- 殖やし方：分球
- 用　途：切花、庭植え

MEMO（栽培メモ）
春植え球根植物。日当たりが良い耕土に適する。生育期はたっぷりと水を与える。

'アフリカーナ'

ルコウソウ
縷紅草、留紅草　ハゴロモルコウソウ ／1年草

- 識別ポイント：星形の愛らしい花を多数咲かせる
- 名前の由来：花が紅いことから、「留紅草」
- 花ことば：情熱
- 特徴：熱帯アメリカ原産のつる性植物。葉は細かく切れ込みがあり、涼しげなイメージ。花は赤色、白色、ピンク色の小さな星形になる。

DATA
- 学　名：*Ipomoea*
- 科／属名：ヒルガオ科ルコウソウ属
- 原産地：熱帯アメリカ、インド
- 花　色：● ○
- 草丈(茎長)：30cm〜3m（つる性）
- 花　径：2cm
- 花　期：6〜10月
- 生育環境：非耐寒性
- 殖やし方：種子まき
- 用　途：鉢植え、庭植え、垣根

MEMO（栽培メモ）
種子は発芽温度が高いため、5月に日当たり、排水が良い土壌へまく。窒素肥料は花つきが悪くなる。

① 赤花種
② 白花種

ルドベキア
マツカサギク、オオハンゴンソウ、ノギギク／1年草、多年草

- **識別ポイント** 高性種・矮性種に分けられる
- **名前の由来** スウェーデンの植物学者「ルドベッグ」の名にちなむ
- **花ことば** 活発
- **特　徴** 黄橙系の花は群植させると華やかな空間が楽しめる。最も多く出回っているヒルタ、極矮性種のローランドミックス、小輪花のトリロバなど園芸品種が多い。

DATA
学　名	*Rudbeckia*
科／属名	キク科ルドベキア属
原産地	北アメリカ
花　色	🟠 🟡
草丈(茎長)	30〜90cm
花　径	5〜10cm
花　期	6〜11月
生育環境	耐寒性
殖やし方	種子まき、株分け
用　途	切花、鉢植え、花壇

MEMO（栽培メモ）
ふつうは秋まき種だが、寒冷地では春まき種。繁殖力が強いため、こぼれ種子でよく殖える。

①③もっとも美しい状態
②④'グロリオサデージ'
⑤交配種

june to august

PART 2 初夏から盛夏に咲く花　　　　ワレモコウ

ワレモコウ
吾木香、吾亦紅 ジユ、グレートバーネット
／多年草

識別ポイント	茶花として利用される
名前の由来	「吾木香」「吾亦紅」の和音読み
花ことば	自意識過剰
特　徴	基部の葉は、羽状複葉で長さ約50cm、複数の小葉で構成されている。花は赤茶色〜褐色で直立した茎先に密生して咲く。

DATA
学　名	*Sanguisorba officinalis*
科／属名	バラ科ワレモコウ属
原産地	ヨーロッパ、アジア
花　色	●●
草丈(茎長)	30cm〜1.2m
花　径	1〜2cm(花房)
花　期	7〜10月
生育環境	耐寒性　日なた〜半日陰
殖やし方	株分け
用　途	切花、庭植え

MEMO（栽培メモ）
水はけが良い湿潤な肥沃地に適する。侵略的に繁殖する場合がある。ナメクジの被害に注意。

june to august

①秋の気配を感じさせる草花のひとつ
②花の拡大
③ヒメワレモコウ
④オランダワレモコウ
⑤ナガホノシロワレモコウ

秋から冬に咲く花

9月～2月ごろ咲く花

▲スイセン

▶カゲツ

PART **3** 秋から冬に咲く花　　　　　　　　　　　　　　　　　　　　　アキノキリンソウ／アニゴザントス

アキノキリンソウ
秋の麒麟草 アワダチソウ／多年草

識別ポイント	茎先に黄色の花がまとまって咲く
名前の由来	キリンソウの一種で秋に開花するため
花ことば	勇者
特徴	日当たりが良い山野に自生する多年草。高性種から矮性種まであり、切花にも利用される。鮮黄色の頭花が円錐状につき、風に揺られ秋の風情を醸し出す。

DATA
学　　名　*Solidago*
科／属名　キク科ソリダゴ属
原 産 地　日本、朝鮮半島、近縁種は欧州、北アメリカ
分　　布　本州以南
花　　色　〇
草丈(茎長)　10〜50cm
花　　径　1.3cm
花　　期　9〜10月
生育環境　耐寒性
殖やし方　株分け、実生、さし芽
用　　途　切花、花壇、鉢植え

MEMO (栽培メモ)
山野草のひとつ。日当たりが良い場所で栽培する。

キリンソウの一種

september to february

アニゴザントス
カンガルーポー／多年草

識別ポイント	花がカンガルーの足に似ていることから別名がついた
名前の由来	花序の形状、または花披の形が広がっていることから、ギリシャ語で「開く花」の意味
花ことば	こっちへ来て
特徴	長く伸ばした花茎の先に、独特の形をした花が多数咲く。赤と緑のマグレシー種、黄色のフラビダス種、緑のビリディスなどがある。切花にも好適。

①'ジョーイシドニー'
② カンガルーポー

DATA
学　　名　*Anigozanthos* spp.
科／属名　ハエモドルム科アニゴザントス属
原 産 地　オーストラリア南西部
花　　色　●〇●●〇
草丈(茎長)　80cm〜1.5m
花　　径　3〜12cm(花長)
花　　期　10〜11月
生育環境　耐寒性〜半耐寒性
殖やし方　株分け
用　　途　鉢植え、切花

MEMO (栽培メモ)
寒さには強いが暑さに弱いため、夏は半日陰の涼しい場所で育てる。花後に休眠するので、生育開始の初秋に植え替えを行う。

アブチロン
ウキツリボク、イチビ
／1年草、多年草、小低木

- **識別ポイント** 温室内で花を楽しむ
- **名前の由来** 本種が家畜の下痢止め効果があるといわれることから、ギリシャ語で「雌牛・下痢」の意味
- **花ことば** 恋の病
- **特徴** 熱帯〜亜熱帯に約100種分布する。さまざまな花色、花形、葉形の品種があり、観葉植物として利用されるものもある。春〜秋の成長期には次つぎと花が咲き溢れる。

DATA
- 学名 *Abutilon* spp.
- 科／属名 アオイ科アブティロン属
- 原産地 ブラジル
- 花色 ● ● ● ● ○
- 草丈(茎長) 50cm〜1.5m
- 花径 3〜7cm
- 花期 11〜5月
- 生育環境 半耐寒性 日なた 排水良
- 殖やし方 種子まき、さし芽、さし木
- 用途 鉢植え

MEMO (栽培メモ)
日当たり、水はけが良い土壌で栽培する。熱帯植物なので、越冬は室内で0℃以上を保つ。

① 温室の人気者
② シルバー・ベル
③ ウキツリボク
④ レッド・アシュフォード

september to february

PART 3 秋から冬に咲く花

ウメ
梅 ニオイザクラ、ジャパニーズアプリコット
／落葉高木

識別ポイント	早春を代表する花木
名前の由来	江戸時代に梅を「ムメ」と呼んだことから
花ことば	上品な美しさ
特　徴	中国から渡来した樹木。300以上の品種があり、野梅性、紅梅性、豊後性、杏性に大別される。葉に先立って咲く花は、径2〜3cm、花びらは5枚で芳香がある。

DATA
学　名	*Prunus mume*
科／属名	バラ科サクラ属
原産地	中国
分　布	日本各地
花　色	○ ● ●
草丈(茎長)	5〜6m
花　径	2〜3cm
花　期	2〜3月
生育環境	日当たり良　水はけ良
殖やし方	さし木
用　途	庭木、盆栽、切花、果樹

MEMO (栽培メモ)
風通しが良い日なたに植えつける。生育期には虫害に侵されやすいため注意する。

① '桃園'
② '玉牡丹枝垂'
③ '思いのまま'
④ 紅梅
⑤ '紅難波'
⑥ '春日野'
⑦ '入日の海'
⑧ '鹿児島紅'
⑨ '大盃'
⑩ '見驚'

ウメ

④ ⑤ ⑥ ⑦ ⑧ ⑨ ⑩

september to february

297

PART 3 秋から冬に咲く花

エリカ
ヒース／常緑低木

識別ポイント	多花性で花色は豊富
名前の由来	可愛いらしい女の子のイメージから
花ことば	愛らしい姫
特　徴	南アフリカ原産の暖地性の花木。花は筒状または鐘状の小花で、開花期には枝いっぱいに咲き溢れる。葯が黒い品種はジャノメエリカ。

DATA
学　名	*Erica* cv.
科／属名	ツツジ科エリカ属
原産地	南アフリカ
花色	●●●●○
草丈(茎長)	30cm〜2m
花　径	0.5〜4cm
花　期	12〜4月
生育環境	非耐寒性〜半耐寒性
殖やし方	さし木
用　途	花壇、鉢植え、切花

MEMO (栽培メモ)
日当たり、水はけが良く有機質に富んだやや酸性の土壌で栽培する。花後にはせん定し、根づまりしやすいため植え替えは毎年行う。夏の多湿を避け、室内で越冬する。

september to february

① 満開のエリカ
② ジャノメエリカ
③ スズランエリカの鉢植え
④ 'ダーレンシス'
⑤ 'グラシリス'

エレモフィラ

常緑低木〜高木

- **識別ポイント** 鉢植え、庭植えにして花を楽しむ
- **名前の由来** 属名からつけられた
- **花ことば** 瞳の佳人
- **特徴** オーストラリア原産の常緑樹。葉は線形〜円形で互生または対生する。葉脈につく花は、管状の基部に唇弁が2枚、花色は種類によって変化が見られる。

DATA
- 学名 *Eremophila*
- 科/属名 ハマジンチョウゲ科エレモフィラ属
- 原産地 オーストラリア
- 花色 ●●○
- 草丈(茎長) 50cm〜3m
- 花径 2〜4cm(花長)
- 花期 4〜6月
- 生育環境 半耐寒性〜非耐寒性
- 殖やし方 種子まき
- 用途 鉢植え、庭植え

MEMO (栽培メモ)
春に水に浸した種子をまき、発芽温度は13〜16℃。寒さに弱いため、温室または日当たりが良い場所で栽培する。生育期には多めに水やりして、月に1度液肥を与える。

エレモフィラ・ニベア'ホワイトツリー'

september to february

オガタマノキ

招霊の木、小賀玉木 トキワコブシ／常緑高木

- **識別ポイント** 花は目立たない
- **名前の由来** 「招魂」の転訛
- **花ことば** 風紀紊乱
- **特徴** 神事に使われ、神社の境内によく植えられている。葉は舟形で長さ5〜14cm、表面は光沢がある。花は葉のわきに1個ずつつき芳香がある。果実は集合果でブドウの房状になる。

DATA
- 学名 *Michelia compressa*
- 科/属名 モクレン科オガタマノキ属
- 原産地 中国
- 分布 関東以南
- 花色 ○
- 草丈(茎長) 15〜20m
- 花径 2.5〜3.5cm
- 花期 2〜4月
- 生育環境 非耐寒性
- 殖やし方 実生、さし木、取り木、つぎ木
- 用途 庭木

MEMO (栽培メモ)
日当たり、風通しが良い場所へ植えつける。生育は旺盛で、葉がよく茂る。

花の基部は紅色を帯びる

Photo：加藤裕一

PART 3 秋から冬に咲く花　　　オキザリス／オドントグロッサム

オキザリス

レディースソレル、グッドラックリーフ／球根植物(多年草)

- **識別ポイント** 花色は多彩
- **名前の由来** 葉に酸味があることから、ギリシャ語で「すっぱい」の意味
- **花ことば** 輝煌
- **特徴** 花形、開花期は品種によって異なり、春咲き、秋咲き、冬咲きがある。紅花のハナカタバミ、黄花のキバナノカタバミ、紫花のムラサキカタバミなど多くの種類がある。

DATA
学　名	*Oxalis*
科／属名	カタバミ科オキザリス属
原産地	中南米、南アフリカ
花　色	●●●○
草丈(茎長)	30〜40cm
花　径	2cm
花　期	10〜4月
生育環境	半耐寒性〜耐寒性
殖やし方	分球、株分け
用　途	花壇、鉢植え

MEMO (栽培メモ)
秋植え球根植物。水はけが良い腐植用土に球根を植えつける。

① 群生
② オキザリス・ヒルタ

①② 洋ランの仲間

オドントグロッサム

ラン類

- **識別ポイント** 花形、花色は変化に富む
- **名前の由来** 唇弁基部に歯状の突起があることから、ギリシャ語で「歯・舌」の意味
- **花ことば** 風光明媚
- **特徴** 標高2000〜3000mの山地に自生する着生ラン。偽りん茎はタマゴ形で葉を1〜3枚頂生する。アーチ状に伸びた花序に12輪以上花をつける。

DATA
学　名	*Odontoglossum*
科／属名	ラン科オドントグロッサム属
原産地	中南米
分　布	メキシコ、ホンジュラス、グアテマラ
花　色	●●●●○
草丈(茎長)	30〜70cm
花　径	3〜5cm
花　期	11〜2月
生育環境	非耐寒性
殖やし方	株分け　交配種は株分けせず、植え替えのみ
用　途	鉢植え

MEMO (栽培メモ)
冬は最低13〜15℃で越冬できる。ハダニ、カイガラムシに注意する。

カゲツ

花月 カネノナルキ、クラッスラ／多年草　多肉植物

- 識別ポイント　常緑の葉を楽しむ観葉植物
- 名前の由来　葉に厚みがあることから、ラテン語で「厚い」の意味
- 花ことば　一攫千金
- 特徴　葉は多肉質で倒卵形、長さ3〜4cmで光沢がある。葉は赤みを帯びる品種、斑入りの品種もある。

DATA
- 学名　*Crassula*
- 科／属名　ベンケイソウ科クラッスラ属
- 原産地　南アフリカ
- 分布　アジア、アフリカ、マダガスカル
- 花色　○ ●
- 草丈(茎長)　10〜50cm
- 花径　3mm〜1cm(花が咲かないクラッスラもある)
- 花期　12〜1月
- 生育環境　非耐寒性〜耐寒性　日当たり良
- 殖やし方　さし木
- 用途　鉢植え

MEMO (栽培メモ)
夏の水やりを控えると花つきが良くなる。根づまりを防ぐため、毎年新しい用土に植え替えが必要。カイガラムシに注意。

①②③クラッスラ・ポルツラカ(金の成る木の名でも親しまれている)

september to february

ギヌラ

ビロードサンシチ、ベルベットプランツ、サンシチソウ／多年草、亜低木

- 識別ポイント　花には異臭がある
- 名前の由来　柱頭が尾のように突き出していることから、ギリシャ語で「尾」の意味
- 花ことば　独創的
- 特徴　観葉植物として室内で栽培する。多年草と亜低木があり、用途に合わせて品種を選ぶ。葉や茎には暗紫色の毛が密生してベルベットのようになる。

DATA
- 学名　*Gynura aurantiaca*
- 科／属名　キク科ギヌラ属
- 原産地　インドネシア
- 花色　● ○
- 草丈(茎長)　10〜40cm、60cm〜1m
- 花径　1〜2cm
- 花期　9〜10月
- 生育環境　耐寒性　日なた
- 殖やし方　さし木、茎ざし
- 用途　鉢植え、吊り鉢

MEMO (栽培メモ)
盛夏は日差しが強すぎるため半日陰で育てるが、暗すぎると徒長するので気をつける。

観葉植物のひとつ

PART 3 秋から冬に咲く花　　　　　　　　　　　　　　　　　　　　　　　　　　　　カランコエ

カランコエ
ベニベンケイソウ、弁慶紅
／多年草　多肉植物

識別ポイント	葉は多肉質で対生する
名前の由来	本属の中国名「加籃菜属」に由来
花ことば	切磋琢磨
特　徴	短日性の多肉植物。草丈約10cmの匍匐性から3mになる高性種まであり、葉色、花色、花形も品種によって様ざま。最も多く栽培されるブロスフェルディアナ、野生種のマンギニー、葉を鑑賞するツキトジなどに分けられる。

DATA
学　名	*Kalanchoe*
科／属名	ベンケイソウ科カランコエ属
原産地	マダガスカル
分　布	亜熱帯全域
花　色	●●●●
草丈(茎長)	10cm〜3m
花　径	0.5〜2cm
花　期	11〜4月
生育環境	非耐寒性　日なた
殖やし方	茎ざし、葉ざし、実生
用　途	切花、鉢植え、花壇、吊り鉢

MEMO (栽培メモ)
乾燥に強く過湿に弱いため、水を与えすぎないよう注意する。日当たりが悪いと開花しない。

september to february

① カランコエ・ブロスフェルディアナの園芸品種
② 'エンゼルランプ'
③ 'ウエンゼイ'
④ 'シンガポール'
⑤ '胡蝶の舞'

キンセンカ

金盞花 トウキンセン、ポットマリーゴールド、カレンデュラ ／1年草

識別ポイント	美しい橙黄色系の花
名前の由来	中国名「金盞花」を和音読みにした
花ことば	陽気な恋
特徴	ハーブの一種。2～5月、花弁が幾重にも重なった橙色または黄色の花を咲かせる。花壇向けの矮性種～切花向けの高性種まで様ざま。

DATA
学名	*Calendula officinalis*
科／属名	キク科カレンデュラ属
原産地	南ヨーロッパ
花色	●●●
草丈(茎長)	20～50cm
花径	1～5cm
花期	2～5月
生育環境	半耐寒性　日当たり良　水はけ良
殖やし方	種子まき
用途	切花、鉢植え、花壇

MEMO (栽培メモ)
酸性土をきらうため、石灰を散布する。9月に種子をまき、11月に花壇へ移植、越冬して翌年花を咲かせる。

①② 花色は鮮やか

コルチカム

イヌサフラン、アキズイセン ／球根植物(多年草)

識別ポイント	豊富な花色が楽しめる
名前の由来	アルメリア北部の古都市「コルキス」にちなむ
花ことば	青春時代
特徴	約45種が世界各地に自生する。根出葉は線形～披針形で開花後に展開する。花や葉茎には強い毒性があり、肌に触れるとかゆみが生じる場合がある。

DATA
学名	*Colchicum autumnale*
科／属名	ユリ科コルチカム属
原産地	ヨーロッパ、北アメリカ、北アフリカ
花色	●●●○
草丈(茎長)	10～15cm
花径	約6cm
花期	10～11月
生育環境	耐寒性
殖やし方	分球
用途	鉢植え、花壇

MEMO (栽培メモ)
強健な草花でほとんどどんな場所でも生育可能。水やりは葉や花に水をかけないよう気をつける。休眠期は乾燥気味にすると良い。

① 'ザ・ジャイアント'
② 立派な花が咲く

september to february

PART 3 秋から冬に咲く花　　　クロッカス

クロッカス
ハナサフラン／球根植物（多年草）

識別ポイント	春の訪れを告げる花
名前の由来	花柱が糸状に伸びることから、ギリシャ語の「糸」に由来
花ことば	私を信じて
特徴	秋植え球根植物。松葉のような細長い葉の間から、多彩な花が咲き溢れる。花は日中開花して夜間は閉じる。大輪白花のジャンヌダーク、黄花のジプシーガール、秋咲き種のプルケルスなど品種が多い。

DATA
学　名	*Crocus*
科／属名	アヤメ科クロッカス属
原産地	地中海〜アジア
分　布	ヨーロッパ、アジア、北アフリカなど
花　色	●●●●○
草丈（茎長）	10〜15cm
花　径	2〜5cm
花　期	2〜4月
生育環境	耐寒性
殖やし方	分球、種子まき、実生
用　途	鉢植え、花壇

MEMO（栽培メモ）
日当たり、水はけが良く、有機質に富んだ砂質土壌を好み、春咲き種は9〜10月、秋咲き種は8〜9月に植えつける。

september to february

①② 春を告げる花
③ クロッカス・スペキオスス
④ 'ピーターパン'
⑤ 紫色花種

サイネリア
シネラリア、フウキギク、フキザクラ

／1年草、多年草

- **識別ポイント** 小輪系～大輪系まで様ざま
- **名前の由来** 属名は花後の白い冠毛からラテン語の「老人」に由来
- **花ことば** 華やかな恋
- **特徴** 本来多年草の植物だが、日本では夏越が難しいため、1年草として扱われている。紅、ピンク、紫、青紫、白、黄白など多彩な花色があり、単色のほか白地に覆輪状に着色するタイプも人気がある。

DATA
- 学 名 *Senecio × hybridus*
- 科／属名 キク科セネキオ属
- 原産地 カナリー諸島、マデイラ諸島、アゾレ諸島
- 花 色 ●●●●
- 草丈(茎長) 20～40cm
- 花 径 2～8cm
- 花 期 12～3月
- 生育環境 非耐寒性　腐植質に富んだ肥沃地
- 殖やし方 種子まき、株分け
- 用 途 切花、鉢植え、花壇

MEMO (栽培メモ)
暑さ、寒さに弱いため、冬は室内に入れて3℃以上で越冬する。

september to february

①②③④ 花色は変化に富む

PART 3 秋から冬に咲く花

サクラソウ
桜草 ニホンサクラソウ／多年草

識別ポイント	山地や河畔の野原に群生する多年草
名前の由来	花がサクラに似ていることから
花ことば	少女の愛
特徴	2〜4月、ハート形の花びらを5枚合わせたような可愛らしい花が楽しめる。仲間にはカッコソウ、クリンソウ、オオサクラソウ、イワザクラ、コイワザクラ、ヒナザクラなど種類が多い。

DATA
学名	*Primula sieboldii*
科／属名	サクラソウ科プリムラ属
原産地	日本
分布	北海道、本州、九州
花色	○ ● ● ●
草丈(茎長)	10〜20cm
花径	2〜3cm
花期	2〜4月
生育環境	耐寒性
殖やし方	種子まき、株分け、根伏せ
用途	鉢植え、花壇

MEMO (栽培メモ)
日当たり、水はけが良い肥沃地へ植えつける。乾燥をきらい湿地を好むため、夏は半日陰で育てる。

① サクラソウの自生
② '紫鑼'
③ '春湖'
④ '竜田川'
⑤ '春の曙'

september to february

サザンクロス
クロウエア／常緑低木

- 識別ポイント　鮮やかな星形の花
- 名前の由来　花の形を南十字星に見立てて
- 花ことば　輝輝
- 特徴　オーストラリア原産の植物。葉は線形～楕円形で蜜腺があり、互生する。10～4月、可愛らしい5弁花が咲き溢れる。

DATA
- 学名　*Crowea*
- 科／属名　ミカン科クロウエア属
- 原産地　オーストラリア
- 花色　● ○
- 草丈(茎長)　30cm～3m
- 花径　1～2cm
- 花期　10～4月
- 生育環境　半耐寒性　日なた～半日陰
- 殖やし方　さし木
- 用途　鉢植え

MEMO (栽培メモ)
毎年春先に水はけが良い土壌へ植え替える。温室内ではカイガラムシが発生しやすいため注意する。

① 群生
② 鉢植え

サフラン
バンコウカ／球根植物(多年草)

- 識別ポイント　クロッカスの仲間
- 名前の由来　属名は、花柱が長く糸状に伸びることからギリシャ語の「糸」に由来
- 花ことば　快楽
- 特徴　文久年間に渡来した植物。赤く長い雄しべには鎮静、鎮咳、強壮作用があるため薬用にされるほか、香料や染料にも利用される。

DATA
- 学名　*Crocus sativus*
- 科／属名　アヤメ科クロッカス属
- 原産地　地中海沿岸～小アジア
- 花色　●
- 草丈(茎長)　10～15cm
- 花径　4～10cm
- 花期　10～11月
- 生育環境　耐寒性　空中開花
- 殖やし方　分球
- 用途　鉢植え、薬用、食用

MEMO (栽培メモ)
秋植え球根植物。排水が良い日なたの有機土壌へ植えつける。水栽培も可能。

① 赤い雌しべは薬用・香辛料となる
② 花の拡大

PART 3 秋から冬に咲く花

シクラメン
カガリビバナ、ブタノマンジュウ、ブタマンジュウ
／球根植物（多年草）

識別ポイント	冬の鉢花の女王と呼ばれる
名前の由来	花穂が丸く巻くことからギリシャ語「円形」に由来
花ことば	清純
特　　徴	多くの種類があるため、園芸品種は大別して大輪花の在来系、中大輪花のパステル系、明るい色彩が多いＦ１系、丈夫で小形花のミニ系に分けられる。

DATA
学　　名	*Cyclamen persicum*
科／属名	サクラソウ科シクラメン属
原産地	地中海沿岸
花色	🔴🟣🟡⚪
草丈(茎長)	10〜40cm
花径	3〜8cm
花期	10〜4月
生育環境	半耐寒性〜耐寒性
殖やし方	種子まき、分球
用途	花壇、鉢植え

MEMO (栽培メモ)
秋植え球根植物。冷涼な気候を好み、開花期が長いため月2回ほど液肥を与える。

september to february

①②③④ 豊富な花色があり、鉢花の女王といわれる
⑤ 'ロマンスピンク'

ジゴペタルム

多年草

識別ポイント	美しい芳香花
名前の由来	唇弁基部の隆起をくびきに見立て、ギリシャ語「花弁・くびき」に由来
花ことば	気品
特徴	南アメリカ原産の地生ランの一種。長い花梗に紫を帯びた美花が咲く。大形の原種ジゴペタルム・マッケイのほか、コラックス、ジゴコラックスなどが栽培される。

DATA

学名	*Zygopetalum*
科／属名	ラン科ジゴペタラム属
原産地	南アメリカ
花色	●●●
草丈(茎長)	30～50cm
花径	5～7cm
花期	12～3月
生育環境	非耐寒性
殖やし方	株分け
用途	切花、鉢植え

MEMO (栽培メモ)

丈夫な性質をもち、冬は5～10℃以上で管理する。乾燥させないようにたっぷりと水を与える。

① 洋ランの一種
② 'クリニツム'

シャコバサボテン

蝦蛄葉サボテン クリスマス・カクタス、デンマークカクタス／多肉植物

識別ポイント	独特な花形を楽しむ
名前の由来	茎節の形状をシャコに見立てて
花ことば	波乱万丈
特徴	ブラジル原産のサボテンの一種。葉は茎節があり、何枚もつながっているように見える。カニバサボテンに似ている。

DATA

学名	*Schlumbergera* × *buckleyi*
科／属名	サボテン科シュルンベルゲラ属
原産地	ブラジル
花色	●●●●○
草丈(茎長)	10～30cm
花径	3～5cm
花期	11～1月
生育環境	非耐寒性
殖やし方	さし木
用途	鉢植え

MEMO (栽培メモ)

最低温度が10℃以下になるとつぼみが落ちて花が咲かないため、真夏以外は良く日光に当てる。花が終わったら花柄を摘み取る。

① シーズンにはつねに花屋さんの店頭をにぎわす
② 花形に特徴がある
③ 'ホワイトクリスマス'

september to february

PART 3 秋から冬に咲く花

ジンチョウゲ

沈丁花 リンチョウ／常緑低木

識別ポイント	春の訪れを知らせる淡紅色の花
名前の由来	花の香りを沈香と丁字にたとえた
花ことば	実らぬ恋
特徴	花は強い芳香があり、枝先にまとまってつく。球状の果実は有毒だが、日本国内には雌株がほとんどないため結実しない。

DATA
学　名	*Daphne odora*
科／属名	ジンチョウゲ科ジンチョウゲ属
原産地	中国
分　布	本州東北地方以南、四国、九州、沖縄
花　色	●● ○
草丈(茎長)	1〜1.5m
花　径	0.5〜3cm
花　期	2〜4月
生育環境	耐寒性
殖やし方	さし木
用　途	切花、庭木

MEMO (栽培メモ)
日当たり〜半日陰の水はけが良い土壌へ植えつける。せん定は花後に行う。

① 公園樹としても親しまれている
② 垣根付近に植栽される
③⑤ 花の拡大
④ '中斑'
⑥ 満開が近い

september to february

シンビジウム

シンビジューム　／ラン類(多年草)

- **識別ポイント**　豊富な色彩が楽しめる
- **名前の由来**　唇弁の形からギリシャ語「舟形」に由来
- **花ことば**　激情
- **特徴**　花は花茎に群がるようにつき、花色、花形ともに多種多様。小形種〜大形種まで揃い、花茎も直立、弓形、垂れ下がるタイプなどがある。

DATA
- 学名　*Cymbidium*
- 科/属名　ラン科シンビジウム属
- 原産地　東南アジア
- 花色　● ● ● ● ● ● ○
- 草丈(茎長)　10cm〜1m
- 花径　5〜15cm
- 花期　11〜5月
- 生育環境　耐寒性〜半耐寒性
- 殖やし方　株分け
- 用途　切花、鉢植え

MEMO (栽培メモ)
寒さに強く、栽培しやすいため人気がある洋ラン。日当たり、風通しが良い場所に置いて育てる。新芽は1バルブ1芽として、余分な芽はかき取る。

september to february

① 'ミマエレガンス・パリジェンヌ'　② ホワイトクリスタル'ブリジット・バルドー'
③ 'ピペタ'　④ 'バネッサ'　⑤ 'ハンターズポイント'　⑥ 'バルドー'　⑦ 'ミニサラー'

PART 3 秋から冬に咲く花

スイセン

水仙 ダッフォディル、ナルシサス、雪中花
／球根植物（多年草）

識別ポイント	ラッパ状の美花
名前の由来	美しい花形から、属名はギリシャ神話の美少年「ナルキッソス」に由来
花ことば	私の美貌
特 徴	スイセンは10000種以上の改良品種が世界各地で栽培されている。ラッパズイセン、大杯スイセン、小杯スイセン、八重咲きスイセン、トリアンドゥルススイセン、シクラミネウススイセン、キズイセン、房咲きスイセン、口紅スイセン、野生種スイセン、スプリットコロナスイセン、その他のスイセンに分類される。

september to february

DATA

学 名	*Narcissus*
科／属名	ヒガンバナ科ナルシサス属
原産地	スペイン、ポルトガル、北アフリカ
花色	●●●○
草丈(茎長)	10〜30cm
花径	2〜8cm
花期	12〜4月
生育環境	耐寒性　日当たり良　水はけ良
殖やし方	分球
用途	切花、鉢植え、花壇

MEMO (栽培メモ)

品種によって性質は異なるため、よく調べてから栽培する。根が伸びるため、深く耕した土壌に植えつける。

① 下田市爪木崎はスイセンの観光名所
② 'エキスプローラ'
③ 'イースタージョイ'
④ 'キングアルフレッド'
⑤ 'アケザナリー'
⑥ 'アクロポリス'
⑦ 'オーラフリル'

スイセン

september to february

⑧ 'クラッキングトン'
⑨ 野生のスイセン（千葉市和田町）
⑩ 'ゲンズファボライト'
⑪ 爪木崎のスイセン花壇
⑫ ニホンズイセン
⑬ シクラメン咲きスイセン
⑭ 'ジョンキル'

PART 3 秋 か ら 冬 に 咲 く 花　　　　　　　　　　　　　　　　　　　　　　ステルンベルギア／スノードロップ

ステルンベルギア
キバナタマスダレ／球根植物(多年草)

識別ポイント	クロッカスを大きくしたような花形
名前の由来	オーストリアの植物学者「シュテルンベルグ」の名にちなむ
花ことば	安息
特　徴	地中海沿岸原産の球根植物。葉と花が同時に出る品種、葉が出てから花が咲く品種がある。クルシアナ、フェッシリアナ、ルテアなどが栽培されている。

DATA
学　名	*Sternbergia*
科／属名	ヒガンバナ科ステルンベルギア属
原産地	スペイン、地中海沿岸
花　色	○
草丈(茎長)	10〜15cm
花　径	4cm
花　期	10月
生育環境	半耐寒性〜耐寒性
殖やし方	分球
用　途	花壇、鉢植え

MEMO (栽培メモ)
春または夏植え球根植物。日当たり、水はけが良い砂質土に適する。

花は目が覚めるような黄金色

september to february

スノードロップ
マツユキソウ、ユキノシズク、ユキノハナ／球根植物(多年草)

識別ポイント	純白の美花が下向きに咲く
名前の由来	天使が触れた雪の化身という伝説から
花ことば	友情
特　徴	早春、まだ雪が解けやらぬ頃に咲かせる可憐な花。3枚の白く細長い花弁と先端が緑色の副冠をもつ。品種は多いが花形、花色、草姿はほとんど変わらない。

DATA
学　名	*Galanthus*
科／属名	ヒガンバナ科ガランサス属
原産地	コーカサス、ヨーロッパ
花　色	○
草丈(茎長)	10〜25cm
花　径	1cm
花　期	2〜3月
生育環境	耐寒性　耐霜性
殖やし方	分球
用　途	鉢植え、花壇

MEMO (栽培メモ)
水はけが良い湿った腐植用土で栽培する。夏は乾燥を避けて半日陰で管理する。

①② 天使の風情

ストック
アラセイトウ／1年草

識別ポイント	花には強い芳香がある
名前の由来	属名はイタリアの植物学者「マッティオーリ」の名にちなむ
花ことば	順風満帆
特徴	花は茎先に多数まとまって花房をつくり、下から順に咲き上がる。一重咲き〜八重咲きまであり、花色は赤、桃、紫、黄、白など変化が多い。

DATA
学名	*Matthiola*
科／属名	アブラナ科マッティオラ属
原産地	南ヨーロッパ
花色	●●●●○
草丈(茎長)	30〜60cm
花径	1.5〜2.5cm
花期	2〜4月　10〜11月
生育環境	半耐寒性〜耐寒性
殖やし方	種子まき
用途	切花、鉢植え、花壇

MEMO（栽培メモ）
高性種は切花、矮性種は鉢植えに利用される。夏に種子をまくと秋に開花、秋に種子をまくと春に花を楽しめる。

september to february

① ストックの花畑（千葉市白浜町）
②③④⑤⑥ 花色は多彩

PART 3 秋から冬に咲く花

ツバキの仲間
椿 山茶花、茶梅
／常緑低木～高木

識別ポイント	園芸品種は世界に200種以上
名前の由来	葉の特徴から厚葉木、津葉黄、艶葉木、寿葉木などからの転訛
花ことば	女性らしさ
特　徴	葉は厚く光沢がある。日本に自生するツバキの仲間はヤブツバキ、ユキツバキ、サザンカ、ヒメサザンカの4種に分けられる。花形、花色は多種多様。若枝、葉柄に毛があるものがサザンカ、ツバキにはない。

september to february

DATA
学　名	Camellia japonica
科／属名	ツバキ科ツバキ属
原産地	日本、朝鮮、中国
分　布	本州東北地方以南、四国、九州、沖縄
花　色	● ● ● ○
草丈(茎長)	30cm～6m
花　径	5～10cm
花　期	10～3月
生育環境	耐寒性
殖やし方	さし木、つぎ木、実生
用　途	鉢植え、庭植え

MEMO（栽培メモ）
日当たり、水はけが良い肥沃地に適する。繁殖はさし木、つぎ木、実生による。

① ② ③ ④

ツバキの仲間

september to february

① 'アケボノ'
② 'エレガントビューティー'
③ オトメツバキ
④ '珠錨'
⑤ '赤腰蓑'
⑥ '太田白'
⑦ 越後ツバキ '王冠'
⑧ '赤侘助'
⑨ 牡丹系 '今熊谷'
⑩ '東紋'

PART 3 秋から冬に咲く花

セネシオ
白妙菊／多年草

識別ポイント	珍しい色質の茎葉を鑑賞する
名前の由来	属名からつけられた
花ことば	冷ややかな愛
特　徴	1000種以上ある大属で世界各地に分布している。花はデージー状で単生または散房花序に咲く。形態変化の幅が広くグリーンネックレス（P.82参照）も仲間になる。

DATA
学　名	*Senecio*
科／属名	キク科セネシオ属
原産地	熱帯アメリカ
花　色	🟠
草丈(茎長)	30cm〜6m（つる性）
花　径	4〜5cm
花　期	12〜2月
生育環境	耐寒性〜非耐寒性
殖やし方	さし木、株分け
用　途	鉢植え

MEMO（栽培メモ）
品種によって性質、好む土質が異なる。さび病にかかりやすいため注意する。

①② セネシオ・ビコロル

ツワブキ
豪吾 石蕗／多年草

識別ポイント	濃緑色で光沢がある大形の葉
名前の由来	厚葉蕗、艶葉蕗からの転訛とされる
花ことば	内に秘めた想い
特　徴	暖地の海岸沿いに自生する常緑の多年草。花は茎の先に黄色の小花が群がってつく。グランドカバーにも利用される。

DATA
学　名	*Farfugium japonicum*
科／属名	キク科ツワブキ属
原産地	日本、台湾、中国南部
分　布	中部地方以南
花　色	🟡
草丈(茎長)	10〜80cm
花　径	5〜10cm（花房）
花　期	11〜12月
生育環境	半日陰〜日陰
殖やし方	株分け
用　途	鉢植え、庭植え

MEMO（栽培メモ）
暖地では庭植え、寒地では鉢植えで楽しむ。日陰を好むシェードプランツ。

① 葉のつやが美しい
② 黄金色の花
③ 黄斑点入り種
④ そう果

デンドロビウム

デンドロ／ラン類（多年草）

- **識別ポイント** バルブの各節に花を咲かせる
- **名前の由来** 樹上に着生することから、ギリシャ語「樹木と生活」に由来
- **花ことば** 謹厳実直
- **特徴** インド、東南アジア、太平洋諸島などの山岳地帯に自生する。偽りん茎は細長く、枝分かれすることもある。日本でも品種改良が盛んに行われているため、花色も多く、育てやすい洋ランのひとつ。

DATA
学名	*Dendrobium*
科／属名	ラン科デンドロビウム属
原産地	熱帯アジア、オーストラリア、ニュージーランド
花色	●●●●○
草丈（茎長）	20〜60cm
花径	2〜10cm
花期	1〜5月
生育環境	非耐寒性〜耐寒性
殖やし方	株分け、さし芽（高芽ざし）
用途	切花、鉢植え

MEMO（栽培メモ）
栽培適温は品種によって異なるため、注意が必要。花期は室内で管理、夏はたっぷりと水を与えて半日陰に置く。

september to february

① 種の数は1600以上といわれる ② ’ユキダルマ・キング’ ③ デンドロビウム・タンゲリウム ④ デンドロビウム・シルバヌム ⑤ デンドロビウム・エリーフロルム

PART 3 秋から冬に咲く花

トリカブト
鳥頭、鳥兜 アコニタム、カブトバナ
／多年草

識別ポイント	花は美しいが有毒植物のひとつ
名前の由来	花を舞楽に使う鳥兜に見立てて
花ことば	毒牙
特徴	根に強烈なアルカロイドを含有する有毒植物。葉は長さ5〜10cm、手のひら状に裂ける。9〜10月、奇妙な形の花が葉から突き出て総状花序につく。

DATA
学 名	*Aconitum*
科／属名	キンポウゲ科トリカブト属
原産地	北半球の温帯
花 色	●●●●○
草丈(茎長)	30〜80cm
花 径	2〜3cm　花房：20cm
花 期	9〜10月
生育環境	耐寒性　半日陰〜日なた
殖やし方	株分け
用 途	切花、鉢植え、庭植え

MEMO (栽培メモ)
乾燥をきらうため、湿潤な用土に植えつける。丈が高くなったら倒れないよう支柱を立てる。

september to february

① トリカブト
② ハコネトリカブト
③ ヤマトリカブト
④ オクトリカブト

ナノハナ

菜の花 フィールドマスタード、ハナナ(花菜)、ナバナ ／1年草

識別ポイント	黄色い花が一面に咲きあふれる
名前の由来	アブラナ科の野菜の花という意味から
花ことば	豊かな財力
特 徴	群生すると田舎の田園情緒をかもし出す。油をしぼるアブラナも仲間。葉はタマゴ形～長楕円形で表面は白粉を帯びる。草丈は低く、太い茎を直立させる。切花、花壇のほか、生食用にもなる。

DATA

学 名	*Brassica rapa* var. *amplexicaulis*
科／属名	アブラナ科アブラナ属
花 色	● (黄)
草丈(茎長)	20～40cm
花 径	8mm～1cm
花 期	2～5月
生育環境	日なた　排水良
殖やし方	種子まき
用 途	切花、花壇、食用

MEMO (栽培メモ)
9～10月、日当たり、水はけが良い肥沃地へ種子を直まきする。

ナノハナとサクラ（千葉県和田町）

ニンニクカズラ

ガーリックバイン ／つる性常緑低木

識別ポイント	6～20数個の花が房状に咲く
名前の由来	葉を切るとニンニク臭があり、カズラはつる性を表す
花ことば	喜躍
特 徴	熱帯アメリカ原産のつる性常緑樹。葉はタマゴ形～披針形で長さ5～12cm、質は厚く対生する。葉の間から長いつるを伸ばし他物に巻きついて生長する。花は漏斗形で先端は5裂する。花色は筒部が淡紅色、花弁は紅紫色になる。

DATA

学 名	*Pseudocalymma alliaceum*
科／属名	ノウゼンカズラ科プセウドカリンマ属
原産地	熱帯アメリカ
花 色	● ●
草丈(茎長)	1～5m
花 径	7cm
花 期	8～9月
生育環境	非耐寒性　日当たり良
殖やし方	さし木
用 途	鉢植え

MEMO (栽培メモ)
過湿に弱く高温、日なたを好む。冬越は乾燥気味にして、5℃以上で管理する。1度に数個が開花し、次つぎと咲き続ける。

紅桃色の花

PART 3 秋から冬に咲く花

ネリネ
ダイヤモンドリリー／球根植物(多年草)

識別ポイント	ヒガンバナに似ているが別属
名前の由来	ギリシャ神話の水の妖精「ネリネ」の名にちなむ
花ことば	芯が強い人
特　徴	原産地の南アフリカで自生している花は貧弱なものが多いが、イギリスで改良が行われて多彩な品種がつくられた。別名のとおり、日に当たると花弁の細胞がキラキラと輝きを放つ。

DATA
学　名	*Nerine*
科／属名	ヒガンバナ科ネリネ属
原産地	南アフリカ
花色	●●○
草丈(茎長)	20〜40cm
花径	2〜4cm
花期	9〜11月
生育環境	半耐寒性
殖やし方	分球
用途	切花、鉢植え、庭植え

MEMO (栽培メモ)
秋植え球根植物。有機物を含まない土壌へ浅植えにする。肥料を全く与えなくてもりっぱに育つ強健な性質。

september to february

① 英名はダイヤモンドリリー
②③ ネリネ・サルニエンシス
④ 'クリスパーピンク'
⑤ 'ブライダルピンク'

ハーデンベルギア

コマチフジ／常緑つる性低木

識別ポイント	鉢植えにして花を観賞する
名前の由来	属名から
花ことば	奇跡的な再会
特徴	オーストラリア原産のつる性植物。葉はタマゴ形〜披針形で3出複葉または5出複葉になる。12〜4月、濃紫色のマメに似た花が多数集まって円錐花序を形成する。

DATA

学名	*Hardenbergia violacea*
科／属名	マメ科ハーデンベルギア属
原産地	オーストラリア東部
花色	●●○
草丈(茎長)	20〜80cm
花径	1cm
花期	12〜4月
生育環境	半耐寒性　半日陰〜日なた
殖やし方	さし木
用途	鉢植え

MEMO (栽培メモ)

強光、乾燥をきらうため、夏は直射日光を避けて栽培する。冬は適度の湿気を保ち、越冬温度は0℃以上。

① ハーデンベルギア・ビオラケア
② 花の拡大

ハツコイソウ

初恋草 レケナウルティア／常緑低木

識別ポイント	コンテナやハンギングバスケットにも最適
名前の由来	種苗会社が銘名
花ことば	はじめての恋心
特徴	オーストラリア原産の常緑樹。葉は丸形〜線形で互生する。1〜4月に明瞭な扇形の花が集散花序に集まって咲く。花色は青紫、紅、橙、黄など変化が多い。

DATA

学名	*Leschenaultia formosa*
科／属名	クサトベラ科レケナウルティア属
原産地	オーストラリア
花色	●●●●●
草丈(茎長)	15〜60cm
花径	1〜2cm
花期	1〜4月
生育環境	非耐寒性
殖やし方	さし木
用途	鉢植え

MEMO (栽培メモ)

日当たり、水はけが良い土壌を好み、過湿をきらうため多肥や雨を避ける。

花は小さく個性的

september to february

PART 3 秋から冬に咲く花

ハボタン

葉牡丹 ハナキャベツ ／1年草

識別ポイント	キャベツの改良品種
名前の由来	葉がボタンの花に似ていることから
花ことば	違和感を覚える
特徴	江戸時代に食用として渡来したケールから、様々な系統・品種がつくり出された。キャベツに似た丸葉をもつ東京丸葉系、葉の縁が波状に縮れる名古屋ちりめん系、着色が早く色彩が美しい大阪丸葉系など変わった名前が多い。

DATA
学　　名　*Brassica oleracea* var. *acephala*
科／属名　アブラナ科ブラシカ属
原 産 地　ヨーロッパ
花　　色　〇〇　葉色：〇〇〇〇
草丈(茎長)　30〜80cm
花　　径　1.5〜2cm
花　　期　1〜3月
生育環境　耐寒性
殖やし方　種子まき
用　　途　鉢植え、庭植え

MEMO (栽培メモ)
耐暑性、耐寒性ともに強いが乾燥に弱いため、水、肥料はたっぷり与える。切花用の草丈が高い品種もある。

①②③公園を彩る　⑤'シロクジャク'
④'ベニクジャク'

ハマギク
浜菊 ニッポンデージー／多年草

- **識別ポイント** 花芯は緑色～黄色に変わる
- **名前の由来** 砂浜に自生するキクなので
- **花ことば** 友愛
- **特徴** 太平洋岸に自生する草花。茎はまばらに分枝して、枝を広げて生長する。葉はスプーン形で長さ9cm、芳香がある。9～11月、デージーに似た白色の頭状花序が咲き溢れる。

DATA
- 学 名 *Chrysanthemum nipponicum*
- 科／属名 キク科ニッポナンセマム属
- 原産地 日本
- 分 布 北海道、本州茨城県以北
- 花 色 ○
- 草丈(茎長) 80cm～1m
- 花 径 約6cm
- 花 期 9～11月
- 生育環境 耐寒性
- 殖やし方 種子まき、さし芽、株分け
- 用 途 鉢植え、庭植え

MEMO (栽培メモ)
3～4月に水はけが良い日なたへ植えつける。性質は強健で、1度植えるとほとんど手がかからない。

september to february

①青森県から茨城県までの太平洋の海岸に自生する（茨城県伊師浜）②崖や砂地に生える（茨城県鵜の岬）③花の拡大 ④ワカサハマギク

PART 3 秋から冬に咲く花

パンジー
サンシキスミレ、コチョウソウ
／1年草、多年草

識別ポイント	混植して豊富な色彩を楽しむ
名前の由来	花の模様から、フランス語「パンセ」に由来
花ことば	物思いにふける
特　徴	直立して叢状になる宿根草。2～5月に咲く花は、側花弁が上弁と下弁に重なり距は非常に短い。花色は赤、橙、黄、紫、など単色のほか、中央に顔のような模様がある複色も多い。最近はエディブルフラワーとして食用にも利用される。

DATA
学　名	*Viola*
科／属名	スミレ科スミレ属（ビオラ属）
原産地	欧州～アジア
花　色	●●●●○ 複色
草丈(茎長)	10～20cm
花　径	3～10cm
花　期	2～5月
生育環境	耐寒性　水はけが良い土壌
殖やし方	種子まき
用　途	切花、鉢植え、花壇

MEMO (栽培メモ)
耐暑性は弱いが耐寒性に強く、花壇を彩る代表的な草花のひとつ。

①②パンジーの花壇　⑤蝶が飛ぶよう
③鮮やかな赤　　　　⑥黄色が映える
④ニュークリスタル'ピンク'　⑦ニュークリスタル'レモンイエロー'

september to february

ビオラ

1年草

識別ポイント	パンジーの小輪種
名前の由来	属名からつけられた
花ことば	空想の羽
特徴	世界中の温帯地域に約500種が自生している。花形は小さいが、多花性で群植させると花壇をにぎやかに彩る。花色は赤、紫、青、黄、白のほか複色も多く、色彩豊か。

DATA

学　名	*Viola*
科／属名	スミレ科スミレ（ビオラ）属
原産地	ヨーロッパ、西フランス
花　色	●●●●○
草丈(茎長)	10〜20cm
花　径	1〜3cm
花　期	2〜5月
生育環境	耐寒性　日なた〜半日陰
殖やし方	種子まき
用　途	鉢植え、花壇

MEMO（栽培メモ）
湿気があり、腐植質に富んだ肥沃土壌に適する。耐寒性が強く、鉢植えや花壇に群生して楽しむ。ナメクジ、アブラムシ、うどんこ病が発生しやすい。

①ビオラの花壇
②シロタエギクを囲むビオラの花壇
③'キングヘリー'
④'サマー'
⑤'キャットパープル'
⑥'キッズピンキーキッズ'

september to february

PART 3 秋から冬に咲く花

パンパスグラス
シロガネヨシ／多年草

識別ポイント	ススキに似た草姿
名前の由来	草原（パンパス）と草（グラス）の造語
花ことば	勝気
特徴	矮性種〜高性種まであり、斑入り葉種、切花向けの品種のほか、光沢がある銀白色の穂をもつセロアナ、桃色パンパスグラスと呼ばれるケルメシアなどがある。ドライフラワーにも利用される。

DATA
学名	*Cortaderia*
科／属名	イネ科コルタデリア属
原産地	アルゼンチン〜ブラジル
花色	○ ●
草丈（茎長）	50cm〜2m
花径	30〜80cm（花穂）
花期	9〜10月
生育環境	半耐寒性
殖やし方	株分け
用途	切花、庭植え、ドライフラワー

MEMO（栽培メモ）
春に水はけが良い日なたへ植えつける。丈夫で栽培しやすいため、1度植えたらほとんど枯れることはなく良く育つ。

september to february

①②ススキを大形にしたよう
③防風の役目もする（千葉市平砂浦）

フクジュソウ

福寿草 ガショウラン、ガンジツソウ、
ガンタンソウ ／多年草

- **識別ポイント** 早春を飾る黄金色の花
- **名前の由来** 新年を祝う花から「福寿草」
- **花ことば** おめでた
- **特徴** 花が咲き始める頃は花と茎だけで、花が終わる頃になると細かい切れ込みが多数入った緑葉が展開する。一重咲き〜八重咲き、ナデシコ咲き、花の中から花が咲く三段咲きなど花形の変化が多い。

DATA
学　名	*Adonis amurensis*
科／属名	キンポウゲ科フクジュソウ属
原産地	日本、中国、朝鮮
分　布	北海道〜九州
花　色	🟡 ⚪ 🟠 🟢
草丈(茎長)	10〜15cm
花　径	3〜4cm
花　期	2〜4月
生育環境	耐寒性
殖やし方	株分け
用　途	鉢植え、庭植え

MEMO（栽培メモ）
根を伸ばして生長するため、鉢植えの場合は大きめの鉢で栽培する。晩春になると地上部は枯れて、地下茎だけで夏越する。秋になると根が動き出し、晩秋に花芽ができる。冬は日なた、夏は半日陰で栽培する。

①他の花に先がけて美しい姿を見せる
②残雪を割って花咲く
③鉢植え
④'ベニナデシコ'
⑤園芸品種
⑥つぼみ
⑦花後、葉はだんだん枯れて消える

september to february

PART 3 秋から冬に咲く花　　　　　　　　　　　　　　　　　　　　　　　　　ブバルディア／ブラキカム

ブバルディア
ブバリア、カンチョウジ ／常緑小低木

識別ポイント	長い筒状の花が咲く
名前の由来	パリ王立庭園長「ブーバル」の名にちなむ
花ことば	不屈の精神
特　徴	北米～中南米に原種だけでも約30種以上が自生している。花色は赤、紅、桃、白色などがあり、切花にも利用される。花色が豊富なハイブリダ、白色の芳香花を咲かせるフンボルディーなどがある。

DATA
学　名	*Bouvardia*
科／属名	アカネ科ブバルディア属
原産地	メキシコ
花　色	● ● ○
草丈(茎長)	20～50cm
花　径	1cm前後
花　期	9～11月
生育環境	耐寒性～半耐寒性
殖やし方	さし木
用　途	切花、鉢植え

MEMO (栽培メモ)
耐寒性、耐暑性に強く、生育適温は約16～22℃。花後、根元から2～3節残して切り戻すともう1度花が楽しめる。

①②③可愛らしい花が咲く

september to february

ブラキカム
ブラキスコメ、ブラチコーム、ヒメコスモス ／1年草、多年草

識別ポイント	コスモスに似た小さな花
名前の由来	短い冠毛から、ラテン語「短い毛束」に由来
花ことば	可憐な仕草
特　徴	オーストラリア原産の草花で、日本には明治時代に渡来した。矮性なので、吊り鉢やプランターに植えて可愛らしい花を楽しむ。

DATA
学　名	*Brachyscome*
科／属名	キク科ブラキカム属
原産地	オーストラリア
花　色	● ● ● ○
草丈(茎長)	10～20cm
花　径	1.5cm
花　期	9～11月
生育環境	半耐寒性
殖やし方	種子まき、株分け
用　途	鉢植え、花壇

MEMO (栽培メモ)
日当たり、水はけが良いやや砂質の肥沃地を好む。夏の高温多湿、寒風をきらう。

①②ヒメコスモスといわれるように、コスモスを小さくした花形

プリムラ類
セイヨウサクラソウ／多年草、1・2年草

識別ポイント	多彩な花色を楽しむ
名前の由来	早春に他の花に先駆けて咲かせることから、ラテン語「最初」の意味
花ことば	快活
特　徴	プリムラ種は原種だけでも約300あるといわれる。仲間には丸弁大輪のオブコニカ、多肉質の葉をもつオーリキュラ、豊富な花色があるポリアンサ、小輪多花性のマラコイデス、中国原産のキューエンシスなどがある。

DATA
学　名	*Primula*
科／属名	サクラソウ科プリムラ属
原産地	温帯～寒帯
花　色	● ● ● ● ● ○
草丈(茎長)	10～40cm
花　径	1～8cm
花　期	12～3月
生育環境	耐寒性～半耐寒性
殖やし方	種子まき、株分け、根伏せ
用　途	鉢植え、花壇

MEMO（栽培メモ）
日当たり、水はけが良い湿地に植えつける。たっぷりと水を与え、月に1度液肥を施す。

①プリムラ・ポリアンサ
②プリムラ・ジュリアン
③プリムラ・ジュリアン・ハイブリッド
④プリムラ・オブコニカ
⑤プリムラ・マラコイデス
⑥プリムラ・ジュリアン・ハイブリッド

september to february

PART 3 秋から冬に咲く花

ブルーキャッツアイ
オタカンサス、ブラジリアンスナップドラゴン／多年草

識別ポイント	青紫色の涼しげな花
名前の由来	青い花弁の中心が黄色くなり、ネコの目に似ることから
花ことば	気まぐれ
特徴	芳香がある葉は、タマゴ形で対生してつく。花は青紫色、基部は白色になる。花冠は合弁で多くは2唇形になり、左右対称。果実は蒴果で2〜4裂する。

DATA
学名	*Otacanthus caeruleus*
科／属名	ゴマノハグサ科オタカンサス属
原産地	南アメリカ、ブラジル
花色	●
草丈(茎長)	50〜70cm
花径	2cm
花期	10〜12月
生育環境	半耐寒性
殖やし方	株分け、さし木
用途	切花、鉢植え

MEMO (栽培メモ)
水はけが良い用土、日当たり、風通しが良い場所に育てる。多肥、過湿をきらう。

青紫の花

september to february

ベラドンナリリー
ブルンスビギア／球根植物

識別ポイント	花色は赤系が多い
名前の由来	種名とユリに似ていることから
花ことば	燃える想い
特徴	南アフリカ原産の球根植物。基部につく葉はひも状〜タマゴ形で、花と同時期か花後に出る。秋に派手な漏斗形の花が散形花序に咲く。

DATA
学名	*Amaryllis belladonna*
科／属名	ヒガンバナ科ブルンスビギア属
原産地	南アフリカ、ケープ地方
花色	● ●
草丈(茎長)	30〜60cm
花径	6cm
花期	9月
生育環境	半耐寒性〜非耐寒性
殖やし方	種子まき、分球
用途	切花、鉢植え

MEMO (栽培メモ)
種子は気温18〜21℃の頃にまき、分球は秋に行う。コナカイガラムシ、アブラムシ、アカダニに気をつける。

ナツズイセンに似るがさらに品がある

ヘレボルス
クリスマスローズ、レンテンローズ
／多年草

- **識別ポイント** 花は平開する5弁花
- **名前の由来** 根に毒を含むことから、ギリシャ語「殺す・食料」に由来
- **花ことば** 慰め
- **特　徴** 石灰質の土壌に見られる宿根草のひとつ。多くの園芸品種が栽培され、レンテンローズ、クリスマスローズなど人気が高い。

DATA
学　名	*Helleborus*
科／属名	キンポウゲ科ヘレボルス属
原産地	ヨーロッパ〜西アジア
花　色	●●●●○
草丈(茎長)	30〜60cm
花　径	3〜8cm
花　期	12〜3月
生育環境	耐寒性　日なた〜半日陰
殖やし方	株分け、種子まき
用　途	切花、花壇、鉢植え

MEMO (栽培メモ)
高温多湿をきらうため、夏の水やりは控えめにする。

september to february

① ニーゲル'ニガー'（クリスマスローズ）
② ヘレボルス・オリエンタリス（レンテンローズ）
③ 花の拡大（ヘレボルス）
④ ヘレボルス・フォエティドウス
⑤ クリスマスローズ
⑥ レンテンローズ

PART 3 秋から冬に咲く花

ポインセチア
ショウジョウボク／常緑低木

識別ポイント	鮮やかな苞葉を観賞する
名前の由来	アメリカの宣教師「ポインセット」にちなむ
花ことば	聖夜
特徴	赤く色づいて花のように見えるのは苞で、花は中央に集まって咲くが地味で目立たない。苞色は赤のほか、白、桃、淡黄、マーブル模様もある。

DATA
学名	*Euphorbia pulcherrima*
科／属名	トウダイグサ科ユーフォルビア属
原産地	メキシコ
苞色	● ● ● ○
草丈（茎長）	10cm～1.5m
花径	0.5～1cm
花期	11～12月
生育環境	非耐寒性
殖やし方	さし木
用途	切花、鉢植え

MEMO（栽培メモ）
ポインセチアは日が短くならないと花芽がつかないため、9月下旬になったら短日処理（夕方～朝までボール箱などをかぶせて暗くする）を行うと苞が色づいてくる。

september to february

① 池に浮かべる　② 鮮やかな花苞葉　③ 園芸品種のひとつ　④ 'モネ・ホワイト'

ボケ
木瓜 カラボケ、クサボケ、コボケ、シドミ
／落葉低木

- 識別ポイント　8〜9月に熟す果実は甘い香りをもつ
- 名前の由来　中国名「木瓜」の和音読み
- 花ことば　早熟な人
- 特　徴　平安時代に渡来した落葉低木。葉の縁にはギザギザがあり、長さ4〜8cm。樹高30〜60cmのクサボケは、ボケより花期が遅く、朱赤色の花を咲かせる。

DATA
学　名	*Choenomeles*
科／属名	バラ科ボケ属
原産地	中国
分　布	日本全国
花　色	● ● ○
草丈(茎長)	1〜2m
花　径	3〜6cm
花　期	2〜4月
生育環境	耐寒性
殖やし方	さし木、取り木、株分け
用　途	切花、鉢植え、庭木

MEMO (栽培メモ)
樹勢が強いため、排水が良い日なたであればよく育つ。アブラムシ、ケムシなどの虫害に気をつける。

①ボケの種類は多い　②③④⑤花色も様ざま　⑥クサボケ
⑦ボケの果実　⑧カンボケ

september to february

PART 3 秋から冬に咲く花

ホトトギス
杜鵑草 ユテンソウ、トウドリリー
／多年草

識別ポイント	花には点が入るものが多い
名前の由来	三つの萼片の基部に腺体があることから、ギリシャ語「3・突き出す」に由来
花ことば	にぎやかな性格
特　徴	園芸品種が多く、黄花のキバナホトトギス、白地に赤い点があるタイワンホトトギス、シノノメ、アミガサ、ハゴロモのほか、鐘形状の花を咲かせる種類もある。

DATA
学　名	*Tricyrtis*
科／属名	ユリ科トリキルティス属
原産地	アジア
分　布	山地
花　色	● ●
草丈(茎長)	30〜60cm
花　径	2〜4cm
花　期	9〜10月
生育環境	耐寒性
殖やし方	さし芽、株分け
用　途	切花、鉢植え、庭植え

MEMO (栽培メモ)
排水性・保水性が良い腐植用土に育て、夏は半日陰に保つ。

september to february

① ホトトギス
② キバナノツキヌキホトトギス
③ キイジョウロウホトトギス
④ ヤマホトトギス
⑤ ヤマジノホトトギス
⑥ キバナホトトギス
⑦ タイワンホトトギス
⑧ 'ハクラクテン'
⑨ 'シノノメ'
⑩ 'ハゴロモ'
⑪ 'アミガサ'
⑫ 'エドノハナ'
⑬ トサジョウロウホトトギス
⑭ シナホトトギス
⑮ 'マツカゼ'

ホトトギス

september to february

337

PART 3 秋から冬に咲く花

マッソニア

球根植物(多年草)

- **識別ポイント** 葉は地面に張りつくように広がる
- **名前の由来** ロンドン植物園の関係者「マッソン」の名にちなむ
- **花ことば** 憧れの人
- **特　徴** 2枚の大きな葉の間に淡紅色または白色の小花がまとまって咲く。

DATA
- 学　名　*Massonia*
- 科/属名　ヒアシンス科マッソニア属
- 原産地　南アフリカ
- 花　色　● ○
- 草丈(茎長)　3〜5cm
- 花　径　4cm前後
- 花　期　12〜2月
- 生育環境　半耐寒性、日なた
- 殖やし方　種子まき、分球
- 用　途　鉢植え

MEMO (栽培メモ)
9〜10月に球根を植えつけ、覆土は浅植えにする。

マッソニア・プスツラタ

ミセバヤ

見せばや タマノオ(玉の緒)／多年草

- **識別ポイント** 鉢植えで室内植物として楽しむ
- **名前の由来** 「見せたい」からの転訛
- **花ことば** 勝気
- **特　徴** 根茎をもつ落葉宿根草。葉は円形で3輪生、縁にはギザギザがあり、青緑、紫、紅色を帯びる品種もある。紅色の小花が多数集まり丸形の花房をつくる。

DATA
- 学　名　*Sedum sieboldii*
- 科/属名　ベンケイソウ科セダム属
- 原産地　日本
- 花　色　● ○
- 草丈(茎長)　10〜30cm
- 花　径　15〜30cm(花房)
- 花　期　9〜10月
- 生育環境　日なた
- 殖やし方　種子まき
- 用　途　鉢植え

MEMO (栽培メモ)
日当たり、風通しが良い場所が適地。生育期はたっぷりと水を与え、月に1度バランスが良い液肥を施す。

① 赤斑ミセバヤ
② 白覆輪ミセバヤ

ヤツデ
八手 テングノハウチワ
／常緑低木

- **識別ポイント** 手のひら形の大きい葉
- **名前の由来** 葉が手のひら形で、「八つ手」
- **花ことば** 固い絆
- **特徴** 葉は7～9に裂けた手のひら形で長さ20～40cm、質は厚く光沢がある。10～11月に白色の小花が枝先にまとまり、球状の花房をつくる。果実は球形で黒く熟す。

DATA
学　名	*Fatsia japonica*
科/属名	ウコギ科ヤツデ属
分　布	本州東北地方以南～九州
花　色	○
草丈(茎長)	1～3m
花　径	5mm
花　期	10～11月
生育環境	半日陰～日陰
殖やし方	さし木、とり木
用　途	庭木

MEMO (栽培メモ)
4～5月または9月、半日陰の腐植質に富んだ肥沃地へ植えつける。11～12月に枝先に数枚の葉を残して切り取り、樹形を整える。

①庭園樹として好適　④葉の展開
②庭木に用いられる　⑤若い果実
③花は蜜を分泌して　⑥斑入りヤツデ
　虫を呼ぶ

september to february

PART 3 秋から冬に咲く花

ユキワリソウ
雪割草 スハマソウ、ミスミソウ
／多年草

識別ポイント	日本原産の植物
名前の由来	早春に雪を割って花を咲かせることから
花ことば	和解
特　徴	ロゼットを形成する落葉宿根草。葉は楕円形で長さ約8cm、縁にはギザギザがあり、裏面は粉白色になる。2〜4月に咲く花は、高杯状で2〜15個散形花序につく。

DATA
学　名	*Primula madesta*
科／属名	サクラソウ科プリムラ属
原産地	日本
花　色	●●●●●○
草丈(茎長)	10〜15cm
花　径	1〜2cm
花　期	2〜4月
生育環境	耐寒性
殖やし方	株分け、種子まき
用　途	鉢植え、庭植え

MEMO （栽培メモ）
日なた〜半日陰でもよく育つ強健な性質。

september to february

①②ユキワリソウと呼ばれているのはアネモネ属の1種のスハマソウ
③園芸品種 '古都'
④園芸品種 '紅白'（ミスミソウ）

ラケナリア

ラシュナリア、ケープカウスリップス、アフリカンヒヤシンス／球根植物(多年草)

- 識別ポイント：葉は根生葉で様々な形がある
- 名前の由来：スイスの植物学者「ド・ラ・ナシュケル」の名にちなむ
- 花ことば：緊張感
- 特徴：南アフリカ原産の球根植物。茎は太く、まっすぐに伸びて珍しい斑模様がある。12～4月、長めの筒状花を総状花序に咲かせる。

DATA

学名	*Lachenalia*
科／属名	ユリ科ラケナリア属
原産地	南アフリカ
花色	● ● ● ● ○ その他
草丈(茎長)	10～50cm
花径	4～8mm
花期	12～4月
生育環境	半耐寒性
殖やし方	分球
用途	切花、鉢植え

MEMO (栽培メモ)
種子は発芽温度13～18℃。日当たり、排水が良い軽い土壌で栽培する。生長期はたっぷりと水を与え、休眠期は乾燥した状態を保つ。

①② 原種だけでも50種以上あり、花色も様ざま

ルクリア

ヒマラヤザクラ、アッサムニオイザクラ／常緑低木

- 識別ポイント：サクラに似た花
- 名前の由来：原産地名が広まった
- 花ことば：シャルロット
- 特徴：雑木林や森林に自生する樹木のひとつ。大形の葉は葉脈が突出し、1組が対生してつく。花は高杯形でろうのような質感を持ち、円錐花序に咲く。上品な香りを放つ。

DATA

学名	*Luculia*
科／属名	アカネ科ルクリア属
原産地	ヒマラヤ
花色	○ ●
草丈(茎長)	20～30cm
花径	2.5～3cm
花期	10～11月
生育環境	非耐寒性
殖やし方	種子まき、さし木
用途	鉢植え

MEMO (栽培メモ)
春に日当たりが良い肥沃な湿地へ種子をまく。夏～秋はたっぷりと水を与え、月に1度バランスが良い液肥を施す。

① ルクリア "富士のニオイザクラ"
② 花の拡大

september to february

PART 3 秋から冬に咲く花

リンドウの仲間
龍胆 ゲンティアナ
／多年草

識別ポイント	花色は青紫のほか、青、紫、白、紅など多彩
名前の由来	中国名「竜胆」の和音読み
花ことば	正義感
特徴	日本では秋を代表する草花のひとつで、約400種が世界各地に自生する。花は筒形で先端はとがった裂片が5つある。アサマリンドウ、エゾリンドウ、オヤマリンドウなど品種が多い。

DATA
学　名	*Gentiana*
科／属名	リンドウ科リンドウ属
原産地	世界の温帯地域
分　布	日本各地
花　色	●●●○
草丈(茎長)	10cm〜1m
花　径	1〜2cm
花　期	10〜11月
生育環境	耐寒性
殖やし方	株分け
用　途	切花、鉢植え、花壇

MEMO (栽培メモ)
保水性のある土壌、冷涼な気候を好む。

september to february

① リンドウ
② 'アルペンブルー'
③ 'シラサギ'
④ タテヤマリンドウ（尾瀬上田代）
⑤ エゾオヤマリンドウ
⑥ ササバリンドウ
⑦ オヤマリンドウ
⑧ ガビサンリンドウ
⑨ フデリンドウ
⑩ ハルリンドウ
⑪ エゾリンドウ

リンドウ

september to february

343

PART 3 秋から冬に咲く花

レオノチス
レオンタイス／宿根草

- 識別ポイント 直立した茎に段になって花が咲く
- 名前の由来 属名からつけられた
- 花ことば 家族愛
- 特徴 塊茎をもつ宿根草が3種ある。葉は3出複葉で灰緑色。花は杯形で小さいが、多数集まり大形の総状花序または円錐花序になる。

DATA
学名	*Leontice*
科／属名	メギ科レオノチス属
原産地	アフリカ、地中海沿岸、アジア
花色	●●○
草丈(茎長)	20〜80cm
花径	1〜2cm
花期	10〜11月
生育環境	非耐寒性
殖やし方	種子まき
用途	鉢植え、庭植え

MEMO (栽培メモ)
秋に塊茎を日当たりが良い土壌に約20cmの深さに植えつける。病虫害対策は不要。

レオノチス・レオヌルス

september to february

ローズマリー
メイテツコウ、マンネンロウ／常緑低木

- 識別ポイント ピンク、白、淡紫色の小花が葉のわきに咲く
- 名前の由来 海岸に自生することから、属名はギリシャ語で「露・海」に由来
- 花ことば 清浄
- 特徴 地中海沿岸原産の植物。直立性種とほふく性種があり、濃緑色の細長い葉が密生する。料理のほか、美容、防虫、防腐、入浴剤など多用されるハーブの一種。

DATA
学名	*Rosemarinus*
科／属名	シソ科ロスマリヌス属
原産地	地中海沿岸
花色	●●●○
草丈(茎長)	30cm〜2m
花径	0.8cm
花期	9〜6月
生育環境	耐寒性
殖やし方	さし木、種子まき
用途	切花、鉢植え、花壇、食用

MEMO (栽培メモ)
春に日当たり、水はけのが良い場所に種子をまく。多湿をきらうため、水やりは控えめにする。病虫害にも強い丈夫なハーブ。

① 小花が葉のわきにつく
② 花の拡大

周年咲く花

一年中咲く花

▲カトレア

▶オンシジウム

PART 4 周年咲く花　　　　　　　　　　　　　　　　　　　　　　　アマゾンリリー／エピデンドラム

アマゾンリリー
ユーチャリス、アマゾンユリ、ギボウシズイセン／球根植物(多年草)

識別ポイント	白い花がうつむくように下向きに咲く
名前の由来	属名は美しい花をつけることから、ギリシャ語で「よい・引きつける」の意味
花ことば	うつむく可憐さ
特徴	熱帯原産の高温植物。園芸植物として利用されているのはグランディフローラ。原種も美しく観賞価値が高い。切花やブライダルフラワーとして人気がある。

DATA
学　名	*Eucharis grandiflora*
科／属名	ヒガンバナ科ユーチャリス属
原産地	コロンビアのアンデス山地
花色	○
草丈(茎長)	30〜40cm
花径	7〜10cm
花期	不定期
生育環境	非耐寒性
殖やし方	分球
用途	切花、鉢植え

MEMO (栽培メモ)
排水性が良い腐植土壌を用いて、冬は温室内の半日陰で20℃以上保つ。夏は強光に当てると葉焼けするため、半日陰の風通しが良い場所で管理する。

白い花がうつむく

all season

①② 洋蘭の一種

エピデンドラム
ラン類(多年草)

識別ポイント	矮性種〜高性種まで様ざま
名前の由来	本属は一般的に着生ランであることから、ギリシャ語で「木・上」の意味
花ことば	一心同体
特徴	着生ラン・地生ラン約800種が世界各地に広く分布している。花色、花形、葉形は多種多様。花序は茎の基部から伸ばし、総状花序につく。

DATA
学　名	*Epidendrum* sp.
科／属名	ラン科エピデンドラム属
原産地	熱帯アメリカ、亜熱帯アメリカ
花色	● ● ● ○
草丈(茎長)	30〜70cm
花径	2〜5cm
花期	周年
生育環境	非耐寒性
殖やし方	株分け
用途	鉢植え

MEMO (栽培メモ)
日当たりが良い場所に植えつけ、乾燥しないよう頻繁に水やりをする。夏は50%くらい遮光し、冬は最低13℃以上を保つ。

エラチオールベゴニア
ベゴニアエラティオール、リーガースベゴニア、
ベゴニア・ヒエマリス／多年草

識別ポイント	群植すると花壇がにぎやかになる
名前の由来	高貴なベゴニアの意味
花ことば	貴婦人
特　徴	球根ベゴニアとソヌドラナ種の人工交雑種で、花色は多彩。花形は一重咲き、八重咲きがあり、冬咲き種と夏咲き種に分かれる。

（ベゴニア類P.167参照）

DATA
学　名	*Begonia* × *hiemalis*
科／属名	シュウカイドウ科ベゴニア属
原産地	ソコトラ島、南米
花　色	●●●●○
草丈(茎長)	30〜50cm
花　径	4〜7cm
花　期	周年
生育環境	非耐寒性
殖やし方	さし木、葉ざし
用　途	鉢花、花壇

MEMO (栽培メモ)
耐寒性、耐暑性に弱いため、周年室内で管理する。強光は避け、室内の窓辺などで育てる。10〜15℃で越冬できる。

all season

①③④ カラフルな花色
② 花贈りに好適

PART 4 周年咲く花

オンシジュウム
オンシジウム、ダンシング・レディ ／ラン類(多年草)

識別ポイント	洋ランの一種
名前の由来	唇弁の基部にこぶ状の隆起があることから、ギリシャ語で「こぶ」に由来
花ことば	偕老同穴
特 徴	中南米に広く分布し、原種だけでも300種以上といわれる。ブラジル原産のバリコーサム系、小形種のプルケラム系、桃色芳香性種のオーニソリンカム系、小輪多花性のミニ系などがある。

DATA
学　名	*Oncidium*
科／属名	ラン科オンシジュウム属
原産地	中央・南アメリカ
花　色	🔴🟡🌸🟠 複色
草丈(茎長)	10cm〜1m
花　径	1〜3cm
花　期	周年
生育環境	非耐寒性
殖やし方	株分け
用　途	切花、鉢植え

MEMO (栽培メモ)
乾燥に強く、過湿に弱い。植え替えは花が終わった後に、真夏以外ならいつでも可能。

群開する花

② 'オブリダタム'
③ 'マカリ・ゴトー'
④ 'パピリオ'

カトレア

ラン類（多年草）

識別ポイント	「洋ランの女王」との異名をもつ美しい花
名前の由来	着生ランの栽培に初めに成功したイギリス人「キャトレイ」の名にちなむ
花ことば	理想郷
特徴	南米～中米にかけて約60種が分布している着生ラン。春夏秋冬それぞれ咲く品種があり、花色、花形も多種多様。

DATA

学　名	*Cattleya*
科／属名	ラン科カトレア属
原産地	中南米
分　布	南米～中南米
花　色	●●●●●○
草丈(茎長)	10～60cm
花　径	3～15cm
花　期	周年
生育環境	非耐寒性
殖やし方	株分け
用　途	切花、鉢植え

MEMO（栽培メモ）
風通しが良い場所で育て、葉やけしない程度に日に当てる。高温多湿を好み、冬は最低13℃必要。

all season

① 'ドンデミカエルズ　Z-9350'
② カトレアの背後はオンシジウム
③ 'スプリング・ボウンティー'
④ ブラッソレリオ・カトレア 'ポーツオブパラダイス'
⑤ ミニカトレア 'ブリーゲリー'

PART 4 周年咲く花

キク
菊 イエギク、ヨワイグサ、インクンシ、ジュカク
／多年草

識別ポイント 伝統的な和ギクと欧米で改良された洋ギクに分けられる
花ことば 生命力
特徴 7世紀頃中国から導入され、品種改良が繰り返された。花は品種によって形態が様ざまで、花色も黄、赤、白などと幅広く、一重咲き〜八重咲き、ポンポン咲き、平咲き、丁字咲き、大輪〜小輪まである。

DATA
学　名　*Chrysanthemum*
科／属名　キク科キク属
原産地　中国
分　布　日本全国
花　色　🟡🟠🩷⚪🌸
草丈(茎長)　25〜120cm
花　径　1.5〜30cm
花　期　周年
生育環境　半耐寒性〜耐寒性
殖やし方　さし芽、株分け、種子まき
用　途　鉢植え、切花、花壇、盆栽

MEMO (栽培メモ)
日当たり、水はけが良い肥沃地に栽培する。

① キクを飾る
② 懸崖
③ '泉郷筑前'
④ '伊勢(159)'
⑤ 大菊
⑥ 'アケボノ'
⑦ 千輪仕立て
⑧ アレンジマム'オリオン'
⑨ アレンジマム'銀水車'
⑩ イソギク
⑪ アシズリノジギク

all season

キク

all season

351

PART 4 周年咲く花

コチョウラン
胡蝶蘭 ファレノプシス ／ラン類（多年草）

識別ポイント	ブライダルブーケやコサージュに利用される
名前の由来	花形が蝶に似ていることから
花ことば	容姿端麗
特徴	東南アジア原産の着生ラン。節のある長い花茎を伸ばし、花が並んでつく。品のある草姿から贈花としても人気が高い。

DATA
学　　名　*Phalaenopsis*
科／属名　ラン科ファレノプシス属
原産地　　ヒマラヤ、インド、東南アジア
花　　色　●●●●○
草丈(茎長)　40〜60cm
花　　径　3〜12cm
花　　期　周年
生育環境　非耐寒性
殖やし方　株分け
用　　途　切花、鉢植え

MEMO（栽培メモ）
高温多湿を好み、冬は温室内で18〜20℃で管理する。夏の直射日光は避けて、風通しの良い場所で育てる。虫害に気をつける。

①'ジョーゼフ・ハンプトン・モンブラン'
②'レーディー・ヴァイーベホット・リップス'
③'エンジェル・スマイル'
④ブラザーガール'ブラザー'

ストレリチア
ゴクラクチョウカ、旅人の木
／多年草

- **識別ポイント** 苞に包まれた花が次つぎと開花する
- **名前の由来** イギリスのジョージ3世の妃「シャルロッテ」の名にちなむ
- **花ことば** 南国情緒
- **特　徴** 南洋の極楽鳥を想像させる鮮やかな花と美しい緑葉を楽しむ観葉植物のひとつ。適度な温度、湿度、日光を保てば周年花が見られる。

DATA
学　名	*Strelitzia*
科／属名	バショウ科ストレリチア属
原産地	南アフリカ
花　色	🟠🟣
草丈(茎長)	60cm～1.5m
花　径	15cm
花　期	周年
生育環境	半耐寒性
殖やし方	株分け
用　途	切花、鉢植え、花壇

MEMO (栽培メモ)
生育温度は25℃前後。光が不足すると花をつけないので日当たりが良い場所で栽培する。

①②③④ 鳥のくちばしのような花形
⑤ 'オウガスタ'
⑥⑦ ヒメゴクラクチョウカ

all season

PART 4 周年咲く花

セダム
マンネングサ／多年草

識別ポイント	多肉植物の一種
名前の由来	属名からつけられた
花ことば	神経質
特　徴	約400種が世界各地に広く分布する。葉は多肉質、多汁質で形やつき方は品種によって異なる。周年見られる花のほとんどは、頂生する集合花。グランドカバーやロックガーデンに利用される。

DATA
学　名	*Sedum*
科／属名	ベンケイソウ科セダム属
原産地	北半球の温帯
花　色	●●●○
草丈(茎長)	4〜20cm
花　径	8mm前後
花　期	周年
生育環境	非耐寒性
殖やし方	葉ざし、さし芽
用　途	鉢植え、グランドカバー、ロックガーデン

MEMO (栽培メモ)
生育温度は20〜25℃。冬越は室内で5℃以上保って管理する。生育期にはたっぷりと水を与え、冬期は控えめにする。

セダムの一品種

チランドシア
多年草

識別ポイント	花も美しい観葉植物
名前の由来	スウェーデンの植物学者「ティルランツ」の名にちなむ
花ことば	我執
特　徴	葉は全縁でりん片があるものが多く、葉形は革ひも状、針形、三角形、糸状など品種によって様ざま。花は色彩豊かな花苞葉の中につき、独特の形をしている。

DATA
学　名	*Tillandsia*
科／属名	パイナップル科ティランジア属
原産地	ペルー、エクアドル
花　色	●●●
草丈(茎長)	30〜40cm
花　径	2.5〜3.5cm
花　期	周年
生育環境	非耐寒性　半日陰
殖やし方	株分け
用　途	鉢植え

① チランドシア・シネアネ
②'リンデニアナ'
③'ストリクタ'

MEMO (栽培メモ)
屋外では岩石生種・地生種は明るい半日陰で、着生種は、多湿な半日陰の樹木につけて育てる。

セントポーリア
アフリカスミレ、アフリカンバイオレット
／多年草

- **識別ポイント** スミレに似た花色が多い
- **名前の由来** 本種の発見者「セントポール」の名にちなむ
- **花ことば** 小さな恋
- **特徴** 東アジア原産の宿根草。一重咲き～八重咲きがあり、花色はぼかし、覆輪、1株に2色を咲き分ける品種まで様ざま。花形、草姿、発育温度、性質なども種類によって異なる。

DATA
学 名	*Saintpaulia*
科／属名	イワタバコ科セントポーリア属
原産地	タンザニア、ケニア
花 色	●●●●○
草丈(茎長)	5～15cm
花 径	1～6cm
花 期	周年
生育環境	非耐寒性
殖やし方	株分け、葉ざし
用 途	鉢植え

MEMO（栽培メモ）
高温多湿を好み、日光を保つと花つきが良くなる。越冬には10℃以上確保。葉に水をかけないよう気をつける。

① 'シルバーフロスト'
② 'ワンダーランド'
③ 'カーミントンカズン'
④ 'キャッシギー'
⑤ 'ケンフロ'
⑥ 'スパニッシュ・チャパリア'
⑦ 'オータムライラック'
⑧ 'ファンタジースプライト'
⑨ 'パールホワイト'
⑩ 'スノーン'

all season

ニューサイラン

テナクス、マオラン ／宿根草

- **識別ポイント** 葉の表側は深緑色、裏側は青緑色
- **名前の由来** ニュージーランドに広く分布することによるという説がある
- **花ことば** 固い意志
- **特徴** ニュージーランド原産の観葉植物のひとつ。葉は線形で長さ3mにもなり、質はかたく直立する。花は筒状で4mにもなる円錐花序に咲く。

DATA
- 学名 *Phormium tenax*
- 科／属名 フォルミウム科フォルミウム属
- 原産地 ニュージーランド
- 花色 ●
- 草丈(茎長) 4m
- 花径 5cm(花長)
- 花期 周年
- 生育環境 半耐寒性
- 殖やし方 種子まき、株分け
- 用途 鉢植え、花壇

MEMO (栽培メモ)
種子は春まきし、発芽温度は13〜18℃。日当たり、排水が良い湿った肥沃土壌を好む。コナカイガラムシに注意。

'ヴァリエガタ'

バンクシア

常緑高木・低木

- **識別ポイント** ボーダー花壇や標本植物として栽培する
- **名前の由来** イギリス人「バンクス」の名にちなむ
- **花ことば** 濃厚な愛情
- **特徴** 原産地のオーストラリアでは、自生生物保護法により許可なしでは採集禁止されている。小花が多数集まって円穂状に咲く。

DATA
- 学名 *Banksia*
- 科／属名 ヤマモガシ科バンクシア属
- 原産地 オーストラリア
- 花色 ●●●●●○
- 草丈(茎長) 1〜5m
- 花径 0.2〜0.5cm
- 花期 周年
- 生育環境 非耐寒性〜半耐寒性
- 殖やし方 種子まき
- 用途 切花、鉢植え、花壇

MEMO (栽培メモ)
耐寒性、多湿に弱いため、温室内の風通しが良い場所で栽培する。

①② バンクシア・エリキフォリア
③ バンクシア・セラータ

バンダ

ラン類（多年草）

- **識別ポイント** 花色は赤、桃、紫、黄、白など色鮮やか
- **名前の由来** 本種のインド名に由来
- **花ことば** 躍動感
- **特徴** 大形の花をつける南国ムードが漂う洋ラン。自生地では木の枝などに着生し、太い根を絡ませ樹皮から栄養を吸収して生長する。葉は帯状の系統と棒状の系統に分けられる。

DATA
学名	*Vanda*
科／属名	ラン科バンダ属
原産地	東南アジア、インド、ヒマラヤ
花色	●●●●○
草丈(茎長)	40〜80cm
花径	5cm前後
花期	周年
生育環境	非耐寒性
殖やし方	株分け、とり木
用途	切花、鉢植え

MEMO（栽培メモ）
鉢植えだけでなく、バスケットなどに入れて根を露出させて楽しむ方法もある。高温多湿を好むため、温室で育て夏は毎日水やりをする。

all season

① 'サンレイ'
② 着生して花開く
③ 'サンデリアナ'
④ 'ダイアンフィシュ・ジェーソンロバート'
⑤ 'VARAVUTH'
⑥ 'トリコロル・スアビス'

PART 4 周年咲く花

パフィオペディラム
レディースリッパ、パフィオ

/ラン類（多年草）

識別ポイント	特徴的な花を咲かせる
名前の由来	花形から、ギリシャ語「女神のスリッパ」に由来
花ことば	官能的
特徴	洋ランの一種。偽りん茎がないため、短い茎に葉をつける。葉はタマゴ形、披針形、ひも状などで革質、斑紋が入る品種もある。花は独特な色彩模様がある。

DATA
学 名	*Paphiopedilum*
科／属名	ラン科パフィオペデルム属
原産地	東南アジア、中国
花 色	● ● ● ○
草丈（茎長）	10〜50cm
花 径	5〜10cm
花 期	周年
生育環境	非耐寒性
殖やし方	茎を外して植える（株分けは適さない）
用 途	切花、鉢植え

MEMO（栽培メモ）
夏は半日陰の高湿度で、たっぷりと水を与える。冬は日なたへ移して水やりは控えめにする。ハダニ、アブラムシに気をつける。

all season

① 'タイランデンゼ'
② 'ロバートパターソン'
③ 'ミクランツム'
④ 'カローディ'
⑤ グラウコフィルム
⑥ 'カケイドチルトン'
⑦ 'ステージコーチ'
⑧ 'クレイジーホース・ジャニュアリー'
⑨ 'イトウ'
⑩ 'ゴンカラー'
⑪ 'シャーライン・ロント'
⑫ 'ゴーウェリアナム・ブラトキシエ'
⑬ 'ハイナルディアナム'
⑭ 'グローヴ・リンナー'
⑮ 'サンドヒル'
⑯ 'アルマ・ゲバート'
⑰ 'プリムリヌム'
⑱ 'スパーショルト・ジャガー'
⑲ 'コドフロイアエ'

パフィオペディラム

all season

359

植物名さくいん

太字はタイトル項目の植物名、細字はその他の和名、英名、別名などです。

ア行

アーティチョーク ……… **202**
アイフェイオン ……… 149
アイリス ……… **40**
アウランティアカ ……… 132
アオミズ ……… 156
アカシア ……… **40・140**
アカズキン ……… 80
アカツキザクラ ……… 95
アカバナオキナグサ ……… 65
アカバナキツネユリ ……… 234
アカバナテンニンギク ……… 220
アカバナマンサク ……… 180
アガパンサス ……… **202**
アカボシシャクナゲ ……… 103
アカヤシオ ……… 128
アカリファ ……… **203**
アカンサス ……… **203**
アキギリ ……… 93
アキザクラ ……… 238
アキズイセン ……… 303
アキノキリンソウ ……… **294**
アキランサス ……… 210
アキレア ……… **41**
アグロステンマ ……… **41**
アケボノフジ ……… 158
アゲラタム ……… **42**
アコニタム ……… 320
アサガオ ……… **204・241**
アサギスイセン ……… 161
アサギリ ……… 75
アサマリンドウ ……… 342
アザミ ……… **43**
アザレア ……… **42**
アジサイ ……… **206**
アジュガ ……… **44**
アスクレピアス ……… **44**
アスター ……… **208・246**
アスチルベ ……… **45**
アストランティア・マヨール ……… **208**
アズマギク ……… 62・181
アズマシャクナゲ ……… 103
アダムスニードル ……… 55
アッサムニオイザクラ ……… 341
アッツザクラ ……… **45**
アツバスミレ ……… 116
アツバチトセラン ……… 243
アップルミント ……… 282
アトラクション ……… 111
アトランタ ……… 51
アナナス ……… **46**
アナナスガヤバ ……… 269
アニゴザントス ……… **294**
アネモネ ……… **47**
アブチロン ……… **295**
アフリカキンセンカ ……… 132

アフリカスミレ ……… 355
アフリカセンボンヤリ ……… 68
アフリカホウセンカ ……… 213
アフリカンコーンリリー ……… 54
アフリカンデージー ……… 68
アフリカンバイオレット ……… 355
アフリカンヒヤシンス ……… 341
アベリア ……… **209**
アマギヨシノ ……… 94
アマゾンユリ ……… 346
アマゾンリリー ……… **346**
アマモドキ ……… 259
アマリリス ……… **48**
アマンダ ……… 51
アミガサ ……… 336
アメシスト ……… 142
アメリカイワナンテン ……… 118
アメリカシャクナゲ ……… 74
アメリカスグリ ……… 112
アメリカチョウセンアサガオ ……… 124
アメリカデイコ ……… **49**
アメリカノウゼンカズラ ……… 260
アメリカハナシノブ ……… 77
アメリカハナズオウ ……… 147
アメリカフヨウ ……… **209**
アメリカヤグルマ ……… 185
アメリカヤマボウシ ……… 148
アメリカンブルー ……… 62
アヤメ ……… 40
アラートロイデス ……… 200
アラセイトウ ……… 315
アラビカム ……… 64
アラマンダ ……… **210**
アリアケカズラ ……… 210
アリウム ……… **50**
アリウム・ギガンチウム ……… 50
アリウム・コワニー ……… 50
アリウム・シクルム ……… 50
アリッサム ……… **49・108**
アリノヒフキ ……… 226
アルカネット ……… 54
アルケミラ ……… **52**
アルケミラ・モリス ……… 52
アルケミラ・ロブスタ ……… 52
アルストロメリア ……… **51**
アルテルナンセラ ……… 210
アルテルナンテラ ……… **210**
アルナレッド ……… 120
アルピナ ……… 52
アルピニア ……… 236
アルビフロイス ……… 261
アルミニウムプランツ ……… 156
アルメニアカム ……… 182
アルメリア ……… **52**
アルメリア・ケスピトーサ ……… 52
アルメリア・マリティマ ……… 52

アルメリア・ラティフォーリア ……… 52
アロエ ……… **211**
アロエ・ベラ ……… 211
アワダチソウ ……… 294
アワバナ ……… 218
アワモリショウマ ……… 45
アワモリソウ ……… 45
アンギョウカンザクラ ……… 95
アンクサ ……… 54
アンズ ……… **53**
アンスリウム・アンドレアヌム ……… 212
アンスリウム・シェリツェリアヌム ……… 212
アンスリウム・マグニフィクム ……… 212
アンスリュウム ……… **212**
アンダーソニーハイブリダ ……… 166
アンチューサ ……… **54**
アンバリアサ ……… 237
イエギク ……… 350
イエスタデー・トゥデー・アンド・トゥモロー ……… 138
イエローサルタン ……… 185
イエローボール ……… 230
イエローラッフル ……… 226
イガアザミ ……… 43
イキシア ……… **54**
イキシオイデス ……… 194
イシガキスミレ ……… 116
伊勢花菖蒲 ……… 146
イソギク ……… 350
イソツツジ ……… 128
イソトマ ……… **212**
イチゴ ……… **55**
イチビ ……… 295
イトクリソウ ……… 66
イトザクラ ……… 95
イトバハルシャギク ……… 92
イトラン ……… **55**
イヌサフラン ……… 303
イブキジャコウソウ ……… 123
イブニング・トランペットフラワー ……… 76
イベリス ……… **56**
イベリス・オドラタ ……… 56
イベリス・センペルウィレンス ……… 56
イポメア ……… 134
イラクサ ……… 203
イリス ……… 40
イレシネ ……… **213**
イレシネ・ハーブスティー ……… 213
イワザクラ ……… 306
イワタバコ ……… **57**

イワヂシャ ……… 57
イワブクロ ……… 172
イワヤナギ ……… 187
インカノユリ ……… 51
インカリリー ……… 51
インカルビレア ……… **56**
インカルビレア・ドラヴェーイー ……… 56
イングリッシュデージー ……… 62
インクンシ ……… 350
インディス・クリーナー ……… 100
インパチェンス ……… **213**
インプロンプト ……… 80
インペリアリス ……… 162
ウイキョウゼリ ……… 252
ウィステリア ……… 158
ウイズレィブルー ……… 149
ヴェロニカ ……… **58**
ウォーターポピー ……… **214**
ウォーターレタス ……… 276
ウォールフラワー ……… **58**
ウキツリボク ……… 295
ウケザキクンシラン ……… 87
ウコン ……… 95・231
ウサギノシッポ ……… 190
ウシノケグサ ……… 269
ウシノシタ ……… 113
ウシノシタグサ ……… 54
ウスベニアオイ ……… 279
ウスベニヒゴスミレ ……… 116
ウスユキソウ ……… 59
ウツボカズラ ……… 259
ウメ ……… **296**
ウメナデシコ ……… 152
ウラジロナナカマド ……… 137
ウワミズザクラ ……… 95
ウンランモドキ ……… 141
エウパトリウム ……… 271
エーデルワイス ……… **59**
エキザカム ……… **214**
エキナセア ……… **215**
エキノプス ……… **215**
エクサクム ……… 214
エクメア・チルランドシオイデス ……… 46
エクメア・ファスキアタ ……… 46
エクメア・フルゲンス ……… 46
エスキナンサス ……… **216**
エゾオヤマリンドウ ……… 342
エゾギク ……… 208
エゾスグリ ……… 112
エゾネギ ……… 125
エゾヘビイチゴ ……… 55
エゾリンドウ ……… 342
エデュリス ……… 225
エドジマン ……… 92
エトナ ……… 133
江戸花菖蒲 ……… 146

エドヒガン ……………95	オオハルシャギク ………238	カーペットカスミソウ ……70	カリーナ ………………80
エドムラサキ …………84	オオハンゴンソウ ………291	**ガーベラ** ………………**68**	カリオプテリス ………252
エニシダ ……………**60**	オオヒエンソウ …………134	ガーリックバイン ………321	カリステモン …………160
エニスダ ………………60	オオベニウチワ …………212	カーリーミント …………282	カリナタ ………………249
エノキグサ ……………203	オオマツユキソウ ………114	カイガラサルビア ………285	カリナタム ………………83
エバーラスティング ……225	オオムラサキツユクサ …183	カイコウズ ………………49	カリフォルニアヒアシンス……
エビスグサ ……………104	オオヤエカイドウ ………69	**カイドウ** ………………**69**	………………………165
エピデンドラム ……**346**	オオヤマザクラ …………94	ガイラルディア …………220	カリフォルニアライラック…
エビネ ………………**61**	オーリキュラ ……………331	**ガウラ** ………………**221**	………………………117
エピフィルム ……………79	オーレア …………218・232	花王 ……………………174	**カルーナ** ……………**73**
エボルブルス ………**62**	**オガタマノキ** ………**299**	カオヨグサ ……………104	カルーナ・ウルガリス ……73
エラチオールベゴニア …**347**	オカトトキ ……………226	カガリビバナ …………308	**カルセオラリア** ……**74**
エリカ ………………**298**	**オカトラノオ** ………**217**	カキツバタ ………………40	**カルミア** ……………**74**
エリゲロン …………**62**	**オキザリス** …………**300**	ガク ……………………206	カルメン ………………157
エリゲロン・ジョーンブロー…	**オキシペタルム** ………**64**	ガクアジサイ …………206	**カレープラント** ……**225**
……………………………62	オキシペタルム・カエルレウム	**カゲツ** ………………**301**	カレンデュラ …………303
エリゲロン・プロヒュージョン	……………………………64	カザグルマ ………………84	ガローバ ………………233
……………………………62	**オキナグサ** …………**65**	ガザニア …………………69	**カロライナジャスミン** …**76**
エリスロニウム …………71	**オジギソウ** …………**217**	カサバルピナス …………195	カワヅザクラ ……………94
エリンゴ ………………216	オステオスペルム ………132	**カサブランカ** …………**70**	カンガルーポー …………294
エリンジウム ………**216**	オゼヌマアザミ …………43	ガショウラン …………329	カンヒザクラ ………94・95
エリンジウム・アルピナム…	オタカンサス ……………332	カシワバアジサイ ………207	カンジダ ………………249
……………………………216	**オダマキ** ……………**66**	**カスミソウ** ……………**70**	ガンジツソウ …………329
エリンジウム・ギガンテウム…	オトメツバキ ……………317	カスミノキ ………………88	カンジュ ………………169
……………………………216	オドラタ …………………54	カタカゴ …………………71	ガンタンソウ …………329
エリンジウム・プラナム 216	オドリコソウ ……………191	**カタクリ** ………………**71**	カンチョウジ …………330
エルサレムチェリー ……122	**オドントグロッサム** …**300**	カタコ ……………………71	**カンナ** ………………**225**
エレノア ………………51	オニサルビア ……………93	ガチョウカ ………………99	**カンパニュラ** ……**75**・**107**
エレムルス …………**63**	オブコニカ ……………331	カッコウアザミ …………42	カンパニュラ・グロメラタ 75
エレモフィラ ………**299**	オブリエニー ……………228	カッコソウ ……………306	カンパニュラ・サラストロ 75
エレンギウム …………216	**オミナエシ** …………**218**	カッシアーナム …………171	カンパニュラグロメラータ…
エロークイーン …………172	オモカゲソウ …………186	カップフラワー ………259	……………………………186
エンシュウシャクナゲ …103	オヤマリンドウ …………342	**カトレア** ……………**349**	カンパニュラリア ………156
エンゼル …………………80	オランダアヤメ …………40	カニバサボテン …………309	ガンボアサ ……………237
エンゼルキッス …………172	オランダイチゴ …………55	カネノナルキ ……………301	カンボタン ……………174
エンペラーウィリアム …232	オランダカイウ …………72	カピタタ ………………154	**キイチゴ** ……………**76**
エンペラーフレデリック 232	オランダセキチク ………67	カピラリス ………………54	キエビネ …………………61
エンメイギク …………133	オランダツツジ …………42	カブトバナ ……………320	**キキョウ** ……………**226**
オイランソウ …………165	**オリーブ** ……………**218**	カペンシス ……………228	**キク** …………………**350**
オウゴンユキヤナギ …187	オリエンタル・ハイブリッド・	**ガマ** …………………**222**	キズイセン ……………312
オオアマナ ………………64	リリー ……………………70	カマクラカイドウ ………179	キスミレ ………………116
オオイワギリソウ ………232	**オリヅルラン** ………**65**	カミツレ …………………71	キダチアロエ …………211
オオカッコウアザミ ……42	オオセンボンヤリ ………68	カメラウキウム …………200	キダチカミツレ …………176
オーキッド ………………80	オルニトガルム …………64	**カモミール** …………**71**	キダチチョウセンアサガオ…
オーキッドカクタス ……79	オレイフ ………………218	カヤツリグサ …………244	……………………………124
オオギリ ………………152	**オレガノ** ……………**219**	カヤツリソウ …………244	キダチロカイ …………211
オオキンケイギク …92・228	オレンジ・ゼラニウム …120	**カラー** ………………**72**	キチコウ ………………226
オオサクラソウ …………306	オンシジウム …………348	カラアイ ………………235	キツネノカミソリ ………290
オオシマザクラ ……94・95	**オンシジュウム** ……**348**	カラーリリー ……………72	キツネノテブクロ ………97
オオスグリ ……………112		**カライトソウ** ………**223**	キツネノヒガサ …………233
オオデマリ …………**63**	**カ行**	**カラジュウム** ………**223**	キツネユリ ……………234
オオテンニンギク ………220		カラビニエール・	キドニア ………………179
オオトウタ ………………44	**ガーデニア** …………**219**	チェリーレッド …………93	**ギヌラ** ………………**301**
オオトリトマ …………257	ガーデンセージ ………248	カラボケ ………………335	キノカワ …………………84
オーニソガラム ……**64**	ガーデンタイム …………123	**カラマツソウ** ………**224**	キハギ …………………262
オーニソガラム・ウンベラツム	ガードネリアナム ………246	**カラミンサ** …………**73**	キハチス ………………284
……………………………64	カーニバル ………………51	カラミンサ・ネペタ ………73	キバナアキザクラ ……226
オーニソガラム・シルソイデス	カーネウム ……………246	カラミンタ ………………73	キバナカイウ ……………72
……………………………64	**カーネーション** ………**67**	カラミント ………………73	キバナカタクリ …………71
オオバキスミレ ………116	カーペット ……………140	カラモモ …………………53	キバナカラマツソウ …224
オオバノヤドリボタン …285		**カランコエ** ………**274**・**302**	**キバナコスモス** ………**226**

361

キバナシャクナゲ ……103	口紅スイセン ……312	ケール ……324	コリアンダー ……**239**
キバナタマスダレ ……314	グッタータ ……172	ケシ ……214	コリーナス ……228
キバナチチガミ ……214	グッドラックリーフ ……300	ケショウビユ ……213	**コリウス** ……**240**
キバナノカタバミ ……300	**クフェア** ……**230**	**ゲッカビジン** ……**234**	コルシカミント ……282
キバナノコギリソウ ……41	熊本花菖蒲 ……146	**ゲッキツ** ……**236**	**コルチカム** ……**303**
キバナフジ ……79	**クモマグサ** ……**82**	**ゲッケイジュ** ……**87**	**コレオプシス** ……**92・228**
キバナホトトギス ……336	クモマソウ ……82	**ゲットウ** ……**236**	コロナ ……84
キバナルピナス ……195	**グラジオラス** ……**80・232**	**ケナフ** ……**237**	コロナリウム ……246
キフクリンアカリファ ……203	**グラスペディア** ……**230**	**ケマンソウ** ……**89**	根茎性ベゴニア ……167
キブネギク ……245	クラッスラ ……301	**ケムリノキ** ……**88**	**コンボルブルス** ……**240**
ギボウシ ……**227**	クラバタス ……228	**ゲラニウム** ……**89**	コンムタツム ……115
ギボウシズイセン ……346	クラリーセージ ……248	ケリア ……186	
ギボウシュ ……227	グランディフローラ ……346	ケルメシア ……328	**サ行**
ギボウホウロカイ ……211	クリーピングタイム ……123	ゲンカイツツジ ……128	
ギボシ ……227	グリーンアイル ……78	ケンゴシ ……204	**サイネリア** ……**305**
ギボジュ ……227	グリーンソフト ……72	ゲンティアナ ……342	サウスゲート ……157
キミカゲソウ ……112	グリーンネックレス ……318	コイワザクラ ……306	**サギソウ** ……**241**
キミノマンリョウ ……280	**グリーンネックレス** ……**82**	黄河 ……78	**サクラ** ……**94**
キャッツテール ……164	グリーンフラッシュ ……166	コエビソウ ……172	サクラギ ……94
キャンディタフト ……56	**クリサンセマム** ……**83**	コエンドロ ……239	**サクラソウ** ……**306**
キャンディダム ……223	クリサンテムム ……83	コーカサスマツムシソウ 110	サクラツツジ ……128
キャンドル ……67	クリスマス・カクタス ……309	ゴールデンカラー ……72	サクララン ……276
球根性ベゴニア ……167	クリスマスベル ……243	ゴールデンセージ ……248	**サザンクロス** ……**307**
ギョリュウバイ ……**77**	クリスマスローズ ……333	ゴールデンタイム ……123	サッコウ ……158
ギョリュウモドキ ……73	クリビア ……87	ゴールデンチェーン ……79	サツマウツギ ……144
キランジュ ……240	クリムソンクローバー ……114	ゴールドスティック ……230	サツマギク ……208
ギリア ……**77**	クリンソウ ……306	**コキア** ……**237**	サニー ……226
ギリア・カピタータ ……77	**クルクマ** ……**231**	コクキネア ……200	サフラワー ……273
キリガネスミレ ……116	クルシアナ ……314	ゴクラクチョウカ ……353	**サフラン** ……**307**
キリンギク ……289	グレートバーネット ……292	コクリュウ ……158	サフランモドキ ……249
キルタンサス ……**228**	グレープヒアシンス ……182	コケミズ ……156	**サボテン** ……**242**
キルタンツス ……228	**クレオメ** ……**231**	コゴメナデシコ ……70	サヤカゼ ……282
キンギョソウ ……**78・193**	クレピス ……185	コゴメバナ ……187	サラサドウダン ……135
キンギンカ ……110	クレピス・ルブラ ……185	**ゴシキトウガラシ** ……**90**	**サラセニア** ……**92**
キング・プロテア ……166	**グレビレア** ……**86**	コシキブ ……239	サリーオーレア ……73
キングサリ ……**79**	グレビレア・アルピナ ……86	**コスモス** ……**226・238**	サルスベリ ……249
キンケイギク ……**92・228**	**クレマチス** ……**84**	木立性ベゴニア ……167	**サルビア** ……**93**
キンシバイ ……266	クレマチス・アーマンディ 84	コダチチョウセンアサガオ	サルビア・インウォルクラタ
キンセンカ ……**303**	クレマチス・	……124	……93
キンチャクソウ ……74	インテグリフォリア ……84	コチョウソウ ……99・326	サルビア・スプレンデンス 93
キンバイザサ ……45	クロウエア ……307	コチョウバナ ……105	サルビア・マデレンシス ……93
ギンバイソウ ……259	グローブ ……165	**コチョウラン** ……**352**	サルメンエビネ ……61
キンバコデマリ ……90	グローブアマランス ……249	コッキネウス ……261	**サワギキョウ** ……**241**
キンボウジュ ……160	グローリーブッシュ ……98	コットンローズ ……272	サンカクバアカシア ……40
キンミズヒキ ……280	**グロキシニア** ……**232**	コティレドン ……196	サンガブリエル・バリエガータ
ギンミズヒキ ……280	**クロコスミア** ……**232**	**コデマリ** ……**90**	……162
キンモクセイ ……**229**	**クロサンドラ** ……**233**	コニソイデス ……42	サンガブリエル・ブルー 162
ギンモクセイ ……229	クロスグリ ……112	**コバンソウ** ……**91**	サンゴアナナス ……46
ギンヨウアカシア ……40	クロタネソウ ……139	**コブシ** ……**91**	サンゴールド ……267
キンレンカ ……136	**クロッカス** ……	コブシハジカミ ……91	サンゴバナ ……130
クイブラックローシア ……67	……304・307・314	コボケ ……335	サンシキスミレ ……326
クサイチゴ ……55	**グロッバ** ……**233**	コマチフジ ……323	サンシチソウ ……301
クサキョウチクトウ ……165	クロボシオオアマナ ……64	コマユミ ……178	**サンスベリア** ……**243**
クササンタンカ ……173	黒豆の木 ……163	コムギセンノウ ……152	サンセット ……226
クサフヨウ ……209	**クロユリ** ……**86**	**コムラサキ** ……**239**	**サンダーソニア** ……**243**
クサボケ ……335	**グロリオーサ** ……**234**	コムラサキシキブ ……239	サンタナ ……100
クサントクロラ ……52	クンショウギク ……69	コメバコケモモ ……156	サンデリー ……203
クジャクサボテン ……**79**	**クンシラン** ……**87**	コモンセージ ……248	**サンビタリア** ……**96**
クジャクソウ ……278	ケアノウス ……117	コモンヒアシンス ……153	サンビタリア・プロクペンス
クダモノトケイソウ ……256	**ケイトウ** ……**235**	コラックス ……309	……96
クチナシ ……219	ケープカウスリップス ……341	コランバイン ……66	**サンユウカ** ……**96**

サンランズ …………………73	ジャノメギク …………96・169	シロヤシオ ………………128	スプレンデンス …………160
サンリッチ ………………267	ジャパニーズ・	ジンジャー ………………246	スミレ ……………………**116**
シーピンク …………………52	モーニングローリー ……204	**ジンチョウゲ** ……………**310**	スミレサイシン …………116
ジエビネ ……………………61	ジャパニーズアネモネ …245	シンニンギア ……………232	スモウトリソウ …………116
ジェルミニ …………………68	ジャパニーズアプリコット……	**シンビジウム** ……………**311**	スモークツリー ……………88
シガク ……………………227	……………………………296	シンビジューム …………311	スモールワールド …………68
ジギタリス ………………**97**	シャムオリヅルラン ………65	**シンフォリカルフォス** …**247**	**スモモ** ……………………**117**
シキミ ……………………**98**	シャムの舞姫 ……………233	シンフォリカルポス ……247	スロートウォート ………287
シクラミネウスイセン 312	シャラノキ ………………258	**スイートアリッサム**49・**108**	**セアノサス** ………………**117**
シクラメン ………………**308**	**シャリンバイ** ……………**106**	スイートサルタン ………185	セイヨウアジサイ ………206
シケイ ……………………107	ジャンヌダーク …………304	**スイートピー** ……………**109**	**セイヨウイワナンテン** …**118**
シコクスミレ ……………116	ジュ ………………………292	**スイカズラ** ………………**110**	**セイヨウオダマキ** ………**66**
ジゴコラックス …………309	**シュウカイドウ** …………**245**	スイシカイドウ ……………69	セイヨウキランソウ ………44
ジゴペタルム ……………**309**	シューブリーム・サルタン…	**スイセン** …………232・**312**	セイヨウサクラソウ ……331
ジゴペタルム・マッケイ 309	……………………………100	スイフヨウ ………………272	**セイヨウシャクナゲ** ……**119**
シコンノボタン …………**98**	**シュウメイギク** …………**245**	**スイレン** …………………**111**	セイヨウスグリ …………112
シザンサス ………………**99**	ジュカク …………………350	スーパーバ ………………234	セイヨウセージ …………248
シジミバナ ………………187	ジュクシャ ………………246	スエツムハナ ……………273	セイヨウツツジ ……………42
シソバキスミレ …………116	**宿根アスター** ……………**246**	スエヒロソウ ……………163	セイヨウノコギリソウ ……41
シダレカイドウ ……………69	**宿根バーベナ** ……………**106**	スオウギ …………………147	セイヨウヒルガオ ………240
シダレザクラ ………………94	宿根ロベリア ……………241	スオウバナ ………………147	セイヨウフウチョウソウ 231
シチダンカ ………………206	シュッコンバンヤ …………44	スカイナイル ……………110	セイヨウマツムシソウ …110
七変化 ……………………122	ジュランカツラ …………255	スカイラブ ………………100	セイヨウマンサク ………180
シチヘンゲ …………192・206	ショウキスイセン …………290	スカエボラ ………………163	**セージ** ……………93・**248**
シデコブシ …………………91	ショウコウバイ ……………77	スカビオーサ ………110・**279**	セキチク …………………121
シドミ ……………………335	ジョウゴバナ ……………233	スギバアカシア ……………40	**セダム** ……………………**354**
シトリナ …………………249	ショウジョウボク …………334	スキラ ……………………107	セッコウボク ……………247
シナマンサク ……………180	小杯スイセン ……………312	**スグリ** ……………………**112**	雪中花 ……………………312
シナレンギョウ …………197	ショウマ ……………………45	スケルトン・ローズゼラニウム	ゼニアオイ ………………279
シナワスレグサ ……………99	**シラー** ……………………**107**	……………………………120	**セネシオ** …………82・**318**
ジニア ……………244・249	シラー・ツベルゲニアナ 107	スコッチブルーム …………60	**ゼフィランサス** …………**249**
シヌアタ …………………132	シラー・ノンスクリプタ 107	スズカケ ……………………90	**セラスチウム** ……………**119**
シネラリア ………………305	シラガサ ……………………65	ススキ ……………………328	**ゼラニウム** ………………**120**
シネンキス ………………331	シラタマヒョウタンボク 247	スズキスミレ ……………116	ゼラニウム・ダルマティクム…
シノグロッサム …………**99**	シラフジ …………………158	**スズラン** …………………**112**	……………………………120
シノノメ …………………336	シラホシカイウ ……………72	スズランズイセン ………114	セルフィーユ ……………252
シノノメギク ……………288	**シラン** ……………………**107**	**スターチス** ………………**113**	セロアナ …………………328
シノブノキ …………………86	シリニティ …………………62	スターフラワー …………175	セロシア …………………235
シバザクラ ………………**102**	シルクオーク ………………86	スタキス …………………289	**セロジネ** …………………**121**
シビリカ …………………107	シルベス …………………244	ステファノティス ………177	セロジネ・インターメディア…
ジプシーガール …………304	**シレネ** ……………………**108**	**ステルンベルギア** ………**314**	……………………………121
ジプソフィラ ………………70	シレネ・アルメリア ……108	**ストケシア** ………………**247**	センジュギク ……………278
シブレット ………………125	シレネ・ペンデュラ ……108	**ストック** …………………**315**	センセーション ……115・238
シベリウス ………………133	シロガネヨシ ……………328	**ストレプトカーパス** ……**113**	センダングサ ……………266
シベルス …………………**244**	シロクジャク ……………246	**ストレリチア** ……………**353**	セントウレア ……………185
シボレット ………………125	シロドウダン ……………135	ストロベリーキャンドル 114	**セントポーリア** …………**355**
シモクレン ………………184	シロバナエニシダ …………60	スナップドラゴン …………78	**センニチコウ** ……………**249**
ジャーマンアイリス ……**100**	シロバナサワギキョウ …241	スノーインサマー ………119	センニチソウ ……………249
ジャーマンカモミール ……71	シロバナチョウセンアサガオ…	スノーカーペット …………42	センパフローレンス ……167
シャガ …………………**105**	……………………………124	**スノードロップ** …………**314**	センボンタンポポ ………185
シャクナギ ………………103	シロバナハナズオウ ……147	**スノーフレーク** …………**114**	センボンヤリ ………………68
シャクナゲ ………**103**・**119**	シロバナフヨウ …………272	スパイダーフラワー ……231	ソウシジュ …………………40
シャグマユリ ……………257	シロバナブラシノキ ……160	スパティフィラム ………115	ソウビ ……………………150
シャクヤク ………………**104**	シロバナマンサク ………180	**スパティフィラム** ………**115**	ソメイヨシノ ………………94
ジャコウナデシコ …………67	シロバナムクゲ …………284	スハマソウ ………………340	**ソラナム** …………………**122**
シャコバサボテン ………**309**	シロバナモチツツジ ……128	**スパラキシス** ……………**115**	
シャスターデージー ……**105**	シロバナヤマブキ ………186	スプリットコロナスイセン…	**夕行**
ジャスミナム・ポリアンサム…	シロミナンテン …………137	……………………………312	
……………………………145	シロミノマンリョウ ……280	スプリングベル ……………80	ダービー …………………142
ジャスミン …………145・177	シロミミナグサ …………119	スプリングリリー ………149	**ダイアンサス** ……………**121**
ジャノメエリカ …………298		スプレーカーネーション …67	

タイガーシャーク ……100	チョウメイギク ……133	トウガラシ ……90	ニオイエビネ ……61
タイサンボク ……184	チョウラン ……65	トウキンセン ……303	ニオイエンドウ ……109
タイズ・イン ……100	チヨダニシキ ……211	トウゴクミツバツツジ ……128	ニオイコブシ ……91
タイツリソウ ……89	**チランドシア** ……**354**	トウショウブ ……80	ニオイザクラ ……296
大杯スイセン ……312	ツキトジ ……302	**ドウダンツツジ** ……**135**	ニオイバイカウツギ ……144
タイファ ……222	**ツキヌキニンドウ** ……**253**	トウドリリー ……336	**ニオイバンマツリ** ……**138**
タイマツバナ ……286	**ツキミソウ** ……**254**	トウモクレン ……184	ニオイムラサキ ……170
タイム ……**123**	ツクシカラマツ ……224	トウワタ ……44	**ニゲラ** ……**139**
ダイモンジソウ ……**250**	ツクシシャクナゲ ……103	トーチリリー ……257	ニシキアカリファ ……203
ダイヤーズ・カモミール ……71	ツクシハギ ……262	トガスグリ ……112	ニシキイモ ……223
ダイヤモンドリリー ……322	ツクバネアサガオ ……168	トキワコブシ ……299	**ニシキギ** ……**138**
大輪ツキミソウ ……254	ツクバネウツギ ……209	トキワサンザシ ……155	ニシキマンサク ……180
タイワンギク ……177	ツクミグサ ……65	トキワナズナ ……56	ニシキユリ ……153
タイワンホトトギス ……336	**ツツジ** ……**42・128**	トキワレンゲ ……184	**ニセアカシア** ……**140**
ダヴィディア ……152	**ツバキ** ……**316**	ドクゼリモドキ ……196	ニチニチカ ……140
タカクマヤマツツジ ……128	**ツボサンゴ** ……**130**	**トケイソウ** ……**256**	**ニチニチソウ** ……**140**
タカネエビネ ……61	ツマクレナイ ……275	ドッグウッド ……148	ニッコウアザミ ……43
タカネザクラ ……94	ツマベニ ……275	トパーズ ……80	ニッポンデージー ……325
タカネナナカマド ……137	ツリウキソウ ……157	トラチェリウム ……287	ニホンアサガオ ……204
タケダカズラ ……255	ツリガネソウ ……75	トラノオ ……243	ニホンサクラソウ ……306
タチアオイ ……**250**	ツリガネヤナギ ……172	トリアシスミレ ……116	**ニューサイラン** ……**356**
タチアザミ ……43	ツルウリグサ ……258	トリアンドゥルスイセン……	ニューデージーブルー ……162
タチジャコウソウ ……123	ツルギキョウ ……130	……312	ニューヨークアスター ……288
タチシャリンバイ ……106	**ツルニチニチソウ** ……**130**	**トリカブト** ……**320**	ニワクサ ……237
タチツボスミレ ……116	ツルノゲイトウ ……210	トリコスポルム ……216	ニワタバコ ……261
タチバナモドキ ……155	ツルボ ……107	トリステイス ……80	ニワナズナ ……49・108
ダッチアイリス ……40	**ツルマサキ** ……**254**	**トリトマ** ……**257**	ニンドウ ……110
ダッチマンズパイプ ……234	ツルユリ ……234	トリフォリウム ……114	ニンニク ……50
ダッフォディル ……312	**ツワブキ** ……**318**	トリロバ ……291	**ニンニクカズラ** ……**321**
ダツラ ……**124**	ツンベリースペアー ……187	**トルコギキョウ** ……**257**	ヌタンス ……64
ダテムラサキ ……157	**ツンベルギア** ……**255**	**トレニア** ……**258**	ヌマスノキ ……163
タナセティファセリア ……156	テイカカズラ ……131	トロピカーナ ……140	ネオフィネティア ……268
タバコソウ ……230	ディプラデニア ……131	ドンドバナ ……146	ネコジャラシ ……223
ダビウム ……64	ディプラデニア・	トンブリ ……237	ネズモドキ ……77
タマアジサイ ……207	スプレンデンス ……131		熱帯スイレン ……111
タマザキリアトリス ……289	ディプラデニア・	**ナ行**	ネバリノギク ……246
タマスダレ ……249	ボリビエンシス ……131		**ネペンテス** ……**259**
タマネギ ……50	**ディモルフォセカ** ……**132**	ナーボネンセ ……64	ネムリグサ ……217
タマノオ ……338	デイリリー ……169	ナイトスターリリー ……48	**ネメシア** ……**141**
タムシバ ……91	デージー ……105・133・325	ナガバノスミレサイシン ……116	**ネモフィラ** ……**141**
ダリア ……**251**	テッセン ……84	ナカフオリヅルラン ……65	**ネリネ** ……**322**
タリクトラム ……224	テトラジャイアント ……171	ナスターシャム ……136	ノアザミ ……43
タワラムギ ……91	テナクス ……356	**ナスタチウム** ……**136**	**ノウゼンカズラ** ……**260**
ダンギク ……**252**	テマリバナ ……63・90・206	ナツザキテンジクアオイ ……170	ノウゼンハレン ……136
タンケイ ……229	デューベリー ……76	ナツシロギク ……178	ノースボール ……83
ダンシング・レディ ……348	**デュランタ** ……**255**	ナツズイセン ……290	ノギク ……291
ダンドク ……225	デュランディ ……84	ナツスミレ ……258	ノコギリソウ ……41・145
チェリー ……94	テラスライム ……134	**ナツツバキ** ……**258**	ノダフジ ……158
チコレート・ロイヤル ……100	**デルフィニウム** ……**134**	ナツノタムラソウ ……93	ノバラ ……150
チチブドウダン ……135	テングノウチワ ……339	ナツユキソウ ……119	ノハラアザミ ……43
チドリソウ ……**125**	天衣 ……174	ナデシコ ……52・121	ノボリフジ ……195
チャービル ……**252**	テンジクアオイ ……120	**ナナカマド** ……**137**	ノリウツギ ……207
チャイニーズトランペット	テンジクボタン ……251	**ナノハナ** ……**321**	
フラワー ……260	デンドロ ……319	ナバナ ……321	**ハ行**
チャイブ ……**125**	**デンドロビウム** ……**319**	ナルシサス ……312	
チャボアザミ ……43	テンニンギク ……220	ナンキンナナカマド ……137	ハアザミ ……203
チューベローズ ……**253**	デンマークカクタス ……309	**ナンテン** ……**118・137**	**ハーデンベルギア** ……**323**
チューリップ ……**126**	ドイツアヤメ ……100	ナンテンショク ……137	バーネット ……223
チョウセンアザミ ……43・202	ドイツスズラン ……112	ナンホーブルー ……159	**バーバスカム** ……**261**
チョウセンヤマブキ ……186	トゥインクル ……165	**ニーレンベルギア** ……**259**	バーバラ・ジャックマン ……84
チョウセンレンギョウ ……197	トウウチソウ ……223	ニオイアラセイトウ ……58	

パープルコーンフラワー 215	ハナズオウ …………147	ヒカゲスミレ …………116	ヒロハサワギギョウ …241
パープルセージ …………248	ハナスベリヒユ …………173	ヒガンバナ…………	ヒロハノハナカンザシ …197
パープレア …………194	ハナツクバネウツギ …209	…………265・290・322	ビンカ …………140
バーベイン …………106	ハナツメクサ …………102	ビキニ …………171	ピンクジュエル …………62
バーベナ …………142	ハナツルクサ …………216	ビクトリア・ストレイン 190	ピンクレディー …………176
バーベナ・リギダ 106・149	ハナナ …………321	ピグマエア …………196	ファセリア …………156
バイオレット …………116	ハナニラ …………149	ヒコサンヒメシャラ …258	ファレノプシス …………352
バイカウツギ …………144	ハナネギ …………50	ピコリニ …………68	ファンシーゼラニウム …170
バイカツツジ …………128	ハナハッカ …………219	ヒゴロモソウ …………93	フィーリングピンク …67
ハイドランジア …………206	ハナハマサジ …………113	ビジョザクラ …………142	フィールドマスタード …321
パイナップルグアバ …269	ハナミズキ …………148	ビスカリア …………152	フィリアベリア …………209
パイナップルミント …282	ハナミョウガ …………236	ビッグボーイ …………122	フィリオリヅルラン …65
パイナップルリリー …287	ハナワギク …………83	ヒットパレード …………99	フィリカイドウ …………69
ハイビスカス …………143・250	ハニシキ …………223	ヒッポブロマ …………212	フィリミズヒキ …………280
ハイブリダ …………330	バビアナ …………149	ビデンス …………266	フウキギク …………305
ハイモ …………223	バビアナ・アンビグア …149	ヒドンリリー …………231	フウキサ …………174
バイモユリ …………162	バビアナ・ヒダマエア …149	ヒナギク …………133	フウセンカズラ …………268
パイン・ゼラニウム …120	バビアナ・ルブロキアネア……	ヒナザクラ …………306	フウチョウラン …………65
ハウチワマメ …………195	…………149	ビバーナム …………63	フウラン …………268
ハエマンサ …………51	パフィオ …………358	ビフォリア …………107	風鈴草 …………75
ハエマンツス …………261	パフィオペディラム …358	ヒペアストラム …………48	フウリンツツジ …………135
ハギ …………262	ハボタン …………324	ヒペリカム …………266	フウロソウ …………89
パキスタキス …………144	ハマアザミ …………43	ヒベリクム …………266	フェアエレン・ゼラニウム…
ハクサンシャクナゲ …103	ハマアジサイ …………206	ヒマラヤザクラ …………341	…………120
ハクチョウソウ …………221	ハマカンザシ …………52	ヒマラヤサンザシ …155	フェイジョア …………269
ハグマノキ …………88	ハマギク …………325	ヒマワリ …………267	フェスッカ …………269
ハクモクレン …………184	ハマモッコク …………106	ヒメアガパンサス …165	フェッシリアナ …………314
バコパ …………145	バラ …………150	ヒメエニシダ …………60	フェニックス …………270
ハゴロモ …………336	バラエティ …………80	ヒメカイザク …………197	フォーンリリー …………71
ハゴロモグサ …………52	パラスオレンジ …………67	ヒメカラマツソウ …224	フキザクラ …………305
ハゴロモジャスミン …145	ハリエンジュ …………140	ヒメカンザシ …………52	フクシア …………157
ハゴロモノキ …………86	パリダ …………51	ヒメキンギョソウ 78・193	フクジュソウ …………329
ハゴロモルコウソウ …290	ハリマツリ …………255	ヒメケマンソウ …………89	フクロナデシコ …………108
バジル …………263	バルーンフラワー …226	ヒメコスモス …………330	フサアカシア …………40
パスクフラワー …………65	ハルザキウコン …………231	ヒメシャガ …………105	房咲きスイセン …………312
ハスノハカラマツソウ …224	ハルジオン …………62	ヒメシャラ …………258	フサスグリ …………112
ハゼリソウ …………156	ハルシャギク …………92	ヒメシャリンバイ …106	フサフジウツギ …………159
バタフライブッシュ …159	パルドーサム …………83	ヒメシャガ …………111	フジ …………158
ハチス …………284	ハルノタムラソウ …………93	ヒメスミレ …………116	フジアザミ …………43
ハチマンソウ …………274	バルビネラ …………164	ヒメツキミソウ …………254	フジバカマ …………271
ハッカ …………282	バルビフォラス …………228	ヒメツルソバ …………154	フジボタン …………89
ハッコイソウ …………323	ハルリンドウ …………342	ヒメツルニチニチソウ …130	ブタノマンジュウ …………308
パッシフロラ …………256	バレンギク …………215	ヒメトリトマ …………257	二葉草 …………116
ハツユキソウ …………147	ハンカチーフツリー …152	ヒメノウゼンカズラ …260	ブタマンジュウ …………308
ハトノキ …………152	ハンカチノキ …………152	ヒメノボタン …………154	ブッソウゲ …………143
ハナアオイ …………250	バンクシア …………356	ヒメハナシノブ …………77	ブッドレア …………159
ハナイチゲ …………47	バンクシアローズ …184	ヒメハニシキ …………223	ブッドレア・ダビディ …159
ハナイトナデシコ …………70	バンコウカ …………307	ヒメビオウギズイセン …232	フデリンドウ …………342
ハナウリクサ …………258	パンジー …………326・327	ヒメビジョザクラ …106	ブドウヒアシンス …………182
ハナエンドウ …………109	パンジーオーキッド …182	ヒメヒマワリ …………274	ブバリア …………330
ハナカイドウ …………69	パンダ …………357	ヒメヒマワリ …………267	ブバルディア …………330
ハナガサシャクナゲ …74	パンドラ …………68	ヒメユリ …………243	フューチェラ …………130
ハナカタバミ …………300	パンパスグラス …………328	ヒャクニチソウ …………244	フザクラ …………95
ハナカンナ …………225	バンマツリ …………138	ビューティ …………80	フサンゴ …………122
ハナキャベツ …………324	ヒアシンス …………153	ビョウヤナギ …………266	フヨウ …………272
ハナキリン …………264	ヒース …………298	ヒヨドリバナ …………271	ブライダル・リース …100
ハナキンポウゲ …………190	ビロードサンシチ …301	ピラカンサ …………155	ブラキカム …………330
ハナグルマ …………68	ヒエンソウ …………125・134	ヒラリー …………140	ブラキスコメ …………330
ハナサフラン …………304	ヒオウギ …………232	ヒルタ …………291	ブラシノキ …………160
ハナシバ …………98	ヒオウギズイセン …………200	ビレア …………156	ブラジリアンスナップドラゴン
ハナショウブ………40・146	ビオラ …………327	ビロードモウズイカ …261	…………332

ブラチコーム …………330	ベニドウダン …………135	ポットマリーゴールド …303	マルメロ …………179	
ブラックベリー …………76	**ベニバナ** …………**273**	**ホトトギス** …………**336**	マレーシアシャクナゲ …103	
フラッシュ …………67	ベニバナアベリア ………209	ボトリオイデス …………182	**マロー** …………**279**	
プラム …………117	ベニバナオキナグサ ……47	ボトルブラッシュ ………160	マンギニー …………302	
ブランド・トレジャー …100	ベニバナサワギキョウ …241	ボナリエンシス …………142	**マンサク** …………**180**	
フリージア …………**161**	ベニバナシデコブシ ……91	ホフマニー …………203	マンジュギク …………278	
フリーダヘンプル ………223	ベニバナシャリンバイ …106	ホホベニエニシダ ………60	マンジュシャゲ …………265	
フリチラリア …………**162**	ベニバナツメクサ ………114	ホモグロッサム …………80	マンデビラ …………131	
プリムラ …………**331**	ベニバナトキワマンサク 180	**ホヤカルノーサ** ………**276**	マンネングサ …………354	
ブリリアント・エクスキューズ	ベニバナトケイソウ ……256	ポラリス …………142	マンネンロウ …………344	
…………100	ベニバナナンザンスミレ 116	ポリアンサ …………331	**マンリョウ** …………**280**	
ブルーアイズ …………141	ベニバナフヨウ …………272	ポリアンサス …………253	ミオソティス …………199	
ブルウィアリス …………132	ベニバナユキヤナギ ……187	**ボリジ** …………**175**	ミカエルマス・デージー 288	
ブルーイスタンブール …139	ベニハリ …………193	ポリスタキア …………54	ミズウチワ …………214	
ブルーキャッツアイ …**332**	ベニヒメリンドウ ………214	ホリホック …………250	ミスクサ …………222	
ブルーグロー …………215	ベニヒモノキ …………203	ボルボニカ …………200	**ミズヒキ** …………**280**	
ブルースター …………64	ベニベンケイソウ ………302	**ボローニア** …………**175**	ミズヒキグサ …………280	
ブルースパイア …………252	ベニラン …………107	ボロニア …………175	ミズヒナゲシ …………214	
ブルースプリングス ……134	ペパーミント …………282	ボロニア・ヘテロフィラ 175	ミスミソウ …………340	
ブルーデージー …………**162**	ベビーブレス …………70	ホワイトシンフォニー …172	**ミセバヤ** …………**338**	
ブルーバード …………141	**ヘメロカリス** …………**169**	ホワイトブリッジ ………100	ミゾカクシ …………241	
ブルーファンフラワー …**163**	ベラ …………133	ホワイトレースフラワー 196	**ミソハギ** …………**281**	
ブルーブレザー …………42	ベラドンナリリー ………**332**	ホワイトレディー ………115	ミゾホウズキ …………179	
ブルーベリー …………**163**	**ペラルゴニウム** …………**170**	ボンバナ …………218・281	ミッドサマービューティー……	
ブルーマーガレット ……162	**ヘリアンサス** …………**274**	ポンポネット …………133	…………166	
ブルーミンク …………42	**ヘリオトロープ** …………**170**		ミツバツツジ …………128	
ブルーレースフラワー …196	**ヘリクリサム** …………**171**	**マ行**	ミドリノスズ …………82	
ブルケルス …………304	ヘリトリオシベ …………233		ミニバラ …………150	
ブルビネラ …………**164**	ベルウィアナ …………107	**マーガレット** …………**176**	ミニメリー …………115	
プルンバゴ …………195	ベルシカ …………162	マアザミ …………43	**ミムラス** …………**179**	
プレッジ・アリージアンス……	ベルフラワー …………75	**マーマレードノキ** ………**176**	ミムラス・クーブレウス 179	
…………100	ベルベットクイーン ……267	マウナ・ロア …………115	ミモザ …………217	
ブレッドアンドバター ……78	ベルベットプランツ ……301	マウンテンミント ………282	ミモザアカシア …………40	
ブローケイド …………232	ペレグリナ …………51	マオラン …………356	ミヤギノハギ …………262	
ブローディア …………**165**	**ヘレボルス** …………**333**	マキバブラシノキ ………160	**ミヤコワスレ** …………**181**	
プロスタンテラ …………281	ベロニカ …………58	マグニフィカス …………261	ミヤマキケマン …………89	
プロスフェルディアナ …302	**ベロペロネ** …………**172**	マグノリア …………184	ミヤマキリシマ …………128	
フロックス …………**165**	**ベンケイソウ** …………**274**	マサキノカズラ …………131	ミヤマミズ …………156	
プロテア …………**166**	弁慶紅 …………302	マジックカーペット ……193	ミヤマヨメナ …………181	
プロテア・キナロイデス 166	**ペンステモン** …………**172**	マソノラム …………232	**ミューレンベッキア** ……**181**	
プロワリア …………**273**	ペンステモン・グロキシニオイ	**マダガスカルジャスミン 177**	ミューレンベルギア ……181	
フンボルディー …………330	デス …………172	マツカサギク ……289・291	**ミルトニア** …………**182**	
ベアーズブリーチ ………203	ペンステモン・シニウス 172	マッケニー …………228	**ミント** …………**282**	
ヘイシソウ …………92	ヘンダーソニイ …………84	**マッソニア** …………**338**	ミントブッシュ …………281	
ベイリーフ …………87	**ペンタス** …………**173**	マツバカンザシ …………52	ムギセンノウ …………41	
ペインテッドセージ ……248	ポインセチア …………**334**	**マツバギク** …………**177**	ムギナデシコ …………41	
ペーパーデージー ………171	**ホウキギ** …………**237**	マツバボタン ……173・277	ムギワラギク …………171	
ヘーベ …………**166**	ホウキグサ …………237	**マツムシソウ** ……**279**・110	**ムクゲ** …………**284**	
ベゴニア …………**167**	**ホウセンカ** …………**275**	マツユキソウ …………314	ムシトリナデシコ ………108	
ベゴニア・ヒエマリス ……347	ポエット …………100	マツヨイグサ …………254	**ムスカリ** …………**182**	
ベゴニアエラティオール 347	**ポーチュラカ** ……**173**・277	**マトリカリア** …………**178**	ムラサキオンツツジ ……128	
ペタンクラタ …………249	ホクシャ …………157	マユハケオモト …………261	ムラサキカタバミ ………300	
ペチュニア …………**168**	ホクト …………282	**マユミ** …………**178**	ムラサキクンシラン ……202	
ベッターマーン …………130	ボケ …………335	マラコイデス …………331	ムラサキシキブ …………239	
ベッチーズブルー ………215	ホザキアヤメ …………149	**マリーゴールド** …………**278**	**ムラサキツユクサ** ………**183**	
ヘテロケントロン ………154	ホソバテンニンギク ……220	マリーサイモン …………117	ムラサキハシドイ ………187	
ベニウチワ …………212	**ボタン** …………**174**	マルギナータ …………200	ムラサキバレンギク ……215	
ベニキリシマ …………128	ボタンイチゲ …………47	マルバシャリンバイ ……106	ムルチコーレ …………83	
ベニサンゴバナ …………144	**ボタンウキクサ** …………**276**	マルバハギ …………262	ムルチフロルス …………261	
ベニジウム …………**169**	ポット・ドワーフ ………190	マルバピュ …………213	ムレゴチョウ …………99	
ベニスモモ …………117	ポットガーベラ …………68	マルバマンサク …………180	ムレナデシコ …………70	
		マルメ …………179		

メイテツコウ	344	ヤハズカズラ	255	ラッパズイセン	312	レオンタイス	344
メキシコハナヤナギ	230	ヤハズニシキギ	138	ラッフルズ・アンド・レース	100	レケナウルティア	323
メコノプシス	**284**	ヤブデマリ	63	**ラナンキュラス**	**190**	レッドクローバー	114
メコノプシス・インテグリフォリア	284	ヤマアジサイ	207	**ラベンダー**	**191**	レッドフリル	223
メコノプシス・プニセア	284	ヤマザクラ	94	ラベンダー・イエロー	191	レディースソレル	300
メコノプシス・ベトニキフォリア	284	ヤマシャクナゲ	103	ラベンデルソウ	191	レディースリッパ	358
メセンブリアンテマム	193	ヤマジノホトトギス	336	ラミウム	191	レディスマントル	52
メディニラ	**285**	ヤマツツジ	128	**ラミューム**	**191**	レディバグフラワー	64
メボウキ	263	ヤマニシキギ	178	ラミューム・マクラツム	191	レディビバ	196
メランポジウム	**183**	ヤマハギ	262	**ラムズイヤー**	**289**	レプトスペルマム	77
メリー	115	**ヤマブキ**	**186**	ラン 55・61・65・107・121・182・346・349		レモン・ゼラニウム	120
メレアグリス	162	ヤマフジ	158			レモンタイム	123
メンタ	282	ヤマホトトギス	336	ランギク	252	**レンギョウ**	**197**
モウズイカ	261	ヤマモモソウ	221	ランソウ	271	レンギョウウツギ	197
モーニング・シャドウズ	100	ヤリズイセン	54	**ランタナ**	**192**	レンテンローズ	333
モクシュンギク	176	ヤロウ	41・145	**リアトリス**	**289**	ローズ	150
モクセイ	229	**ユウギリソウ**	**287**	リーガースベゴニア	347	ローズクイーン	166
モクフヨウ	272	**ユーコミス**	**287**	**リコリス**	**265・290**	**ローズマリー**	**344**
モクレン	**184**	ユーストマ	257	リシアンサス	257	**ローダンセ**	**197**
モクレンゲ	184	**ユウゼンギク**	**288**	**リシマキア**	**192・217**	ロード	226
モスフロックス	102	ユウゼンギク	246	リットル	140	ロードデンドロン	103・119
モッコウバラ	**150・184**	ユーチャリス	346	リップスティックプランツ	216	ロードヒポキシス	45
モナデルファ	54	**ユーフォルビア** 147・264・288		リトルダーリン	80	ローランドミックス	291
モナリザ	47	ユキノシズク	314	**リナリア**	**193**	ロール・モデル	100
モナルダ	**286**	ユキノハナ	314	リビングストーンデージー	193	ローレル	87
モナルダ・ディディマ	286	**ユキヤナギ**	**187**	リモニウム・シヌアータム	113	ロカイ	211
モナルダ・フィスツローサ	286	**ユキワリソウ**	**340**	**リューカデンドロン**	**194**	**ロケア**	**198**
モナルダ・プンクタータ	286	ユッカラン	55	リュウキュウマサキ	254	ロケア・コッキネア	198
モモイロカイウ	72	ユテンソウ	336	**リューココリネ**	**194**	ロシア	267
モモイロタンポポ	**185**	ユニフロラム	149	リラ	187	ロシェア	198
モヨウビユ	210	夢の虹	80	リリー	188	ロスチャイルディアナ	234
モルセラ	**285**	ユリ	70・188	リンチョウ	310	ロックターレット	73
モンキーフラワー	179	ユリアザミ	289	**リンドウ**	**342**	ロドデンドロン	103
モントブレチア	232	ユリグルマ	234	ルイシャ	196	**ロニセラ**	**198**
		ユリズイセン	51	**ルクリア**	**341**	ロベ	270
ヤ行		ヨウシュオキナグサ	65	**ルコウソウ**	**290**	ロベニー	270
ヤエカイドウ	69	ヨウシュコナスビ	192	ルシファ	232	ロマンス	142
ヤエクチナシ	219	ヨウラクソウ	245	ルテア	314		
ヤエコクリュウ	158	ヨウラクツツジ	128	**ルドベキア**	**291**	**ワ行**	
ヤエコデマリ	90	ヨウラクユリ	162	ルネット	193	ワイヤープランツ	181
八重咲きスイセン	312	洋ラン	319	**ルピナス**	**195**	**ワイルドストロベリー**	**55**
ヤエサンユウカ	96	ヨーロッパクサイチゴ	55	ルリカラクサ	141	ワイルドフェンネル	139
ヤエチョウセンアサガオ	124	ヨシノ	103	ルリジシャ	175	ワイルドマジョラム	219
ヤエムクゲ	284	ヨワイグサ	350	ルリタマアザミ	215	**ワスレナグサ**	**199**
ヤエヤマブキ	186			ルリトウワタ	64	ワセナミ	282
ヤクシマカラマツ	224	**ラ行**		ルリトラノオ	58	**ワックスフラワー**	**200**
ヤクヨウサルビア	93・248	ラークスパー	125・134	ルリヒナギク	162	ワテレリ・ヴォシー	79
ヤグルマギク	**185**	ライデンボク	137	ルリマガリバナ	273	**ワトソニア**	**200**
ヤグルマソウ	185	**ライラック**	**187**	**ルリマツリ**	**195**	**ワレモコウ**	**292**
ヤグルマテンニンギク	220	ラウレンティア	212	レインボーカーペット	142		
ヤグルマハッカ	286	**ラグラス**	**190**	レインリリー	249		
野生種スイセン	312	ラグラス・オヴァッス	190	**レウイシア**	**196**		
ヤツシロソウ	**186**	ラグルス	190	レウカデンドロン	194		
ヤツデ	**339**	**ラケナリア**	**341**	レウココリネ	194		
ヤナギチョウジ	172	ラシュナリア	341	レウコユム	114		
ヤナギトウワタ	44	ラズベリー	76	**レースフラワー**	**196**		
ヤナギバアカシア	40	ラチフォリウム	182	**レオノチス**	**344**		
		ラッキョウ	50				
		ラッセルルピナス	195				

監修者紹介
鈴木路子（すずきみちこ）

1954年生まれ。1976年第一園芸株式会社入社。1993年からフリーコーディネーターとして独立。第一園芸フラワースクール、テクノホルティ園芸専門学校、東京テクノホルティ付設園芸教育センター講師。日本家庭園芸普及協会グリーンアドバイザー。タケダ園芸イベントコーディネーター。三井ホームグリーンコーディネーター。フラワービジネスコンサルタント。学校法人伊東学園テクノホルティ園芸専門学校教育センター講師。英国王立園芸協会日本支部会員。
著書に『花の名前ガイド』『かんたんガーデニング　はじめての鉢花作り』（新星出版社）、『花カタログ』『咲く順でひける四季の花事典』（成美堂出版）、『はじめてのガーデニング』（日東書院）、『かわいい鉢植えグリーン』（主婦の友社）などがある。

参考資料

参考資料
『園芸大百科事典』（講談社・1986）
『園芸植物大事典』（小学館・1994）
『山溪ハンディ図鑑』3・4・5（山と溪谷社・2000）

カバーデザイン	釜内由紀江(GRiD)
執筆協力	朝岡てるえ
本文デザイン	杉本　徹
	澤川美代子（株式会社全通企画）
写真	全通フォト（中里孝治）
	加藤裕一
	青木繁伸
編集協力	株式会社全通企画
	朝岡てるえ

色・大きさ・開花順で引ける
季節の花図鑑

監修者	鈴木路子
発行者	吉田芳史
印刷所	図書印刷株式会社
製本所	図書印刷株式会社
発行所	株式会社　日本文芸社

〒100-0003　東京都千代田区一ツ橋1-1-1　パレスサイドビル8F
TEL　03-5224-6460（代表）

URL　https://www.nihonbungeisha.co.jp/

Printed in Japan
ISBN 978-4-537-20280-9　112040625-112220610Ⓝ23（080712）
編集担当　石井

落丁・乱丁などの不良品がありましたら、小社製作部宛にお送りください。
送料小社負担にておとりかえいたします。
法律で認められた場合を除いて、本書からの複写・転載（電子化を含む）は禁じられています。
また、代行業者等の第三者による電子データ化及び電子書籍化は、いかなる場合も認められていません。